Minerva Shobo Librairie

子ども消費者への
マーケティング戦略

熾烈化する子どもビジネスにおける自制と規制

天野恵美子
［著］

ミネルヴァ書房

まえがき

　女性の就業や結婚，妊娠や出産に対する意識や行動が変化し，子どもの数が急激に減りゆく中，「子ども」や「家族」が時代を読み解くキーワードの一つになっている。多産多死から少産少死へ，あるいはベビーブームから少子化へ，という変化とともに家族の形が大きく変わり，家庭における子どもの位置づけやその消費の態様も時代と共振して大きな変化をとげている。
　「子どもの貧困」が注目されるようになってはいるものの，概して子ども（4～12歳）の消費は物質的に豊かなものとなっている。両親・両祖父母という6人の大人に下支えされた活発な子ども関連消費は「6ポケッツ」と表現され，今では多くの企業が子どもとその家族に照準を合わせたマーケティングを展開している。
　子どもたちは家族の中心に据えられ，ねだらずとも欲しいものを次々と買い与えられ，時に子どもの「欲しい」，「行きたい」という一声が，家族の買うもの，行く場所を決定づける。少子化が進む中，消費における子どもの発言力，影響力は大きくなっている。
　毎年やってくる誕生日の他，正月のお年玉で子どもたちの1年は幕を開け，3月はひな祭りに卒園・卒業式，4月は入園・入学式，5月は子どもの日，8月は夏休み，10月はハロウィン，11月は七五三，12月はクリスマスといった具合に，子ども関連の支出や家族の消費が活性化する行事は1年を通して数多く存在する。売り上げ不振が続く百貨店業界は10月に「孫の日」を設け，子ども用の衣料や玩具など孫関連の消費を盛り上げる工夫をしている。また，すでに多くのテーマパークや旅行業界が「3世代」を基軸としたマーケティングを展開し，小さな子どもは家族消費のけん引役としての役割を果たしている。
　三菱総合研究所（2015）が行った調査は，祖父母世代の孫関連の消費支出の

総額(教育費を含む)が年間3.8兆円にも上ることを明らかにしている(1)。祖父母・子・孫の3世代を消費に取り込む働きかけによって,今後いっそうの市場拡大が期待できると述べている。

　少子化時代の子ども関連ビジネスは,衣料,食品・飲料,玩具,教育関連サービスといった領域にとどまらず,子ども専用の写真館,高級ベビー・子ども衣料や3世代旅行,子育て家族向けの住宅や自動車など,子どもを取り囲む大人たちをも射程に捉え,新たな市場を創出するにいたっている。消費が低迷する中,子どもは世代を超えた新たな消費を呼び起こし,多くの企業が人口減少・少子化にともなう顧客減・市場縮小という危機を商機に変えるべく,「強力なパトロンを抱えた子ども消費者」をいかにして獲得し,「未来の顧客」として維持・育成するかを考え,「子ども」とその「親や祖父母」に照準を合わせたマーケティングを行っている。

　子どもの目の前には子どもたちを夢中にさせる人気のキャラクター商品や玩具,好奇心や射幸心を刺激するゲームやおまけが次々と現れ,子どもたちの消費欲求を絶え間なく刺激し,「欲しがらせる,ねだらせる」仕掛けとしてのマーケティングは子どもの生活の一部となっている。

　しかしながら,米国をはじめとする欧米諸国では,朝から晩まで,いつでも,どこでも子どもを取り囲むマーケティングの過剰性や巧妙性,幼い子どもに直接はたらきかける不当性は厳しい批判の対象となっており,子どもに対するテレビ広告を法律によって禁じている国もある。近年,様々な国際機関や政府,企業や消費者団体が子ども向けマーケティングに関する活発な議論を展開し,企業も子どもに対するマーケティングの再検討や再構築を迫られている。

　本書の目的は,少子化や情報化の中で変わりゆく日本の子どもの消費行動と企業の子どもに対するマーケティング活動の課題を検討する手がかりとして米国の事例を取り上げ,子どもの消費とマーケティングの現状と課題を解明することにある。

　米国ではいち早く子ども向けのマーケティングが成立し,子どもの消費行動の急激な変化と子ども向けマーケティングをめぐる様々な問題がより早い時期

まえがき

から大規模に引き起こされてきた。すなわち，1970年代から子ども向けマーケティング競争が熾烈化し，マーケティングによる子どもの消費への弊害が顕在化し，2000年以降，政府・企業・消費者団体という多様な主体が議論を重ね，問題解決に向けて企業がマーケティングを再検討する局面に入っている。こうした米国の動向は，子どもが減りゆく中で活発化する日本の子どもの消費とマーケティングに関する課題を解明する上で，重要な意味を持つ。

こうした最新の国際的な動向や知見を踏まえつつ進める本研究は，少子化時代の子どもを取り巻く消費環境の変化と子どもの消費生活に関する課題を展望する際に役立つ知見や示唆を与えるものとなろう。

2012年3月に3つの国際組織（国連グローバル・コンパクト，ユニセフ［国連児童基金］，セーブ・ザ・チルドレン）が子どもの権利を守る国際的枠組みとして「子どもの権利とビジネス原則（Children's Rights and Business Principles, CRBP）」を発表した（巻末に参考資料として掲載）。全10原則の中の6番目の原則として「子どもの権利を尊重し，推進するようなマーケティングや広告活動を行う」ことを規定している。

2014年には上記3組織が日本国内で「子どもの権利とビジネス原則」を発表し，2015年9月に「子どもの権利とマーケティング・広告検討委員会」（座長：松本恒雄　独立行政法人　国民生活センター理事長）が発足した。筆者は2016年3月に同委員会で報告する機会を与えられ，その後，委員として様々な企業や関係者の方々とともに「子どもに影響のある広告およびマーケティングに関するガイドライン」の策定に関わる機会を得た。国際的な流れに後押しされる形で，2016年11月に完成した日本版のガイドライン「子どもに影響のある広告およびマーケティングに関するガイドライン」（巻末に参考資料として掲載）が，子ども関連ビジネスが活発化している日本において，責任ある広告・マーケティングの実践に対する問題提起となり，広く利用されることを期待している。

* * *

　本書を上梓するにあたっては，多くの方々のご支援とご指導を賜った。すべての方々のお名前を記すことはできないが，学部生の頃からお世話になった薄井和夫先生，学位論文の指導・審査にあたって下さった林田博光先生をはじめ，木立真直先生，三浦俊彦先生，久保知一先生，山本慎悟先生のご指導に改めて御礼を申し上げる。

　伊藤成彦先生，山本明先生，横山彰先生，斉藤利彦先生，西村多嘉子先生からは貴重なご指導を賜り，先生方の姿に多くのことを学ばせていただいた。

　初の赴任先となった秋田大学では石黒純一先生，長沼誠子先生，澤井セイ子先生が，いかなる時も温かく見守って下さり，子どもに対するマーケティングという新しいテーマをみつけることができた。

　子ども向けマーケティングについての研究を進める中で出会った3名の米国の研究者，アリゾナ州立大学の Alex Molner 先生（*School Commercialism* の著者），ハーバード大学の Susan Linn 先生（*Consuming Kids* の著者），ボストンカレッジの Juliet Schor 先生（*Born to Buy* の著者）との印象深い出会いと交流は鮮やかによみがえり，今なお私に大きな力を与えてくれるものとなっている。

　本研究の一部は，生協総研の第3回研究助成ならびに科学研究費（若手研究B「子どもの消費行動と子ども向けマーケティングに関する日米中の比較研究」［研究代表者 天野恵美子］課題番号 20700567），（基盤研究C「世帯の意思決定と政策・労働・消費のマクロ的要因との関係の国際比較」［研究代表者 吉田千鶴］課題番号23530296）の研究助成を受けてまとめたものである。また，本書の刊行には関東学院大学経済学会から出版助成を受けている。

　出版に際しては企画，編集や校正など一連の作業においてミネルヴァ書房の編集部部長の梶谷修氏と中村理聖氏に多大なるご支援を賜った。ここに記して深く御礼を申し上げたい。

　出版という今までの研究を振り返る貴重な機会を得て，多くの方々のご支援とご指導に改めて深い感謝の念をおぼえている。本書を一つの道標とし，これ

まえがき

を新たな出発点としてさらに研究を進めていきたい。

2016年10月

天野恵美子

注

(1) 三菱総合研究所「数字は語る：3.8兆円——3世代消費の消費額」2015年8月号（http://www.mri.co.jp/opinion/mreview/number/201508.html　2016年9月10日アクセス）。孫関連の支出の内訳は，①プレゼント，お祝い（29％），②旅行・レジャー（19％：海外旅行　5％，国内旅行　10％，日帰りレジャー　4％），③食費・飲料費（17％），④外食（11％），⑤衣類履物費（6％），⑥習い事・学費（6％），⑦家電製品，娯楽品，本（5％），⑧その他（8％）となっている。

子ども消費者へのマーケティング戦略
—— 熾烈化する子どもビジネスにおける自制と規制 ——

目　次

まえがき
初出一覧

序章　子ども消費者とマーケティング……………………1
1　消費者としての子どもの誕生と子ども市場の成立………1
2　分析視角……………………………………………………9
3　研究方法と構成……………………………………………12

第Ⅰ部　子ども消費者の発見とマーケティングの成立

第1章　子ども消費者の誕生と市場の生成……………27
　　　　──企業による「子ども消費者」の発見とマーケティング──
1　「子ども消費者」はいかにして発見されたのか…………27
2　マーケティングによる「子ども消費者」の発見…………28
3　子ども市場の生成と子ども向けマーケティングの展開…35
4　「子ども消費者」の発見と見過ごされる子どもの特性……43

第2章　子どもに対するマーケティングの新たな方向性………47
　　　　──子ども消費者に対する「自制的マーケティング」──
1　子どもに対するマーケティング……………………………47
2　消費者としての子どもの発達………………………………49
3　「子ども消費者」の特性：2つの異なる見解………………57
4　子ども消費者の発見と「自制的マーケティング」…………63

第Ⅱ部　食品・飲料企業の子ども向けマーケティングの展開

第3章　食品・飲料企業の子ども向けマーケティングの現状と自主規制
　　……………………………………………………………73
1　食品・飲料企業の子ども向けマーケティングの現状……73

2	食品・飲料企業の子どもと若者向けマーケティングの現状………77
3	自主規制システム成立の背景………………………………………83
4	子ども向け広告専門審査機関（CARU）と 自主規制ガイドライン………………………………………………86
5	自主規制の対象となった食品広告の事例(1970年代〜2000年代)……91
6	深刻な問題の発生と食品広告をめぐる新たな動向…………………95

第4章　子ども向けマーケティングをめぐる消費者運動………104
―― 子どもを保護する消費者団体の活動を中心に ――

1	子ども向けマーケティングと消費者運動の展開……………………104
2	マーケティングから子どもを守る活動を行う主な消費者団体……105
3	子ども向けマーケティングの新展開： 近年の消費者団体の活動を中心に…………………………………111
4	米国の消費者運動が提起する3つの視点……………………………117

第5章　学校内にまで及ぶマーケティング……………………………124
――「市場」としての学校と「消費者」としての子ども ――

1	結びつきを強める学校と企業………………………………………124
2	食品・飲料企業の学校内マーケティング…………………………125
3	学校内マーケティングの事例………………………………………130
4	学校内マーケティングの抱える課題………………………………139

第6章　子ども向けマーケティングのグローバル展開……………145
―― 問われる米国食品・飲料企業の社会的責任 ――

1	食品・飲料企業のグローバル・マーケティングと問題の拡散……145
2	国境を越える子ども向けマーケティング…………………………146
3	問われる食品企業の社会的責任……………………………………154

4　問題解決に向けたマーケティング戦略の変更・修正…………157

第7章　子どもに対する広告・マーケティングをめぐる新潮流……160
　　　　――日本におけるガイドラインの成立――
　　1　子どもを取り巻く消費環境の変化…………………………160
　　2　子どもと広告・マーケティングに関する規制……………163
　　3　子どもに対する広告・マーケティングの新潮流…………170
　　4　責任あるマーケティングを目指すガイドラインの理念…173

終　章　子ども消費者に対するマーケティングの特殊性………179
　　　　――米国事例にみる「自制的マーケティング」への転換――
　　1　研究の総括……………………………………………………179
　　2　今後の課題……………………………………………………186

参 考 資 料……191
参 考 文 献……221
索　　　　引……245

初 出 一 覧

　　　　　下記の既刊の論文に大幅な加筆・修正を行った。

第 1 章　「米国における『子ども消費者』の発見と市場の生成——子どもはいかに
　　　　して『顧客』になったか」『生活経営学研究』第42号（日本家政学会・生
　　　　活経営部会），2007年 3 月。
第 2 章　「食品・飲料企業の子ども向けマーケティングの新たな方向性」『経済系』
　　　　第260集（関東学院大学），2014年 7 月。
第 3 章　「米国における子ども向けフード・マーケティングの新展開—— Self-
　　　　Regulatory System と子ども向け食品広告をめぐって」『フードシステム
　　　　研究』第13巻第 1 号（通巻第29号）（日本フードシステム学会），2006年
　　　　 6 月。
第 4 章　「マーケティングから子どもを守る消費者運動——米国の消費者団体の活
　　　　動を中心に」『第 3 回生協総研賞・研究論文集』（公益財団法人 生協総合研
　　　　究所），2006年 9 月。
第 5 章　「米国における食品・飲料企業の学校内マーケティング——『市場』とし
　　　　ての学校と『消費者』としての子ども」『経済系』第251集（関東学院大
　　　　学），2012年 4 月。
第 6 章　「グローバル・マーケティングと子ども消費者——問われる米国食品企業
　　　　の社会的責任」『日本消費経済学会年報』第28集（日本消費経済学会），
　　　　2007年 3 月。
第 7 章　「子どもに対する広告・マーケティングをめぐる新潮流——日本における
　　　　ガイドラインの成立」『国民生活研究』第56巻第 2 号（独立行政法人 国民
　　　　生活センター），2016年12月。

序　章
子ども消費者とマーケティング

1　消費者としての子どもの誕生と子ども市場の成立

（1）新たな局面を迎える子ども向けマーケティング

　本書の目的は，米国における子ども向けマーケティングの成立と展開，子ども向けマーケティングが抱える課題と子ども向けマーケティングに生じている変化を米国の食品・飲料企業のマーケティングの事例に即して理論と実践の両面から解明することにある[1]。

　米国や欧州では，2000年以降，企業の社会的責任（Corporate Social Responsibility, CSR）の観点から，子ども向けマーケティングについて活発な議論が重ねられ，国境を越えて拡散した問題の解決に向けて，業界団体や複数の大手食品・飲料企業がマーケティングに関する厳しいガイドラインや特別なプログラムを制定するなど，マーケティング戦略の修正，再構築を迫られている。とりわけ米国では，子どもの消費行動の急激な変化と子ども向けマーケティングをめぐる様々な問題がより早い時期から大規模に引き起こされてきた。1970年代から子ども向けマーケティング競争が熾烈化し，マーケティングによる子どもの消費行動への弊害が顕在化・深刻化していることから，政府・企業・学界，消費者団体それぞれが，問題解決に向けて様々な取り組みを始める新たな局面を迎えている。

　そこで本研究は，子ども向けマーケティングをめぐる国際的な動向に注目し，「消費者としての子ども」と子どもに対するマーケティングの特性，子ども向けマーケティングの課題を考察する手がかりとして米国の事例を取り上げ，（1）

子ども消費者の誕生と市場の成立，(2)マーケティングの展開と問題の発生，(3)問題解決に向けた政府，企業ならびに産業界，消費者団体の取り組みをそれぞれ分節化し，グローバル戦略の修正・再構築を迫られている食品・飲料企業の子ども向けマーケティングの現状と課題を解明することを目指す。

（2）研究対象としての子ども，消費，マーケティング

子ども市場（child market）と消費者としての子ども（children as consumers）の出現を予見したマーケティングの研究者である McNeal, J. U. によって米国では他国に先駆けて，子どもの消費行動や子ども向けのマーケティングが研究されてきた（McNeal, 1969; 1992; 1999; 2007）。その他，今日にいたるまで子どもに向けられたテレビ広告やマーケティングが子どもの消費生活に及ぼす影響，あるいはアルコールやたばこの広告やマーケティングが未成年者の消費者行動に与える影響については，数多くの研究が蓄積されてきた（Elickson et al., 2005; Hastings et al., 2005; Sancho et al., 2011; Villani, 2001）。

1999年には，子どもや若者に対するマーケティングの専門学術誌 *Young Consumers: Insight and Ideas for Responsible Marketers* が刊行され，2年ごとに国際会議が開催されるなど，「子どもと消費」，「子ども関連のマーケティング」に関する研究は一つの研究領域として発展をとげてきている[2]。その主な研究対象は以下のようなものである。

①若者の消費者行動（Youth consumer behaviour），②ブランド構築（Branding），③新製品開発（New product development），④子どもと若者の発達（Child and adolescent development），⑤子どもとテクノロジー（Children and technology），⑥責任あるマーケティング（Responsible marketing），⑦若者の動向（Youth trends），⑧子ども向けメディア（Children's media），⑨産業界の取り組み（Industry initiatives），⑩倫理・規制関連の問題（Ethical and regulatory issues）

以上のテーマが示すように子どもと消費に関する研究はマーケティング論，消費者行動論，広告論，ソーシャル・マーケティング論，社会学（消費社会論），消費文化史，メディア論，栄養学（小児栄養），医学（小児保健），公衆衛生学，児童心理学，公共政策学など多岐にわたっている（Acuff, 1997; Institute of Medicine, 2006; Kline, 1993; Linn, 2004; McNeal, 1992; 1999; 2007; Nestle, 2002; Schor, 2004; Siegel & Livingston, 2004）。

（3）食品・飲料企業の子ども向けマーケティングの修正，再構築の動き

2000年以降，数あるテーマの中でも，子どもの健康問題（肥満や糖尿病の増加）の顕在化と世界規模での問題拡散を受け，食品・飲料企業の子ども向けマーケティングをめぐる研究がマーケティング規制の議論あるいは，マーケティング批判と連動する形で活発に進められてきた。

例えば，2004年には世界保健総会（World Health Assembly）が健康とマーケティングに関連する文書，"WHO Global Strategy on Diet, Physical Activity and Health" を採択し，全てのステークホルダーがグローバル，リージョナル，ローカルそれぞれのレベルで食習慣を改善するために行動を起こす必要があることを呼びかけた。また，2013年に世界保健機関（World Health Organization, WHO）は，"Global Action Plan for the Prevention and Control of Noncommunicable Diseases (NCDs) 2013-2020" の中で子どもに対する食品・飲料企業のマーケティングが子どもの食の選好や購買行動，栄養摂取に影響を及ぼし，子どもの健康にとってのリスクとなっていることを踏まえ，グローバルな行動計画を発表した。

2014年には国連（United Nations, UN）の特別報告者が，新興国や発展途上国の経済発展にともない，肥満が深刻な問題となっていることを受け，高カロリーで栄養バランスが悪いジャンクフードなどの食品が「地球規模でたばこより大きな健康上の脅威となっている」と警告し，課税などの規制を各国に促した（『日本経済新聞』2014年5月21日付夕刊）。また，2016年1月に世界保健機関（WHO）は，"Report of the Commission on Ending Childhood Obesity" を発

表し,過体重(obesity)・肥満(overweight)の乳幼児(5歳未満)が2014年に少なくとも4100万人(1990年から1000万人増加)に達し,18歳未満の子ども全体でも増加傾向がみられることから,各国に対策の強化を促した。砂糖を多く含む飲料や不健康な食事を避けて,健康的な食事や適度な運動などの生活習慣を早い段階で身に付けさせるなど子どもの肥満防止策の必要性を強調した(『日本経済新聞』2016年1月26日付夕刊)。

また,2016年の10月11日に世界保健機関(WHO)は報告書,"Fiscal Policies for Diet and Prevention of Noncommunicable Diseases (NCDs)"を刊行し,特に子どもや若者にとって,砂糖を多く含む飲料の消費増が肥満や糖尿病増加の主要な要因になっていることを指摘し,世界的に増加している肥満や糖尿病の対策として,砂糖を多く含む飲料への課税強化を各国に呼びかけた(WHO News release, 2016)。

世界保健機関(WHO)や国際商業会議所(International Chamber of Commerce, ICC)などの国際機関をはじめ,米国の連邦取引委員会(Federal Trade Commission, FTC)などの米国政府関連機関,米国心理学会(American Psychological Association, APA)や米国小児科学会(American Academy of Pediatrics, AAP)などの学会が国境を越えて大規模に事業を展開している米国の食品・飲料企業の子ども向けマーケティングに関する調査・研究を進めてきた(Hawkes, 2007; Newsweek, 2010; Story, & French, 2004)。未成年者に対するたばこやアルコールのマーケティングと健康被害を検討してきた世界保健機関(WHO)も,2000年以降は米国の食品・飲料企業のマーケティング活動の活発化にともない急増している糖分・塩分・脂肪分の過剰摂取による子どもの健康被害の生成と拡散状況を「21世紀のもっとも深刻な問題の一つ」として問題視し,食嗜好や食行動に大きな影響を与えている食品企業のグローバル・マーケティング手法を分析し,マーケティング規制の動向に関する調査・研究を進め,提言をまとめている(WHO, 2002; 2004; 2006; 2007; 2009; 2010; 2012; 2013; 2014; 2016)。

WHO (2004) の報告書 "Marketing Food to Children: the Global Regulatory Environment"は，世界73カ国を対象とした広告・マーケティング規制に関する調査を行い，調査対象国の85％にあたる国が，子ども向けテレビ広告やマーケティングに対する規制を有していることを明らかにしている。また，多くの国々が子どもたちを「特別な配慮を必要とする特別な集団（a special group in need of special consideration）」とみなし，購買に際し批判的・理性的な判断を下す能力や，商品そのものの識別能力を十分に持たない存在として，直接的なマーケティングや広告から子どもを保護するという社会的合意を，政府・消費者・企業それぞれが形成しつつあることを指摘している。

しかし，ここで改めて注目すべきは，日本の子ども向け広告・マーケティング規制が，ケニアやチリ，ペルー，コロンビアと同程度とされており，他の先進諸国（特に欧州や米国）が，子ども特有の消費者特性や子ども向けマーケティングが引き起こす問題に関して研究を進め，消費環境の整備を進めているのと対照をなしている点である。

米国や欧州では，企業の社会的責任（CSR）の観点から，国境を越えて拡散した問題の解決に向けて，業界団体や複数の大手食品・飲料企業がマーケティングに関するガイドラインを自主的に制定するなど，マーケティング戦略の修正，再構築の動きがみられる（Hawkes & Harris, 2011）[10]。

以上のように，子ども向けマーケティングをグローバルに展開し，そのマーケティング戦略の修正・再構築を迫られている米国企業の事例を読み解くことは，子ども向けマーケティングをめぐる世界的な動向と子ども向けマーケティングが内包している課題を解明する近道に他ならず，子ども向けマーケティングの弊害が社会的にも学術的にも十分認識されず，消費者としての子どもを擁護するマーケティングのルール整備が他の先進諸国に比べて遅れている日本にとって，子どもと消費をめぐる課題を検討する上で欠くことのできない重要な事例となりうる。

そこで本研究は，米国の事例を一つの手がかりとして子ども向けマーケティングの成立と展開，その理論と構造，実践と課題の解明を試みる。

（4）日本における子ども消費者と子ども向けマーケティング研究

　日本では，女性の就業や結婚，妊娠や出産に対する意識やライフスタイルの変化などを背景に，子どもの数が急激に減りゆく中，政府や地方公共団体が様々な少子化対策を打ち出すなど「子ども」や「家族」が時代を読み解くキーワードの一つになっている（山田，2005；白波瀬，2006；岩間，2008；山田，2008）。[11]

　急速に進行する少子化は，家族のあり方のみならず，子どもの消費にも大きな変化をもたらしている。「3世代消費」という言葉が示すように少子化時代を生きる子どもたち，あるいは，孫としての子どもたちは家族の中心に据えられ，ねだらずとも欲しいものを次々に買い与えられ，時に子どもの欲しいものが家族の消費を決定づけ，消費の場面においても存在感，影響力を増している。少子高齢化を背景に両親・両祖父母に下支えされる物質的に豊かな子どもの消費生活は，「6ポケッツ」と表現され，多くの企業が子どもとその家族に照準を合わせたマーケティングを展開している。たとえ幼い子どもであっても，大人と同様に遇される市場において，子どもは市場のターゲットとして位置づけられている。今や子ども関連ビジネスは，かつての食品・飲料，玩具，教育関連サービスといった領域にとどまらず，子ども専用の写真館，高級衣料や3世代型旅行など，子どもを取り囲む大人たちをも射程に捉えながら新たな市場を創出するにいたっている。長引く不況下で消費そのものが低迷する中，「子ども」が新たな消費を呼び起こすけん引役としての役割を果たすことが期待されている。人口減少・少子化にともなう顧客減・市場縮小という危機を商機に変えるべく，多くの企業が「小さくとも強力なパトロンを抱えた子ども消費者」を獲得し，「未来の顧客」，「生涯顧客」として維持・育成しようと，「子ども」とその「親や祖父母」に照準を合わせたマーケティングに着手し，市場は活況を呈している。

　しかし，一方で子どもの消費をめぐる深刻な問題が現出している。例えば，携帯電話やインターネットの利用が低年齢化する中で，子どもの個人情報流出などの消費者トラブルが急増し，その内容や手口も複雑化・多様化の一途を辿っている（『日本経済新聞』2011年4月5日付）。2003年度には子どもの個人情報[12]

に係る相談件数が1409件に上り，2000年度に比べ30倍以上も増加し，小学生の相談件数が6年間で4倍以上になるなど消費者トラブルの低年齢化が進行している（国民生活センター，2005）[13]。また，ソーシャル・ゲーム（携帯電話やスマートフォンなどを使って無料もしくは低額で遊べるオンライン・ゲーム）利用の際に，ゲームを有利に進めることができる有料アイテムの販売をめぐる未成年に対する高額課金の問題も浮上している（『日本経済新聞』2012年5月12日付）[14]。携帯電話やインターネットなど大人同様のツールを手に入れた子どもたちは，「大人」と「子ども」の境界がなく匿名性の高いデジタル世界へと生活の場を広げつつある。市場においても，インターネットの世界においても，子どもは大人同様にマーケティングのターゲットとなり，消費欲求を絶えず刺激されながら大量消費社会，情報社会を「消費者」として生きることを余儀なくされている。消費に関する知識を十分に持たない，いわば「成長途上にある消費者」として被害に巻き込まれている状況が生まれている。また，子どもの生活圏や行動圏は大人の目が届く場，すなわち家庭，学校，地域にとどまらず，今やインターネットをはじめとするデジタル世界，商業施設などの市場といった場にまで拡大している。子どもが接する情報は質的にも量的にも増加し，モノと子どもの結びつきにも変化が生じている。子どもの消費環境やメディア環境に大きな変化が生じているにもかかわらず，子どもに関する問題の解決や対処は依然として家庭，学校，地域にゆだねられたままとなっている（永井・加藤，2010）。子どもの生活圏，居場所の拡大にともない，子どもの消費とそれに関わるマーケティングの実態を解明するためには，家庭，学校，地域という3つの子どもの生活圏を越えて子どもを包囲する市場にも改めて目を向ける必要がある。

　子どもがマーケティングのターゲットとして位置づけられ，深刻な問題の被害者となっている状況が出現しているにもかかわらず，日本ではいまだに子ども消費者に関する研究や子ども向けマーケティングの弊害をも視野に入れた体系的な学術研究は十分なされていない。今や子どもは大人と同様に消費欲求，購買力，発言力を持ち合わせた消費者となり，モノが売れない時代の消費のけん引役でもある。こうした状況下で，市場において消費者としてふるまう子ど

もの消費者特性あるいは子ども向けのマーケティングの理論やその実践的課題は十分に検討されてこなかったということができよう。

これまで「子ども」と「消費」に関する研究は，主に児童心理学や発達心理学，児童文化論，消費社会論，消費文化論（文化史），メディア論（メディア・リテラシーを含む）などの領域で進められてきた（増淵，1987；辻中，1988；1989；藤村・玉木・米沢，1989；無藤，1995；土屋，1995；本田，2002；駒谷，2005）。また，商学・マーケティングの領域では，田村正紀（1988）の「子供消費者」（小学生から大学生という未成年者を「子供」と定義）に関する研究や隅田孝（2006）の「若者消費者」の購買意思決定とマーケティング（乳幼児から30代前半の社会人までを広義の「若者」と定義）に関する研究などが存在している。[15]

しかし，そのいずれもが子どもを広く定義づけており，大人に買い与えられるだけの「受動的な消費者」から「ねだる消費者」「能動的な消費者」へと数年のうちにめざましい発達を遂げる，より幼い子どもの消費動態を体系的に捉える視点を持ち合わせていない。たしかに，『子ども市場――消費社会の"アンテナパーソンズたち"』（1987），『子ども減産時代の新ビジネス』（1991），『お子様業界』（2005），『ポケッツ！』（2007）といった日本における子どもの消費文化とそれを作り出す子どもビジネスの多様性についてまとめた書籍は刊行されているが，子ども向けマーケティングが内包する問題を取り上げてはいない。[16]また，『ティーンズ解体白書』（1990），『キッズ・マーケティング』（1999），『ティーンズ・マーケティング』（2002），『子どもを狙え！』（2005），『フード・ポリティクス』（2005）などが存在するものの，米国の書籍の邦訳版の刊行にとどまり，日本の子ども関連市場の構造やマーケティング手法，子ども向けマーケティングが内包する課題を解明するための学術的，体系的な研究としては位置づけられてない（田村，1988；神野，1995；本田，2004；博報堂，2007；山岡，2007；永井・加藤，2010；奥谷・鈴木，2011）。

マーケティングを通して提供される多種多様なモノやサービスは，子どもの生活をより楽しいものとして彩り，健やかな発達を促す。また，それらは子どもを育てる大人たちにも，喜びや幸福を与える。しかし，時としてマーケティ

ングは成長途上・発展途上の消費者としての子どもたちの生活に大きな影響を及ぼすこともある。日本においては，マーケティングの領域で子どもは研究対象として位置づけられてこなかったが，マーケティングの視点から改めて子ども消費者，子ども向けマーケティングを貫く理論と実践的課題をそれぞれ考究することは少子化時代を迎える日本にとって重要な課題となる。

そこで本研究は，日本のマーケティング研究の領域において十分な注意を向けられてこなかった子どもの消費と子どもに対するマーケティングに着目する。本研究は「消費者としての子ども」の特性，子どもに対するマーケティングの新しい方向性を展望するための序説として位置づけられる。

2　分析視角

（1）子ども向けマーケティングに対する多面的なアプローチ

研究を進めるにあたり，米国が直面している問題をマーケティングを行う主体である企業の視点のみならず，政府，学界，消費者団体を含む，より多面的な視点で捉えなおそうとする分析視角にこそ，本研究の第1の特色と意義がある。マーケティング研究は企業や消費者を対象としたインタビューやアンケートなどによって進められることも多い。しかし，本研究は米国の食品・飲料企業のマーケティングの展開を企業視点のみならず，政府・消費者団体・学界などそれぞれの視点から捉えるために，テーマに関連した学術雑誌，世界保健機関（WHO）の報告書，米国の政府関連組織である米国医学研究所（IOM）[17]，連邦取引委員会（FTC），連邦通信委員会（FCC），新聞・雑誌記事，その他消費者団体の報告書や書籍などの文献・資料を読み解く研究手法を採用した。なぜなら，本テーマに接近するために，米国の子ども向けマーケティングが直面している問題を企業の視点だけではなく，政府，学界，消費者団体を含む，より社会的・多面的な視点で捉えなおそうという明確な意図を持つため，それぞれの組織が刊行する多様かつ最新の文献資料による調査，事例分析を行うことが有効であると考えたからである。多様な文献・資料を分析・考察の対象に据え

ることにより，米国の食品・飲料企業が直面している問題についてより多面的にアプローチすることが可能となる。

（2）子ども向けマーケティングの国際的な動向

また，本研究の第2の特色と意義は，人口減少・内需低迷を見据えて，海外市場に新たな活路を見出している日本の企業に対し，日本とは大きく異なる子ども向けマーケティングの国際的な動向に関する新たな知見を提示しうる点にある。

本研究が分析対象とする米国市場同様，日本の市場においても子どもは消費者としての役割を果たす存在であるにもかかわらず，日本のマーケティング研究の領域において十分な注意を払われてこなかった。子ども向けマーケティングがいち早く成立し，国内外で様々な問題を引き起こし，問題解決に向けて新たな局面を迎えている米国の食品・飲料企業のマーケティング動向を研究することによって，日本ではいまだ十分に認識されていない子ども消費者の特性や子ども向けマーケティングに関する理論と実践上の課題を導出し，子ども向けマーケティングの新たな方向性を考察することが可能となる。

2000年以降，国際組織，政府，企業，学界，消費者団体が子ども向けマーケティングについて相互に活発な議論を重ね，問題状況の解決に向けて食品・飲料企業が国内外のマーケィング戦略を修正，再構築する新たな局面を迎えている[18]。国内外で子ども向けマーケティングを活発に展開している米国の食品・飲料企業を研究対象に据えることにより，米国内の問題状況とその変化の動向を解明することはもとより，グローバルに展開される子ども向けマーケティングの国際的な問題状況と動向を把握し，市場を展望することが可能となる。

欧米先進諸国では，米国同様に食品・飲料分野のみならず，子ども向けマーケティングに対する批判と議論，研究と実践とが同時進行で進められている。欧米先進諸国がすでに直面している子ども向けマーケティングの展開とそれによって生じる問題状況を整理することによって，今後の日本の子ども向けマーケティングを考えるための知見を得ることができると考える。本研究では，子

どもに対する様々な議論の整理・分析を試み,以上のような問題関心に立って,米国を例に市場における消費者としての子どもへの特別な配慮がどのように議論され,志向されているのかを解明する。

(3) 子ども消費者の「発見」を捉える2つの視点

　米国においてマーケティングは,いつ,どのように市場において子どもを「消費者」として見出したのか。子ども向けマーケティングには,特別な配慮（special consideration）がなぜ必要とされるのか。製品が何であれ,子ども向けマーケティングに関する議論の根底にあるのは,マーケティングのターゲットとしての子どもの特性をどのように捉え,かつ合理的な根拠に基づいていかに子どもの消費者としての成長を支援するのかという問題である。本研究では,この問題をマーケティングにおける子どもの「発見」として捉えようとする。ここでいう子どもの「発見」とは,社会思想史上の重要な出来事として,アリエスによって提起されたものである。アリエスは著書『〈子供〉の誕生』の中で,子どもが大人と区別された独自の存在として認識されるようになったのは,17世紀以降の近代社会においてであったことを明らかにした。それ以前の中世におけるヨーロッパ諸国では幼児期と成人期の間で子ども期といった時期区分がなされず,子どもは「小さな大人」として認知され,扱われていたと述べている。したがって,子どもの固有性や特殊性は17世紀以前は意識されることがなく,子どもへの特別な配慮はなされなかったのである[19]。

　それではマーケティングによって子ども市場や消費者としての子どもはいつ,いかなるものとして「発見」されたのだろうか。ただし,子どもの「発見」といってもその発見の仕方は多様でありうる。まず一つの「発見」が,マーケティングによる子ども市場の独自性と可能性,つまり大人の消費者とは異なる嗜好や消費者行動をとる子ども消費者の特性の「発見」を意味し,もう一つが大人の消費者とは異なる存在として特別な配慮を必要とする子ども消費者の「発見」を意味する。つまり,前者がターゲットとしての子どもの「発見」であり,後者が市場における守るべき対象としての子どもの「発見」である。本研究は,

マーケティングによる子ども消費者の「発見」を二つの異なる視点から捉えることにより，子ども向けマーケティングの理論と実践における課題を考察することを目指す。

3　研究方法と構成

(1) 研究方法

　転換期を迎えている米国の子ども向けマーケティングの動向を把握するために，本研究が用いる資料，依拠するデータは，国際機関である世界保健機関（WHO）や米国の連邦取引委員会（FTC）の報告書，事業者団体のガイドラインや個別企業のガイドラインをはじめとする二次資料である。2000年代に入り，国際機関，政府関連機関，米国の事業者団体，消費者団体がそれぞれの立場から子ども向けマーケティングをめぐる問題や動向に関する詳細な報告書やガイドラインを相次いで刊行しており，そのいずれもが本研究が対象とする子ども向けマーケティングの現状と課題を把握する作業にとって重要な資料となる。具体的には，以下のような WHO の報告書を中心的に分析し，食品・飲料企業の子ども向けのマーケティング技法と子どもの消費への影響，各国で引き起こされている問題状況を具体的かつ実証的に把握することを目指す。

- Marketing Food to Children: the Global Regulatory Environment (2004)
- Marketing of Food and Non-alcoholic Beverages to Children (2006)
- Marketing Food to Children: Changes in the Global Regulatory Environment (2007)
- The Extent, Nature and Effects of Food Promotion to Children (2009)
- Marketing of Foods and Non-alcoholic Beverages to Children (2010)
- A Framework for Implementing the Set of Recommendations on the Marketing of Foods and Non-alcoholic Beverages to Children (2012)

- Global Status Report on Noncommunicable Diseases (2014)
- Report of the Commission on Ending Childhood Obesity (2016)

これらは2000年代に入り継続的に刊行されている上，子ども向けマーケティングの技法，ならびに各国の規制状況などについて国際的かつ継続的な大規模調査に基づいてまとめられた報告書であり，詳細な分析が可能となる[20]。報告書は規制を，①法的規制 (statutory regulations)，②非制定法の政府ガイドライン (non-statutory government guidelines)，③自主規制 (self-regulations) の三つに分類している。また，グローバルに用いられているマーケティング手法を，①テレビ広告 (television advertising)，②学校内マーケティング (in-school marketing)，③スポンサーシップ (sponsorship)，④プロダクト・プレイスメント (product placement)，⑤インターネット・マーケティング (internet marketing)，⑥セールス・プロモーション (sales promotions) に分け，それらを中心に調査している。

表序-1 放送に関する法律の中で規定された子どもの年齢の例

国または地域	年齢 (less than, years)
オーストラリア	14
カナダ	12
ケベック州	13
中国，香港	15
フィジー	15
フィンランド	12
ドイツ	14
オランダ	12
ノルウェー	12
韓国	13
スウェーデン	12
イギリス	16

(出典) WHO (2004), p.4 に基づき作成。

子どもの定義については，規制の中で子どもは「minors」「juveniles」「young people」「children」と表現されることが多く，EU加盟国は18歳未満を子どもと定義し，オーストラリアは19歳をその上限として規定しているように国ごとに定義が異なること，「12歳未満から16歳未満」を子どもと定義する場合が多いことを示している (表序-1)。

子ども向けのマーケティングに該当するかどうかについては，①販売されている製品やサービスの種類，②マーケティングの手法 (子どもをひきつけるために利用される色や声，音楽，キャラクターの利用)，③マーケティング・キャンペーンの場所や時間，といった観点から判断している (WHO, 2004, p.5)。

また，人口規模の大きい国を含む約100カ国を対象に，テレビ広告の規制について，①刊行された本や報告書，②インターネットに基づいた情報，③弁護士グループによる情報収集物を検索し，④電子版のデータベースで学術誌，⑤ジャーナル，雑誌，新聞記事と法律関連の資料，⑥政府機関のウェブサイト，⑦自主規制機関（self-regulatory organization, SRO）や他の広告やマーケティングを行う組織のウェブサイトから情報収集を行っている。その結果，85カ国におけるテレビ広告の規制について情報を特定した。それに加え，情報の正確さを担保するために別の情報源を用いて調べ，専門家や政府関係者，法律家など個人的なコンタクトを通して調査を進めた。その結果，73カ国を調査対象国とした。

　これらの調査報告書は，国境を越えて活発にマーケティングを展開している米国食品・飲料企業のマーケティングのあり方に大きな影響を与え，またそれらが示す提言や方向性は各国政府が食品・飲料に対する規制を検討するにあたり重要な指針となることから，本研究の対象とする米国の食品・飲料企業のマーケティングについて，グローバルな視点で捉えるための最適な資料であるといえる。これらの資料は，子ども向けマーケティングに関する米国やその他の国々の動向を知るための資料として十分な調査規模を有している。また2002年以降，子ども向けマーケティングに関して，そのマーケティング手法分析にはじまり，規制状況，今後の問題解決に向けた提言にいたるまで様々な視点から継続的に調査・報告を行ってきている。そうした点からも，本研究の中心的な基礎資料として活用することができる。

　また，こうした資料は子ども向けマーケティング研究において日本では紹介・活用されてこなかったため，子ども向けマーケティングの問題と実態とを把握する上で，可能な限り収集し，分析の手がかりを得るためにも十分活用されるべき資料であるといえよう。また，個人では収集することが不可能な大規模な国際的なデータ収集調査・分析の結果を継続的に提供している。企業や事業者団体，消費者団体も世論の関心，批判の高まりに応え，社会的責任を果たすという観点から様々な情報を広く公開しており，複合的な視点から子ども向

序　章　子ども消費者とマーケティング

図序-1　WHOによる調査・研究の分類

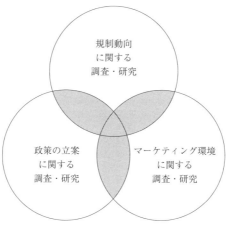

（出典）　WHO（2012）に基づき作成。

図序-2　　3つの包括的な政策アプローチ

子どもに対する飽和脂肪酸，トランスファット脂肪酸，砂糖・塩分を含む食品のマーケティングを制限する政策アプローチ
・飽和脂肪酸，トランス系脂肪酸，砂糖・塩分を含む全ての子どもを対象とした食品のマーケティングを完全に取り除く

子どもに対する全ての食品・飲料のマーケティングを制限する政策アプローチ
・特定食品だけを対象とするのではなく，子どもに対する全ての食品・飲料のマーケティングを取り除く

子どもに対する全ての製品のマーケティングを制限する政策アプローチ
・食品や飲料だけを対象とするのではなく，あらゆる商業的な要素を含むものから子どもを保護するという観点（子どもたちは商業的要素のない環境［commercial-free environment］に対する権利を有する）に立ち，子どもに対するターゲットマーケティングを全て取り除く

（出典）　WHO（2012），pp.17-18に基づき作成。

けマーケティングを捉えるための国際機関,政府機関,事業者団体・消費者団体といった多面的な資料収集を可能とし,二次資料によって問題の輪郭を明らかにし,正確な現状把握を行うことができる。

WHO の調査報告書の内容は図序-1のように,子ども向けマーケティングの現状(マーケティング環境)に関する調査・研究,子ども向けマーケティングに関する規制動向に関する調査・研究,政策立案に関する調査・研究の3つに分類される。

WHO(2012)が刊行した "A Framework for Implementing the Set of Recommendations on the Marketing of Foods and Non-Alcoholic Beverages to Children" では,具体的に政策立案,政策実施,モニタリング,評価,調査にまで踏み込んでいる[21](図序-2)。

(2)構 成

本研究は,米国における「子ども消費者」の発見とマーケティングの成立について理論的な側面から考察を加えた第Ⅰ部「子ども消費者の発見とマーケティングの成立」(第1章・2章),食品・飲料企業の子ども向けマーケティングの展開に照準を合わせて多くの実践的なマーケティング事例を取り上げた第Ⅱ部「食品・飲料企業の子ども向けマーケティングの展開」(第3章・4章・5章・6章・7章)から成り立っている(図序-3)。

前半部にあたる第Ⅰ部では,米国における子ども消費者の誕生と市場の生成,子ども向けマーケティングの展開について理論的側面から検討する。より具体的には,McNeal の子ども向けマーケティングに関する理論を批判的に検討した上で,マーケティングを行う企業による子ども消費者の発見をマーケティング・ターゲットとしての発見(「第1の発見」)と特別な配慮を必要とする消費者としての発見(「第2の発見」)とに分類し,「特別な配慮を必要とするターゲット」としての子どもに対する新たなマーケティングの方向性として「自制的マーケティング」の概念を導出・提示する。

後半に続く第Ⅱ部では,第Ⅰ部(第1章・2章)で提示した子ども向けマー

序　章　子ども消費者とマーケティング

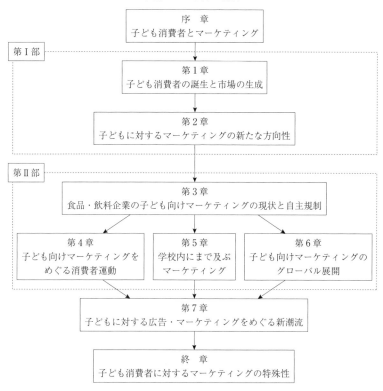

図序-3　本書の構成

ケティングの新たな方向性としての「自制的マーケティング」への転換を具体的な食品・飲料企業のマーケティング事例を通して考察する。その際，企業，消費者団体，学校，政府それぞれの側面から食品・飲料企業の子ども向けマーケティングの現状を事例として取り上げる。

　第1章ではMcNeal理論に依拠しながら，米国における子ども消費者の誕生，マーケティングによる子ども消費者の発見を体系的に整理する。マーケティング・ターゲットとしての子どもの発見を企業による「第1の発見」と定義し，McNeal理論は，本来検討すべき子ども消費者のもう一方の側面「特別な配慮を必要とする消費者」に対して十分な注意を払っていない点を批判的に論じる。

第2章では，子どもは消費者としてどのような発達過程をたどるのかを明らかにするために，「消費者の社会化（consumer socialization）」に関する基本概念を整理し，消費者としての子どもの特殊性がマーケティングの文脈においてどのように論じられてきたのかを考察する。企業のマーケティングに対して批判が高まるのと同時に提起されてきた「特別な配慮を必要とする消費者」としての子どもの発見を「第2の発見」と定義し，「特別な配慮を必要とするターゲット」としての子どもに対して行われるマーケティングの新たな方向性を「自制的マーケティング」として提示する。

　第3章では，米国における食品・飲料企業の子ども向けのマーケティングの現状を概観する。特に，米国の子ども向け食品・飲料企業の子ども向け広告をめぐる1970年代の議論に注目し，食品・飲料企業および広告業界の子ども向け食品広告に関する自主規制システムの成立と定着の過程を，規制の対象となった事例を挙げながら分析する。また，2000年以降，子どもの健康問題の深刻化を契機に展開されている政府・企業・消費者団体・学術団体間の活発な議論，マーケティングや産業界の自主規制のあり方についての議論を整理し，食品・飲料企業のマーケティングをめぐる自主規制の動向についての分析を進める。

　第4章では，活発に展開される子ども向けマーケティングに対する一つの有効な抑止力，監視役として機能してきた米国の消費者団体の活発な活動について考察する。それらが子ども向けマーケティングの展開を考える上で提起する視点を，消費者団体，政府，企業の連携，子ども消費者の特性に対する配慮，消費者の権利と責任に分けて考察する。

　第5章では，新たなマーケティング・チャネルとして注目され，学校内，教室内で活発に繰り広げられるマーケティング，すなわち「学校内マーケティング（in-school marketing）」に着目し，その現状を分析・考察する。教育予算の削減を背景に，学校が企業への財政的な依存度を強め，その学校教育支援の見返りとして企業は，子どもに直接・間接的にアプローチすることができ，未来の顧客を獲得し，維持・育成する一つの有力なアクセスポイントとして学校内でマーケティングを行うまでになっている。家庭や市場のみならず，子どもが

一日の大半を過ごすことになる学校までをも包囲する米国のマーケティングの技法と課題を明らかにする。保護者のいない環境で，子どもに対して強力かつ直接的・間接的に商品を販売することができる学校内でのマーケティングという新技法は世界保健機関（WHO）をはじめ，米国の政府関連機関も問題視し，産業界は相次ぐ批判や州の規制強化を前に，自主規制を余儀なくされていることを多様な資料によって明らかにする。

第6章では，世界標準化を志向したグローバル・マーケティングが広く展開される中，消費のグローバル化をもたらした企業の象徴ともいうべき米国の食品・飲料企業が米国市場，海外市場で直面している問題を分析対象とする。世界標準化された食品や飲料が文化的な差異を超えて広く受容される一方で，子どもの健康被害の広域化や深刻化をもたらしている状況を各種資料により検討する。また，WHOの調査報告書に基づき，食品・飲料企業のグローバル・マーケティングによって引き起こされた問題点を事例に基づき考察する。

第7章では，2016年11月に成立した日本版のガイドライン「子どもに影響のある広告およびマーケティングに関するガイドライン」など，子どもに対するマーケティングに生じている新たな変化を国際的な視点から考察する。

終章では，子ども消費者に対するマーケティングの持つ普遍性と特殊性に対する新たなマーケティング，すなわち「自制的マーケティング」への転換期を迎える米国の子ども向けマーケティングの現状と課題を総括し，本研究の理論的示唆と実務的示唆，今後に残された研究課題を提示する（**図序-3**）。

注
(1) 子どもの定義をめぐっては各国ごとに「子ども」の年齢区分が異なるが，本研究では特別に記載のない限りは，スウェーデンやノルウェーの規制，米国の子ども向け広告の自主規制組織（Children's Advertising Review Unit）のガイドライン（http://www.asrcreviews.org/wp-content/uploads/2012/04/Self-Regulatory-Program-for-Childrens-Advertising-Revised-2014-.pdf　2016年9月30日アクセス）の対象年齢を考慮し，4歳から12歳までを「子ども（children）」と定義する。

　子ども・若者市場は一般的に，①kids market（子ども市場：2歳～12歳が主な

ターゲットになる），②tweens market（トウィーンズ市場：8歳〜12歳が主なターゲットになる），③teenagers market（ティーンエージャー市場：13歳〜19歳までが主なターゲットになる），④young market（若者市場：10代〜24歳の若者が主なターゲットになる）に細分化されている。
(2) 子どもと若者の消費およびマーケティングに関する国際会議（International Conference on Child and Teen Consumption, CTC）は2004年から隔年で開催されている。第1回国際会議は2004年にフランスで開催され（University of Poitiers），以降デンマーク（The Copenhagen Business School），ノルウェー（The Norwegian Centre for Child Research），スウェーデン（The Department of Child Studies, Linköping University），イタリア（The Department of Communication, Behavior and Consumption IULM University），イギリス（University of Edinburgh Business School），デンマーク（Department of Culture and Global Studies, Aalborg University）など，欧州各国で開催されてきた。第8回国際会議（2018年）はフランスでの開催が決定している。
(3) 世界保健機関（WHO）ウェブサイト（http://www.who.int/mediacentre/factsheets/fs311/en/ 2016年9月30日アクセス）。
(4) 世界保健機関（WHO）ウェブサイト（http://apps.who.int/iris/bitstream/10665/94384/1/9789241506236_eng.pdf 2016年9月30日アクセス）。
(5) 2012年の国連人権理事会に提出された報告書の中でも，不健康な食品への課税やジャンクフードの広告の取り締まりの実施などが提言されている。
(6) WHOウェブサイト（http://apps.who.int/iris/bitstream/10665/204176/1/9789241510066_eng.pdf 2016年9月30日アクセス）。
食品産業は健康的な食事を推進する重要な役割を担うことができると記されている。
- 加工食品の脂肪分，糖分，塩分を減らすこと
- 全ての消費者が健康で栄養バランスのとれた選択ができるようにすること
- 子どもや10代の若者（teenagers）に対して糖分，塩分，脂肪分の高い食品のマーケティングを制限すること
- 健康的な食品・飲料企業の選択ができるようにし，職場における運動を支援すること
(7) WHOウェブサイト（http://www.who.int/mediacentre/news/releases/2016/curtail-sugary-drinks/en/ 2016年10月13日アクセス）。2018年4月から，イギリス政府は糖分を多く含むソフトドリンクに対して課税をすることを決定した（*The Lancet*, 2016年12月15日付電子版［*The Lancet*, "UK soft drinks industry levy estimated to have significant health benefits, especially among children,"

ScienceDaily, 15 December 2016. www. sciencedaily. com/releases/2016/12/ 161215191602.htm　2016年12月16日アクセス］）。
(8)　1980年以降，米国では若者の肥満が3倍に，より幼い子どもの間では2倍へと増加している。FTCは，責任あるマーケティングが子どもたちのダイエット，運動レベルを向上させるのに重要な役割を果たすという点から，政府機関，消費者団体，学会，産業界とともに問題解決に向けて，効果的な自主規制策を検討してきた。大統領夫人のMichelle Obamaは，深刻化の一途をたどる子どもの健康問題に対して，全米キャンペーン"Let's Move Campaign"を打ち出し，政府のみならず問題解決に向けて，保護者や学校，地域社会，企業の協力を要請している（*Newsweek*, 2010年3月11日号）。
(9)　子ども向けテレビ広告の多数を占める朝食用シリアル，ソフトドリンク，菓子，塩分を含むスナック菓子，ファストフードをBig 5と総称し，米国のファストフードチェーンや飲料メーカーが国内外で採用している販促の実態やマーケティング技法，それらをめぐる各国の規制状況について調査・分析している。
(10)　Hawkes & Harris（2011）は，2005年と2009年の間に食品企業によって子ども向けの食品マーケティングに関する13の誓約（Pledge）プログラムが制定され，52の食品企業が参画していることを明らかにした。2つのPledgeは国境を越えて施行されるグローバルなプログラムであり，2つは地域的なプログラム，9つは特定の国で施行されるプログラムである。詳しくは，Hawkes, C. & Harris, J. (2011) An analysis of the content of food industry pledges on marketing to children, *Public Health Nutrition*, 14(8), pp. 1403-1414. ならびに第7章を参照のこと。
(11)　総務省（2016）は，2016年4月1日現在における子どもの数（15歳未満人口）は，前年比15万人減の1605万人（内訳は男子822万人，女子782万人）となったと発表した。1982年から35年連続の減少となり，子ども数は過去最低を記録した（総務省統計局ウェブサイト，http://www.stat.go.jp/data/jinsui/topics/topi941.htm#aI-1 2016年8月30日アクセス）。総人口に占める子どもの割合も12.6%となり，42年連続で低下をたどっている。様々な少子化対策が打ち出されているにもかかわらず，少子化の進行に歯止めがかかっていない状況がある。
(12)　内閣府（2016）の「平成27年度青少年のインターネット利用環境実態調査調査結果」によれば，満10歳から満17歳までの青少年の約8割（79.7%）がインターネットを利用しており，その利用率は小学生で61.3%，中学生で80.3%，高校生で97.7%に上っている。また，インターネットの利用に際してはスマートフォン（46.2%），携帯ゲーム機（22.6%），ノートパソコン（20.3%），タブレット端末（17.5%）などの機器が用いられていることが明らかになっている。青少年のスマートフォン・

携帯電話の所有・利用状況は，小学生で50.2％，中学生で60.9％，高校生では96.7％に達しており，スマートフォンの利用が進行している。詳細は以下の通り（http://www8.cao.go.jp/youth/youth-harm/chousa/h27/net-jittai/pdf/kekka_gaiyo.pdf　2016年9月30日アクセス）。

(13)　調査の相談事例の集計分析では，「子ども」は小学校～高等学校の学齢期にほぼ対応する6歳～18歳未満となっている。「個人情報に係る相談」とは，国民生活センターのPIO-NET（全国消費生活相談情報ネットワークシステム）に収集・蓄積された消費生活相談のうち，プライバシーを含む個人情報に関連する消費生活相談である（国民生活センター［http://www.kokusen.go.jp/pdf/n-20050304_1.pdf　2016年9月30日アクセス］）。

(14)　消費者庁は全国の消費生活センターに10代の未成年に対する高課金，高額請求に関する相談・苦情が多く寄せられたことから，ソーシャル・ゲームのアイテム商法「コンプリートガチャ（コンプガチャ）」（1回300円程度で「ガチャ」と呼ばれる電子くじをひき，ゲームを有利に進めるアイテムを手に入れる）を問題視し，2012年5月上旬に規制を検討し始めた。その結果，この商法が消費者の射幸心をあおる仕組みを持っていることから，景品表示法で禁止されている「カード合わせ（絵合わせ）」にあたるとする同法の運用基準改正案を公表した（『日本経済新聞』2012年5月12日付）。こうした動きに対して，ソーシャル・ゲーム大手のグリーやディー・エヌ・エーなど6社は，収益源となってきたコンプガチャを廃止することを表明し，「18歳未満の青少年の利用限度を月1万円以下に設定する」という課金の上限を定める自主規制を発表した（『日経ビジネス』2012年5月7日号）。子どもの射幸心をあおり，希少アイテムを集めさせることが問題視された類似のケースとしては，1980年代の「ビックリマンチョコ」の大量購入（付録のシール収集のために，チョコレートが捨てられることが問題となった）がある。

(15)　隅田（2006）は，乳幼児から修学後まもない社会人・修学後数年が経過した社会人といった世代（具体的には20代後半，30代前半の社会人）を「若者」に含めているが，その年代の若者の性別，雇用形態（正規雇用・非正規雇用の別など），所得水準，価値観，ライフスタイル，既婚・非婚の別などによってもその消費者意識や行動は大きく異なることが考えられる。そのため，乳幼児から30代の社会人を広義の「若者」としてまとめる定義，年齢区分はより慎重に検討される必要がある。隅田は，子ども市場の細分化の必要性を説き，日本の「子供市場」を「乳幼児」（0歳から3歳），「保育園・幼稚園児」（4歳から5歳），「小学生児童」（6歳から12歳），「中学・高校生」（13歳から17歳），「専門学校・短大・大学・大学院生」（18歳から24歳）といった具合に類型化している。そうした類型を示した上で，「修学を終えて間もない就業者層も大人と区別する意味で子供市場に含めることもできる，

また，中学・高校生，専門学校・短大・大学・大学院生および修学を終えて間もない就業者といった世代を若者とするのが適当である」と述べている（119-120頁）。
⒃　吉田（1987），日本コンサルティンググループ羅針盤（2005），日経流通新聞（1991）。
⒄　全米科学，技術，医学アカデミーの一部局であり，独立した非営利組織として政府や民間セクターに対して科学やテクノロジー，医学に関連した政策決定のための助言を行う機関である。米国医学研究所（Institute of Medicine, IOM）は，2016年3月15日に Health and Medicine Division（HMD）へと名称を変更した。詳しくは The National Academies of Science, Engineering, and Medicine ウェブサイトを参照されたい（http://nationalacademies.org/hmd/About-HMD.aspx　2016年8月15日アクセス）。
⒅　*Newsweek*（2010年3月11日号）は，Feed Your Children Well: My Fight Against Childhood Obesity と題した特集号を刊行し，大統領夫人として子どもの健康問題解決に向けたキャンペーンを主導する Michelle Obama の記事を掲載している。記事によると，1980年以来，米国の子ども（ここでは12歳から19歳）の肥満率は3倍にまで跳ね上がり，米国の若者の3分の1が過体重（overweight）あるいは超肥満（obesity）で，乳幼児や幼児の約1割が深刻な肥満状態にある（*Newsweek*, 2010, p.43）。また，子どもたちは一週間に50時間以上もの間テレビやビデオゲーム，コンピューターの前で過ごし，運動不足に陥っている（p.44）。米国では，健康被害すなわち肥満のもとと考えられる食品の広告や販売を規制し，肥満の原因とされる脂肪分・塩分・糖分を多く含むスナック菓子ソフトドリンクに罪悪税（sin tax）を課そうという動きもある（古郡，2010，223頁）。詳しくは，古郡鞆子（2010）『肥満の経済学』角川学芸出版を参照されたい。
⒆　詳しくはアリエス，フィリップ著／杉山光信・杉山恵美子訳（1980）『〈子供〉の誕生』みすず書房を参照されたい。
⒇　WHO. (2004). "Marketing Food to Children: the Global Regulatory Environment," ならびに WHO. (2007). "Marketing Food to Children: Changes in the Global Regulatory Environment, 2004-2006" は，子どもを取り巻く食品・飲料企業のマーケティングに対する国際的，地域的，各国それぞれの規制状況を概観するために刊行された報告書である。報告書は各種刊行物，データベース，政府機関や業界組織のウェブサイトを含むオンライン情報，法律に関するデータベース，出版物や学術誌，政府や非政府組織の報告書などを調査対象としている。
㉑　詳細は巻末の参考資料を参照されたい。

第Ⅰ部

子ども消費者の発見とマーケティングの成立

第1章

子ども消費者の誕生と市場の生成
——企業による「子ども消費者」の発見とマーケティング——

1　「子ども消費者」はいかにして発見されたのか

　序章で概説した通り，今や子ども関連市場は巨大な市場として成立し，激しいマーケティング競争の場となっている。マーケティングがもたらす問題が顕在化し，企業の社会的責任と子ども向けマーケティングに関して，政府・企業・消費者団体・学術団体間で，活発な議論が展開されている米国において，子どもはいつ，いかなる形で「消費者」「顧客」として見出されたのか。子どもが「消費者」として発見され，市場として生成した背景には，どのような社会変化があったのであろうか。この問題は，子ども向けマーケティングの展開を具体的に究明する本研究にとって，重要な分析課題となる（Center for Science in the Public Interest, 2003 ; Moore, 2004）。

　そこで本章では，戦後のベビーブームを経て，子ども向けマーケティングがいち早く理論化された米国を対象に，子ども消費者の誕生と子ども関連市場の成立を考察する。

　以下，第2節でマーケティングによる子ども消費者の発見および子ども市場が誕生した背景に注目する。続く第3節では，子ども市場の生成と子どもに対するマーケティングの展開について検討する。その際，米国における子ども向けマーケティングの第一人者とされ，子どもの消費行動や子どもに対するマーケティング戦略を長年にわたって研究してきた McNeal の理論に則して分析を進める（Cook, 2000 ; Quart, 2003 ; McNeal, 1992 ; 1999）。第4節では，McNeal の子ども市場に関する理論から導かれる知見をまとめつつ，McNeal 理論を批判的

に検討し，米国における子ども消費者と子ども市場の生成に関する考察を試みる。

2　マーケティングによる「子ども消費者」の発見

(1)「子ども消費者」の誕生：「顧客の子ども」から「顧客」へ

　米国の2歳から14歳までの子どもは，毎年約240億ドルを支出し，5000億ドル分の家族の消費に影響力を持つ存在とみなされている（Levin & Linn, 2003; Moore, 2004）。

　テレビ広告など子ども向けのメディア広告に10億ドル，おまけやサンプルやクーポンなどのプロモーションに45億ドル，イベントや印刷物を使った広報に20億ドル，子ども向けに特別にデザインされたパッケージに30億ドルが投じられているといわれている（McNeal, 1999, pp.14-15）。子ども市場にかけられる広告・マーケティング費用は増加をたどり，1997年に127億ドルへと増加し，2002年には150億ドルにまで達した（Center for Science in the Public Interest, 2003, p.8）。

　上記のように子どもに向けて多額の広告費が投じられる米国において，消費者としての子どもは，いつ，どのような背景のもとに誕生したのだろうか。

　企業が子ども向け商品を販売するのは，かなり以前からみられることであった。例えば，衣類や書籍など子ども向けの商品は，すでに18世紀には登場していたし，19世紀後半には，シカゴの百貨店 Marshall Fields が，子どものいる家庭に36頁に及ぶ玩具のカタログを郵送し，他の百貨店も競って子ども向け衣料品の展示を行ったとされている（Cross, 1997）。しかし，これらの販売や広告は富裕な購買層を対象としたものであり，市場やメディア全体からみればごく一部のものにすぎなかった。そして何よりも重要なことは，それらが子どもたちに対してではなく，子どもが消費する商品を代理で購入する顧客，すなわち親に向けて行われたものであったという点である（図1-1）。当時，子どもが消費する商品，いわゆる子ども関連商品を選択し，実際に購入するのは親であ

第 1 章 子ども消費者の誕生と市場の生成

図1-1 「大人」に向けて行われる子ども関連商品のマーケティング

ったことから,子ども関連商品の直接的な顧客,ターゲットとなったのは購入意思決定者である大人であった。

1920年代には母親が子ども関連商品を購入する際に主導権を持ち,母親こそが広告の訴求対象であった（Schor, 2004, p.21）。しかしながら,1930年代に入るとラジオの普及とともに,子ども向け商品のコマーシャルが放送されるという大きな転換が起こった（Cook, 2000）。

戦時下の停滞期を経て,1950年代になると,子ども視聴者をターゲットにした番組の中で,玩具メーカーがスポンサーとなり広告活動を行い,キャラクタービジネスを展開し,また同時期に朝食用シリアルがキャラクターを使った広告を展開するようになった。

この時期に,マーケターたちは市場を所得,規模,地理,教育水準,ライフステージなどによって細分化し,ターゲットとなる消費階層を,①単身の成人,②子どものいない若夫婦,③子どもを持つ若夫婦,④青年期の子どもをもつ夫婦,⑤子どもが自立した夫婦,といった5つに分類して捉えていた（McNeal, 1969, p.15）。そこでは,4歳から12歳までの子どもは独立したセグメントとしては認識されてはこなかった[(1)]。

1960年代になると,McNeal（1969）が「ティーン市場」の前段階に位置する4歳から12歳の「子ども消費者」の存在とその市場としての可能性をいち早く指摘し,"The Child Consumer: A New Market"と題した論文を発表した。この論文は米国のマーケティング分野における子ども市場の出現を初めて宣言したものとみなすことができる[(2)]。

McNeal（1992, p.4）は,マーケティングが「消費者」としての子どもを発見した時期を,戦後のベビーブーム期（1946〜1964年）としており,ある階層が

第Ⅰ部　子ども消費者の発見とマーケティングの成立

図1-2　子ども（4歳〜12歳）の支出額の推移

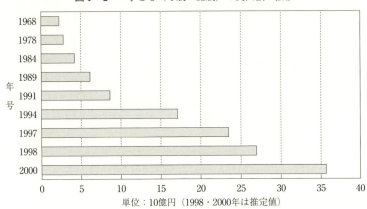

（出典）　McNeal（1999），p.17に基づき作成。

　利益をもたらす市場・消費階層，すなわちマーケティング・ターゲットとして認識されるためには，その消費階層が次の3つの要素，「階層人口（members）」「購買力（money）」「欲求（wants）」を備えていなければならないと指摘している（McNeal, 1992, p.4）。

　1946年から1964年の間に生まれた子どもたちは7800万人を超え，1964年の時点で19歳以下の人口は全体の3分1以上を占めていた。つまり，この時期に生まれた子どもは，1つの市場とみなしうる十分な人口規模を持ち，大人の消費者と同様の欲求や自由に使える金を持っており，マーケティング活動を行うだけの見返りのある対象と認識されたのである。

　1960年代の半ばに子どもは20億ドル以上の消費を行う存在になり，McNeal（1999, p.17）は子ども人口の増加に加え，子どもの購買力が過去数十年の間に飛躍的に増加したことを，初めてデータを用いて論証した（図1-2）。

　4歳から12歳までの子どもの収入（所持金）は，1984年以来増大し，年齢の上昇に応じてその額も増加する。子どもたちの所持金が多くなるにつれ，子どもたちはより高額な商品を購入することになる。McNealが示した1997年までのデータによると，子どもは平均すると週に約15ドルの小遣いなどの収入を得

第 1 章　子ども消費者の誕生と市場の生成

図 1 - 3　子ども（4歳〜12歳）の収入の内訳（1980年代半ば）

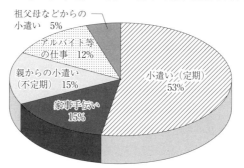

（出典）　McNeal（1992），p.17 に基づき作成。

て，そのうちの10ドル58セント分を消費に，残りを貯金に振り分けている。週に15ドルを手にする子どもの全体の収入の総額は年間280億ドルにも上ることになる（McNeal, 1999, p.67）。

　子どもはその収入を一体，どこから得るのか。図 1 - 3 に示すように，1980年代半ばにはその収入源は主に，①週単位などで定期的にもらえる小遣い（53％），②皿洗いやペットの世話などの家事手伝い（15％），③必要に応じて親からもらう小遣いや誕生日，テストでよい点をとった時などにもらう小遣い（15％），④ベビーシッターや近所の庭の手入れ，新聞配達などの家庭外での仕事（12％），⑤祖父母などからの小遣い（5％）といった5つから構成されている（McNeal, 1992, p.27）。

　McNeal（1999, p.69）は1990年代の前半にかけて，この5つの構成比が変化していることを示した（図 1 - 4）。具体的には，①定期的にもらえる小遣いは53％から45％へと減少し，②家事手伝いは15％から21％へと増加し，③不定期にもらう小遣いは15％から16％に増加，④家庭外での仕事が12％から10％に減少，⑤祖父母などからの小遣いが5％から8％に増加している。

　こうして自由に使える収入を確保した子どもたちは，市場において自由に欲しいものを購入し，より高価な商品を欲しがり，それらを手に入れる消費者になっていくのである。また，McNeal（1999）は表 1 - 1 の通り，子どもの支出

31

図1-4 子ども（4歳〜12歳）の収入の内訳（1992年）

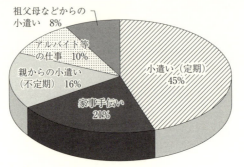

（出典） McNeal（1999），p.69 に基づき作成。

表1-1 子どもの支出項目

商品・サービス	支出額
食品・飲料	77億ドル
玩　具	65億ドル
衣　服	36億ドル
映画・スポーツ	20億ドル
ビデオ	13億ドル
その他	23億ドル
合計（1997年）	234億ドル

（出典） McNeal（1999），p.57 に基づき作成。

先としては，食品・飲料が最も高くなっていることを示している。

（2）子どもの消費者化促進要因：80年代の子どもを取り囲む環境の変化

こうした急速な子どもの購買力の増大にともなって，消費者としての子どもの存在感は1980年以降の子どもを取り囲む社会的・経済的・心理的環境変化の中で，いっそう強められていくことになった。McNeal（1999, pp.19-22）は，1980年以降の米国の社会変化の中で子どもの消費者化を捉え，それを促進した要因を以下の8つに分けて説明している。

① 働く母親の増加

1970年には，フルタイムもしくはパートタイムの仕事をする母親（6歳から13歳までの子どもを持つ母親）は約半分にすぎなかったが，1985年には67％，1990年には73％へと増加した。

② 世帯あたりの子ども数の減少

1960年代初頭のベビーブーム期の女性の出生率は3.5であったが，1980年代初頭には1.8まで減少した。子ども数の減少によって子ども1人あたりにより多くの費用が投じられることになった。

③ 晩産化：高年齢で経済的に豊かな親

1960年代から1970年代には，女性も30歳ともなると出産することはないとみなされた。しかし，1980年代半ばになると女性がキャリアを優先させ，出産を先延ばし，子どもを持った後も仕事を継続するようになり，30代の出産が上昇した。高年齢で出産した親はより多くの貯金を蓄え，子どもに対して多く支出するだけの経済的余裕を持つようになった。

④ 離婚の増加

米国の子どもの6人に1人はステップ・チャイルドになった。離婚によって家族が離ればなれになっても，プレゼントを受け取るなどの親戚との関係は継続する。複数の家族（親や祖父母）から小遣いや贈り物をもらう機会を持つようになった。複数の家族の間を子どもが行き来することによって，それぞれの家庭でベッドなどの生活用品に始まり，玩具やスナックにいたるまでの様々なアイテムが必要となり，大人が子どもに与える金や物を子どもが自由に使うことができるようになった。

⑤ ひとり親世帯の増加

1970年から1990年の間に未婚の母親（シングルマザー）の出産が2.5倍に増加し，離婚した女性の数が約3倍に増加した。ひとり親世帯では，子どもが家事の手伝いをすることが期待され，家族のため，あるいは自分のための買い物など，消費者としての役割を果たす時期が早まる傾向がある。また，離れた親（母親もしくは父親）から小遣いや贈り物をもらい，一緒に休暇を過ごす機会が増えるなど，子どもにとって収入を得る機会の増加につながった。

⑥ 祖父母の役割の増大

両親が仕事で忙しく,あるいはひとり親ともなれば,子どもにかまってやることができなくなるため,祖父母が子育てを支援する役割を持つことになる。祖父母と孫の接触頻度は自ずと高くなり,子どもへの関与が増えた。祖父母は親以上に小遣いやプレゼントを多く与える傾向がある。

⑦ 親の贖罪意識の増大

働いている親,ひとり親,離婚した親は子どもと十分な時間を過ごすことができないこと,子どもにかまってやれないことに罪の意識を持っている。子どもと過ごす短い時間をより豊かな"quality time: 大切な人とともに過ごす大切な時間,交流時間"とするために,子どもたちと離れている時に多くの物を与え,一緒に過ごす時に多くのことをする傾向がある。長い週末には,子どもの行きたい場所へ行き,長時間にわたって買い物を楽しもうとする。雑誌 *Family Fun Family Life* の創刊が象徴しているように,1980年代後半から1990年代初頭にかけて,こうした子ども中心の週末の過ごし方が一般的なものとなった。また,留守番をする子どもたち,いわゆる latch-key kids(鍵っ子)たちはより多くの娯楽,より多くの食べ物,より多くの小遣いを与えられる傾向がある。[3]

⑧ 経済状況の悪化:子どもの将来に対する親の不安の増大

1970年代の不確実な経済状況(インフレ・景気後退)は人々を不安にさせ,1990年代の初頭には失業率が増加した。こうした中,80年代には多くの家庭が子どもに対する教育や子ども関連商品に多く支出するようになった。多くの家族が経済的な豊かさを失った時でも,親は子どもに多くの物,金,教育,トレーニングの機会を与えた。子どもに習い事をさせ,夏にはピアノやコンピューター教室,投資の技術などを学ぶキャンプに通わせた。

以上のように,ベビーブームを一つの契機として,子どもは採算のとれるだ

けの十分な人口規模と,購買力,消費欲求とを持ち合わせた消費者として市場において位置づけられるようになった。また,80年代の米国社会の構造的変化が子どもを市場へと近づけ,消費者としての子どもの成長と自立を促し,子どもたちを「顧客の子ども」,つまり実質的なターゲットとなる親の娘や息子という立場から,直接マーケティングを行うべきターゲットとしての「顧客」そのものへ,すなわち購買の権限を備えた消費者へと変質させたのである。換言すれば,80年代の変化の中で子どもたちは,70年代の子どもたちよりも「市場に慣れ親しんだ子ども (market-mature child)」となったのである (McNeal, 1992, pp.6-8)。

3 子ども市場の生成と子ども向けマーケティングの展開

(1) 子ども市場を構成する「3つの市場」[(4)]

子どもの消費行動や子ども向けマーケティングの研究者として,新しい市場の出現,子ども消費者の存在を指摘した McNeal は,どのように子ども市場を捉えたのであろうか。また,どのように子ども向けマーケティングの重要性,子ども市場の持つ潜在力を主張してきたのであろうか。

McNeal (1992 ; 1999) は子ども市場の多様相を次の3つの視点から理論化し,子ども市場の有望性を説いた[(5)]。それら3つの市場は以下のように整理される(図1-5)。

① 子どもが形成する最初の市場 (Primary Market)
 • 自分の所持金で自分の欲しい商品やサービスを購入する市場

4歳から12歳までの子どもの年間収入は270億ドルにのぼり,230億ドル分が消費(例えば年間70億ドルを超える額がスナックに費やされ,その他,玩具などに費やされる)に,残り40億ドルに相当する額が貯蓄に振り分けられる。

第Ⅰ部　子ども消費者の発見とマーケティングの成立

図1-5　子ども市場の多様相

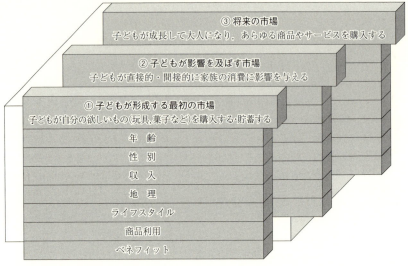

（出典）　McNeal（1992），p.14 に基づき作成。

② 子どもが影響を及ぼす市場（Influence Market）
・商品やサービスを購入する際の親の意思決定に子どもが影響を及ぼす市場

　子どもたちは直接的・間接的に親に欲しい商品やサービス（例えば，家族で訪れるレストラン，テーマパークや旅行の行き先など）をリクエストすることによって，年間1880億ドル分の親の消費（家族の消費）に影響を与えている。具体的には，親が購入する1100億ドル分の食品や飲料に対して子どもが直接的な影響を及ぼしているとされる。

③ 将来の市場（Future Market）
・子どもが大人になり，あらゆる商品・サービスを購入する将来の市場

　子どもたちは玩具，食品，証券，航空券，自動車などありとあらゆる商品の顧客になる可能性を秘めている。マーケターは，子どもがもたらす将来の市場を見据えて消費者が子どものうちから関係性を築いておくべきだと述べている。

第 1 章　子ども消費者の誕生と市場の生成

　以上のように，McNeal（1999）は子ども市場を上記の3区分を統合した市場，すなわち「三位一体型の市場（Three-in-One Market）」としての重層性，継続性，潜在性のある市場として捉える意義と必要性を述べている（p. 29）。

　上記3つの市場は，幼い子ども自身が食品などの比較的安価な商品の購入者でもあり（子どもが形成する最初の市場），自動車などの親の高額消費にまで影響を及ぼす存在でもあり（子どもが影響を及ぼす市場），また子どもたちは「未来の顧客」として，成長して大人になると，玩具，食品，証券，航空券，自動車などありとあらゆる商品を購入する顧客になるという時間軸をともなって成立している。

　McNeal（1992; 1999）は3つの子ども市場を統合する理論に基づき，子どもが形成する最初の市場（Primary Market）において子どもと関係性を築き，子どもの嗜好性を決定付けておけば，子どもたちはブランド・ロイヤルティの強い生涯顧客となることを強調している。子どもに対するマーケティング費用は，「商品と子ども」「小売店と子ども」の結び付きを強化し，生涯顧客の育成，将来の有力な顧客づくりの重要な先行投資になると述べている。

　それに続く，子どもが影響を及ぼす市場（Influence Market）で発揮される家族の消費に対する子どもの影響力を kidfluence と呼び，子どもが間接的・直接的に影響を及ぼすその市場規模は1985年に500億ドル，1997年に1900億ドル，2000年に2900億ドルに及ぶことを示した（McNeal, 1999, p. 18）。

　将来の市場（Future Market）については，あらゆる商品，サービスを購入する「明日の顧客（Kids as Customers Tomorrow）」「未来の消費者（Future Consumers）」として，これから著しい成長を遂げることになる子どもこそが最大のポテンシャルを持つ消費者であることを指摘している。小さな子ども（little kids）だからといって，小額（little money）の購買力しか持たない消費者であるとは限らないことを強調している。McNeal はマーケターは子ども，すなわち "KIDS" を "Keepers of Infinite Dollars"（無限の財の持ち主）として考え，子どもをパワフルな消費者としてみなし，幼い子どものうちに関係を築き，最良の顧客として遇するべきだと述べた（McNeal, 1999, pp. 35-36）。

子ども自身がすでに消費者であり、スナック菓子などの食品の購入から高額な自動車にいたるまでの家族の消費行動に影響を与える存在であり、将来の重要な顧客となるのである。こうした子ども消費者の多面性を捉えて、子どものマーケティング・リサーチ会社は、「子どものマーケティングに投資する1ドルは3ドルの価値がある」と述べている（Schor, 2004）。

新規顧客を開拓・獲得するには、①競合から顧客を奪う方法か、②幼いうちから顧客として育成するかの方法しかなく、利益の出ない激烈な競争に陥る可能性のある前者の方法よりも、後者の方法が長期的にみて多くの利益をもたらすと述べている（McNeal, 1999, p. 18）。

（2）子どもに対する直接的なマーケティングの展開

先述の通り、McNeal が子ども消費者と市場の出現を説いた1960年代の後半は、米国でテレビが全世帯の80％にまで普及した時期でもある。マーケティングは子どもに対して直接訴求できるテレビという有力なメディアを味方につけ、それを追い風として積極的なマーケティングを展開した。テレビが普及する以前には、子どもの商品を購入する時は母親が主導権を握り、まず広告は母親を説得せねばならなかったが、テレビの普及は子どもに直接働きかけることを可能にしたのである（図1-6）。

Cross（1997）はその著書 *Kids' Stuff: Toys and the Changing World of American Childhood* の中で1980年半ばまでにバービー人形を販売する Mattel 社（1945年にカリフォルニアで創立）と G. I. ジョーの人形を販売する Hasbro 社（1923年にロードアイランドで創立）といった玩具メーカーが巨大な力を持つにいたった1950年代には、Mattel 社と Hasbro 社が子どもに対して直接訴求するテレビ広告をはじめ、その後、様々なアニメのキャラクターを製造し、子ども向け玩具市場を開拓してきたことを示している（p. 5）。また、子ども向けに玩具を販売する小売店の売り上げは42億ドルにすぎなかったが、1993年には175億ドル（ビデオゲームの39億7000万ドル分を除く）へと急増したことを示している（Cross, 1997, p. 7）。

第1章 子ども消費者の誕生と市場の生成

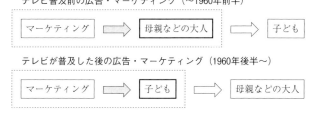

図1-6 テレビの普及によって変化した広告・マーケティング

　こうした子どもを取り囲む環境の変化や，市場における子ども向けマーケティングの展開が，先述のように1970年代以降，市場に慣れ親しんだ成熟した子ども消費者（market-mature child）を生み出し，さらに子どもを家族の消費に影響を及ぼす力（kidfluence）を持つ存在に押し上げた（Schor, 2004, pp. 23-25）。つまり，子どもは「親に買ってもらう」だけの受動的な消費者から，テレビを通じて情報を手に入れ，「ねだって買ってもらう」あるいは「欲しいものを直接自分で買う」能動的な消費者へと変化したのである。

（3）子ども市場に対する関心の高まりとマーケティングの本格化

　上記のように，子ども消費者の誕生と市場の生成が顕在化するようになる1980年代後半から1990年代初頭にかけて，多くの企業が積極的に子どもの購買力や影響力に照準を合わせたマーケティングを展開するようになった。[6] McNeal（1992）は，子どものマーケティングの歴史的展開を，子どもの数が増加した1950年代，子どもに購買力が備わった1960年代，子どもが欲しがるような多くの新商品やサービスが開発・販売された1970年代，十分な市場規模を形成する「子ども消費者」の存在，すなわち子どもビジネスの有効性が広く認識されるようになった1980年代と概説している。その上で，マーケティングが本格化した1980年代を「子ども消費者の10年（the decade of the child consumer）」と呼んでいる。

　この時期には，子ども向けテレビ番組やラジオ番組，雑誌が多く編集されるようになり，メディア，小売店，レストラン，食品企業などが子どもを対象に

した会員制クラブをつくった。また，玩具やファストフード・レストランなどの小売店にとどまらず，Baby Gap, Gap Kids などに代表される子ども向けの衣料ブランドがつくりだされ，自動車，アパレル，トイレタリーから，書籍，ホテル，航空会社，そして子ども専門の銀行（First Children's Bank）にいたるまで，あらゆる産業が子ども向けのマーケティングに乗り出した。

　こうした1980年代の大きな変化の中で，従来から子ども向けにつくられた玩具や食品などの商品のみならず，かつては大人向け商品とされた高級衣料や靴，カメラ，電話，ビデオカメラまでもが子ども向けに販売され，子どもは「未来の顧客」「生涯顧客」として幼いうちから囲い込まれ，育成されるようになったのである。

　McNealの理論は，80年代以降，多くの子ども関連商品を取り扱う企業のマーケターの支持を集め，様々な企業が多様な手法で子ども消費者に向けた商品開発，宣伝・広告に取り組み，子ども市場をめぐるマーケティング競争はますます激化した。

　それらのマーケティング攻勢の高まりを端的に示すのが，子ども向け広告の急激な増加である。例えば，子ども市場にかけられた広告・マーケティング費用（プロモーション，パブリシティ，パッケージングといったマーケティング・コミュニケーション）は，1992年には69億ドルであったが，1997年には127億ドルへと増加し，2002年には150億ドルにまで増大した（Center for Science in the Public Interest, 2003, p. 8）。

　具体的には，テレビを中心とした子ども向けメディア広告に10億ドル以上がつぎ込まれ，おまけや試供品，クーポンやコンテスト，懸賞といったプロモーションに少なくとも45億ドル，放送・印刷媒体上の広報やイベント，学校に対する広報におよそ20億ドル，子ども向けパッケージ・デザインなどに30億ドルが投じられた（McNeal, 1999, pp. 14-15）。その結果，平均的な子どもは年間4万件の広告にさらされることになった（American Psychological Association, 2004）[7]。土曜日の朝に多く放映される子ども向けのテレビ番組はシリアルや玩具，菓子類などの広告が主だったものであったが，ジーンズやファストフードなどの新

な広告主を獲得したことを指摘している（McNeal, 1999, p. 18）。

また，様々な企業が子どもをビジネスに取り込むようになったことを示す例として，McNeal（1999）は以下のように企業名に子どもが入っている例を示している（p. 13）。

- 広告代理店（Advertising and Promotion Agencies）
   Kids Think, Inc.（Griffin Bacal）
   Kids Connection（Saatchi & Saatchi）
   Just Kid, Inc.（North Castle Communications）
   Kidcentives（Mello Smello）
- 広告メディア（Advertising Media）
   ラジオ：Disney Radio, Children's Broadcasting Corporation
   雑誌：Sports Illustrated for Kids, Crayola Kids
   テレビ：Fox Children's Network, Kids WB
   新聞：My Weekly Reader, Class Act
   インターネット：www.worldkid.com, www.4Kids.com
- 市場調査会社（Marketing Research Firms）
   Kid2Kid, Kideration（Doyle Research Associates），Kid Facts
   Children's Market Research, Inc., Child Research Services
- 小売店（Retailers）
   GapKid, Kids "R" Us, Fit For Kids, Kid's Foot Locker

その他，玩具，キャンディ，飲料，シリアルといった伝統的な子ども向け商品を取り扱う企業だけではなく，Burger King Kids Club（ファストフード），Sega Kids Club（ゲーム），Fox Kids Club（放送），Westin Kids Club（ホテル），その他，航空会社，銀行，スポーツ業界など多くの企業が子ども向けの会員制クラブ（キッズクラブ）を組織するようになっている。また実務家向けのシンポジウムやワークショップが，1990年以降盛んに開催されるようになっ

た（McNeal, 1999, p. 16）

　多くの企業が子ども向けマーケティングに参入した結果，子ども向けマーケティング競争は熾烈化し，いかにして子どもに売り込むかという目的のため，市場調査や商品企画，広告企画などのマーケティング戦略策定の際に，発達心理学や児童心理学，文化人類学や社会学の研究成果までもが援用され，子どもに対する直接的な市場調査が行われるようになった。また，従来型のキャラクターやおまけを利用するなどといった子ども向けのマーケティングに加え，一見，広告とは分かりにくい以下のようなマーケティングの技法も用いられるようになっている（Molner, 2005; The Kaiser Family Foundation, 2006; WHO, 2004）。

① Product placement：プロダクト・プレイスメント
　　テレビ番組や映画，コンピューターゲーム，本などの風景や話の筋に商品を組み入れる手法。
② Co-branding：共同ブランド
　　McDonald's Barbie や Coca-Cola Barbie，McDonald's Play-Doh といった商品のように，よく知られた2つのブランドを組み合わせて特定商品の販売に結びつける手法。
③ Word-of-mouth marketing：口コミ・マーケティング
　　特定の子どもを利用して友だちに商品やサービスを口コミで宣伝させるよう働きかける手法。
④ Viral-marketing：バイラル・マーケティング
　　既存の商品・サービス利用者や有名人を通して，商品の利用者を広げる手法。
⑤ Adver-gaming：アドバゲーム
　　自社商品を子どもが遊ぶコンピューターゲームの中に登場させ，ウェブサイト上で自社商品に関連するゲームを提供する手法。
⑥ In-school marketing：学校内マーケティング
　　学校内に自動販売機を設置して，特定の食品・飲料を販売する契約を結ぶ

など，学校で商品を販売する手法。

　以上のように大人同様に様々なマーケティング技法が，子どもに向けられるようになってきている。新しい消費者，新しい市場としての潜在力を子どもの中に見出したMcNeal（1992）は，子どもは「小さな大人（mini-adult）」ではなく，大人とは異なる独自性を持つ特別な存在であることを指摘している（p. 20）。また，子どもたちはあらゆる市場の中で最も理解することが難しい市場であると述べ，それゆえ子ども市場におけるマーケティングの成功は難しいと指摘している（McNeal, 1999）。つまり，子どもは大人とは異なる特徴を持つため，大人向けの商品を単に子ども向けにサイズを小さくしたり，軽量化したり，単純化したり，より面白いものにしたりするなどの対応だけでは成功は望めず，大人とは異なる子どもの思考や嗜好，消費者行動を理解した上で子ども向けの特別の商品を，特別な方法でマーケティングする必要がある（McNeal, 1992, pp. 18-20）。また，子どもたちは「あらゆる消費者の中で最も洗練されていない（the most unsophisticated of all consumers）」消費者であり，欲しいものに取り囲まれながらも，最もモノを持っていない消費者であるがゆえに，多くを求める消費者である。だからこそ子どもには旺盛な購買意欲を持つ消費者としての潜在性があると述べている。しかしながら，米国の子ども関連市場はすでに競争が激しく，飽和状態を迎えていることを指摘し，米国の14倍もの若年人口が世界には存在しており，世界一の人口規模を持つ中国をはじめ，子ども市場は世界中に広がり，米国以外に目を転じれば，世界の子ども市場には巨大な商機があると述べている（McNeal, 1999, pp. 247-259）。

4　「子ども消費者」の発見と見過ごされる子どもの特性

（1）企業のマーケティング・ターゲットとしての「子ども消費者」の発見

　消費主体としての子どもは確かに存在していたが，その存在はあくまでも親をはじめとする大人たちの陰に身をひそめ，親に与えられたものを消費する存

在であった。ところが，McNeal が指摘したように，米国ではベビーブームを一つの契機として1950年代以降，子どもの数と子どもが自由に使える金額が増加するのに応じてマーケターたちの関心を集める新しい消費者，マーケティング・ターゲットとしての子どもが発見された。子ども市場は突如として出現した市場というよりは，子どもが家庭や市場で購買力を持ち，影響力を高める中で，改めて注目されることになった市場ということができる。

1960年代のテレビの普及によって，直接的なマーケティングの対象として市場に位置づけられ，1980年代の米国の社会変化が子どもの消費者としての成長と自立を促進し，子どもに対するマーケティングが本格化，活発化した。これを米国における子ども消費者の「第1の発見」と名付ける。

McNeal は，子ども市場は1つの市場として捉えられるものではなく，3つの市場として継続かつ長期的に捉えられるべきものだという視点を提示した。また，発見された子ども消費者は，大人の消費者とは異なる独自性を持つ特別な消費者であると論じた。早い時期から子どもと関係性を築き，子どもの嗜好性を決定づけておけば，いつかは大人になる子どもたちはブランド・ロイヤルティの強い未来の顧客となると説き，将来のための先行投資としての子ども向けマーケティングを展開することを推奨したのである。

(2) 見過ごされる「子ども消費者」の特性

かくして，子ども消費者は潜在力のある新たなマーケティング・ターゲットとして発見され，未来の顧客として位置づけられ，様々なマーケティングが直接的・間接的に子どもたちを包囲するようになった。特定セグメントを対象にマーケティングを展開することはマーケティングの基本的な戦略であるが，幼い子どもをターゲットとして展開されるマーケティング，とりわけ子ども向けの広告をめぐっては，1970年以降，子どもの消費者としての未熟さ，脆弱性（vulnerability）を不当に利用しているという批判と議論が継続的に行われてきた（American Psychological Association, 2004; Blatt & Ward, 1972; Macklin & Carlson, 1999; Quart, 2003; Schor, 2004; 2006）。

McNealは大人とは異なる思考や行動様式を持つ子どものマーケティングを成功させることは難しく，倫理的にマーケティングを行うことの難しさを指摘している（McNeal, 1992, p.20）。しかしながら，倫理的なマーケティングを行うための具体的な方策については十分な検討を加えていない。McNealは，子どもがどれほどの所持金を持ち，何を欲しがり，いかにして子どもに効果的にアプローチし，いかに子どもや親に買わせるかといった側面にその関心を限定している。つまり，子どもの特性ゆえにマーケティングが抱えることになる問題に対しては十分な注意を向けてこなかった。

こうしたマーケティング・ターゲットとしての側面だけに焦点を絞り，積極的に展開される子どもに対するマーケティングは，その強い影響力ゆえに，第Ⅱ部の各章で検討するように米国のみならず世界各国で様々な問題を引き起こすことになる。

したがって，以下の第2章では先に示したマーケティングによる「第1の発見」とは別の子ども消費者の発見として，大人の消費者とは異なる「特別な配慮を必要とする消費者」としての発見を検討する。米国では，消費者として発見された子どもの発達をいかなるものとして捉え，市場における消費者としての子どもへの特別な配慮をどのように議論し，志向してきたのであろうか。消費者としての子どもを改めて定義づけ，新たな子ども向けマーケティングの方向性を提示することにする。

注
(1) 「ティーン市場（teen market）」を形成する10代の若者を一つのセグメントとみなす研究については，Gilbert, E. (1957). *Advertising and Marketing to Young People*, N.Y.: Printers' Inc Books. を参照されたい。
(2) アメリカマーケティング協会（American Marketing Association, AMA）の部会で，McNealは子ども消費者に関する発表を行った。しかしながら消費者としての子どもがつくりだす市場の潜在力を認識していなかった研究者や製造業，サービス業，小売業などの実業界の人々は，McNealの発表を一笑に付したと述べている（McNeal, 1999, p.9）。
(3) 親の家庭外労働の長時間化にともない，親は収入を増やしたものの子どもに時間

が割けなくなった。その分，親たちは子どもの好きな玩具・ゲームなどを多く買い与える傾向がある（Schor, 2004）。
(4) McNeal は子ども市場の3分類に含めていないが，*American Demographics* (1996) の記事で，孫に対して祖父母は1年間に平均して約650ドルに上る支出をしていることから，「祖父母を中心とした孫に対するギフト関連支出」も子どもに関連する市場として見なすことができると述べている。詳しくは，Gifts to grandchildren. (1996). *American Demographics,* Vol. 18, p. 12. や Mansson, D. H. (2012). "A Qualitative Analysis of Grandparents' Expressions of Affection for Their Young Adult Grandchildren," *North American Journal of Psychology,* 14(2), pp. 207-219. その他，Bodnar, J. (2007). "Spoiling the GRANDKIDS," *Kiplinger's Personal Finance,* 61(12), p. 82. などを参照のこと。
(5) McNeal は4歳から12歳までの米国の子どもが1989年には61億ドルをショッピングに費やしているが，2002年には300億ドルまで，わずか13年の間に約5倍へと増加していると述べている（Schor, 2004）。
(6) 第二次世界大戦後に発売された女児に人気のあるバービー人形は今日においても0.5秒に1体のペースで売れている。また，米国マクドナルドの売り上げの5分の1は子ども用のセットメニューである Happy Meal となっている。今や音楽から食品，映画，ビデオゲーム，衣料，シューズ，玩具などにいたるまで，子ども市場は拡大を続けている（Schor, 2004）。
(7) かつて就学前の幼児は平均して大学生が4年間に講義室で過ごす平均時間よりも長時間テレビ視聴をしていた（マリー・ガーディナー・ジョンズ「アメリカ社会に与える広告の文化的・社会的インパクト」D. A. アーカー・G. S. デー編／谷原修身・今尾雅博・中村勝久訳（1984）『コンシューマリズム　第4版』千倉書房，111頁）。

第2章
子どもに対するマーケティングの新たな方向性
—— 子ども消費者に対する「自制的マーケティング」——

1　子どもに対するマーケティング

（1）ゆりかごから墓場まで：戦略上の起点としての子ども期

　子どもは，生まれてから短期間のうちにモノを買い与えられる受動的な存在から，ねだって買ってもらう存在へ，そして自分で選んで買う能動的な消費者へと大きな変化，進化をとげる。こうした子ども期（幼児期から児童期）における発達課題の一つに社会性の獲得，いわゆる「社会化（socialization）」がある。子どもが心身ともにめざましい発達をとげるこの時期は，子どもが消費者としてのスキルや知識を獲得し，消費者として社会化をとげる重要な時期でもある。一方，この時期は企業にとっては子どもを未来の顧客，生涯にわたる顧客として獲得・維持・育成する戦略上の起点となる。つまり，市場における消費者としての子どもの発達を正しく捉えることは「ゆりかごから墓場まで」を標榜し，子どもに対するマーケティング活動に着手しようとする企業にとって重要な時期でもある。幼児期に形成された特定のブランドに対するロイヤルティとその選好は大人になるまで継続するとされることから（Moschis & Moore, 1982），幼い子どもへのマーケティングは非常に重要な意味を持つ。

　かつての子どもたちは，家庭と学校，地域という極めて限定的な生活圏を往還する中で，あるいは大人たちの目が届く生活圏の中で，日々のささやかな発見や経験を重ねて成長をとげる存在であった。しかし，近年ではテレビのみならず，携帯電話やパソコン，インターネット，その他のデジタル端末の急速な普及と利用の低年齢化にともない，子どもの生活圏は大人たちの目が届きにく

いデジタル世界にまで拡大している。子どもはかつてないほど多種多様なメディアと接触し，それらを自由自在に操り，それらを通して大量のマーケティング情報に日常的かつ継続的に接触する環境に身を置いている。その結果，大人同様に子どもの消費欲求は絶えず刺激され，市場あるいは家庭においても活発に消費を行う主体，消費者として位置づけられるようになっている。

（2）子ども消費者をどのように捉えるか

　市場において消費者としての役割を持つ子どもと子どもに対するマーケティングをめぐっては，相反する2つの見解，研究が存在している。1つの研究は，子どもを大人同様に欲求と購買力を持つ消費者セグメント，「幼い顧客（little customers）」として捉える研究である。それに異議を唱える研究は，子どもたちをマーケティングによってひきおこされる病（marketing related diseases）の犠牲者であり，有毒な商業環境（toxic commercial environment）の中で生きることを余議なくされ，商業主義の拡大によって否応なく子ども期を奪われる（hostile takeover of childhood）存在として子どもを捉える研究である。つまり，後者は認知的な発達が不十分な状態にある子どもをマーケティングのターゲットとすることを批判し，子どもを「マーケティングから保護されるべき消費者」としてみなす研究である（Linn, 2004, Palmer & Young, 2003; Schor, 2004）。

　これら2つの研究の前提となっている異なる子ども観，マーケティング観を正しく理解するためには，子どもの消費者としての発達プロセス，子ども消費者の特性を整理することから始めねばならない。

　幼いながらも消費者（顧客）とみなされ，一方においては発達・成長の途上にある未熟な消費者とみなされる子どもは消費者としてどのような発達過程をたどるのか。子ども向けマーケティングは子どもの消費者としての発達をどのように捉え，大人と異なる子どもの消費者の特性をいかなるものとして捉えてきたのであろうか。これらの問いは，消費者としての子ども，そして子ども向けマーケティングの普遍性と特殊性を検討し，子ども向けマーケティングの内包する課題を解明しようとする本研究にとって欠くことのできない論点を含ん

第2章 子どもに対するマーケティングの新たな方向性

でいる。

　本章の目的は子どもの消費者としての発達特性がマーケティングの研究の中でどのように捉えられてきたのかを整理し，子ども消費者に対するマーケティングの新たな方向性を提示することにある。

　以下，第2節で子どもの消費者としての発達を説明する「消費者の社会化（consumer socialization）」に関する概念について先行研究の整理を行う。消費者としての発達をとげる子どもの発達プロセスをマーケティングの視点から整理し，年齢に応じた子ども消費者の特性を明らかにする。

　続く第3節で，子ども向けマーケティングをめぐる2つの研究として，子どもをマーケティングのターゲットとみなす研究（子どもの特性を理解し，子どもに対していかに効果的にマーケティングを行うかといった視点からの研究）と発達途上にある子どもをいかにしてマーケティングから保護すべきかというマーケティング批判の研究から子ども向けマーケティングを検討する。第4節では，2つの対立する研究の問題点や限界を指摘し，子ども消費者に対するマーケティングについて新たな枠組みの提示を試みる。

2　消費者としての子どもの発達

（1）子どもの認知的発達：発達心理学の視点から

　19世紀末に，Key, E.が20世紀を「女性と児童の時代[1]」と名付けた。この時期に「よりよきものへの進化と発展」を児童（幼児期から中学生くらいまでの子ども）の特性とし，科学の対象として児童の心身の変化の可視化を試みる「児童心理学」が成立した[2]。「児童心理学」が，20世紀半ばに「発達心理学」へと名称を変えたことが象徴しているように，研究対象を乳幼児期や児童期だけに限定せず，その後に到達することになる成人期，そして老年期をも含む生涯発達（人の誕生から死，子どもから老人までを包括する）として研究が進められてきた（内田，2006）。発達心理学は，人間が生を受け，死にいたるまでの一生を見通す生涯発達心理学としての側面を持つようになっている[3]。

発達の過程においては，言語獲得をはじめ運動，知覚，認知，社会性といった能力がそれぞれ相互に関連しながら育まれることになるが，こうした幼児期から児童期における重要な発達課題の一つに社会性の獲得がある。この社会性獲得の一連のプロセスは「社会化（socialization）」と呼ばれる。

スイスの心理学者である Piaget J. は，子どもの思考や推論の仕方には大人のそれらと違う点があると述べ，2歳以降の知的発達を以下の3つの時期からなる発達段階説として示した（高橋・波多野，1990）[4]。Piaget は周囲の人々との関係性を切り離した上で，生物学的な「個体」として人間を捉え，人間の認識（知能）活動といった側面から人間の発達を説明することを試みた（内田，2006, p.3）。

① 「前操作期（pre-operational stage）」2歳から7歳まで
　物事を筋道立てて考えることができず，容易に外見や目につきやすい属性に左右されてしまう性質を持つ段階。
② 「具体的操作期（concrete operational stage）」7・8歳から11歳まで
　具体的な手掛かりに基づく場合において，筋道を立てて推論することが可能になる段階。ある程度の論理性が認められる。
③ 「形式的操作期（formal operational stage）」11・12歳から15歳くらいまで
　仮定に基づいて問題を考えることができるようになる。目の前にない抽象的なものを論理的に考えられるようになる段階。

Piaget が示した発達段階説は，1970年代に入るまでは広く受け入れられ，その後に批判的検討がなされてきたが，今なお子どもの発達を説明する一つの有力な理論となっている（高橋・波多野，1990；Jansson-Boyd, 2010, p.160）。こうした発達心理学による子どもの発達についての知見を踏まえ，生成されてきたのが消費者としての発達を捉える概念としての消費者の社会化（consumer socialization）である。

(2) 消費者としての発達:「消費者の社会化（consumer socialization）」

　子どもの認知的発達を年齢ごとにモデル化して捉える上記の発達心理学の研究成果は，1970年代の半ばに活発化した子どもの消費者としての発達を説明する消費者の社会化（consumer socialization）の研究において積極的に摂取されてきた（Cram & Ng, 1999; John, 1999; Siegel et al., 2004; Ward et al., 1977）。消費者の社会化に関する研究は，以下に示すように主に子どもの発達を認知的・心理学的な観点（psychological perspective）から捉える研究とマーケティングの観点（marketing perspective）から捉える研究とに大別することができる（Cram & Ng, 1999）。

　子どもの発達を認知的・心理学的な観点から捉える研究が「子どもは消費者としての知識やスキルをどのように獲得し，発達をとげるのか」という観点から子どもと消費との関係を解明しようとするのに対し，マーケティングの観点から子どもの発達を捉える研究は，子どもにアピールする商品やプロモーションをデザインするという明確な目的の下で，「子どもはどのようなものを好み，何に惹きつけられるか」「年齢ごとに子どもの消費者行動はどのような違いがみられるか」を解明しようとしている。

① 認知的発達の視点で捉える子どもの発達

　Ward（1974）は，消費者の社会化（consumer socialization）を「市場で消費者としての役割を果たすことに関するスキル，知識，態度を獲得するプロセス」（p.2）と定義し，子どもが消費者としての発達をとげることを示し，年齢に応じて消費者の認知的発達の程度が異なることを示した（Ward, 1974; Ward et al., 1977）。

　具体的には，Ward et al.（1977）はテレビ広告に関する子どもの消費者スキルの発達を以下の3段階に分けて説明した（p.29, pp.52-92）。

(1) 情報選択と初期の情報処理：Information Selection and Initial Processing

a）テレビ広告に対して関心を持つ
　　b）特定のコマーシャルから製品情報を選択する
　　c）多様なコマーシャルの中から情報を思い出す
　　d）新製品の情報源としてテレビ広告に注意を払う
(2)中心的な情報処理：情報解釈と理解，情報評価の構成，情報の利用：
　Central Processing
　　a）テレビ広告の目的を理解する
　　b）テレビ広告を評価する
(3)支出，貯蓄，購入のリクエスト（おねだり）などの消費行動：
　Children's Money and Consumption Behaviors

　2，3歳の子どもはテレビと現実世界の境界を正しく認識することができず[5]，4歳になるころまでに子どもはテレビの特質を理解しはじめるが，依然としてテレビで目にすることを現実のこととして認識してしまう傾向がある[6]。3，4歳の子どもは5歳の子どもに比べて，番組と広告の区別をする能力が低いとされている[7]。

　②マーケティングの視点で捉える子どもの発達
　消費者としての知識，スキル，価値観は子ども期と若者期を通して獲得される。John（1999）は商品に関する知識，ブランド，広告，買い物，価格，意思決定の戦略，保護者の影響，消費欲求と価値観など，消費者の社会化（consumer socialization）に関する実証的な研究を行った[8]。また，McNeal（2007）は，子どもの消費パターンの発達を，独立した消費者行動（independent consumer behavior）と依存的な消費者行動（dependent consumer behavior）の2つに大きく分類している（p.11）。具体的に子どもの消費者としての発達（consumer development）に影響を与える環境を，子どもの身近な人々である大人たち（家族）や友人などの身近な関係を意味する社会的環境（social environments）と物理的環境（physical environments）とに分け，具体的に子どもの消費者としての

第2章　子どもに対するマーケティングの新たな方向性

発達を以下のように5段階に分けて説明している (pp. 22-31)。

McNeal (2007) は子どもの消費行動のパターンの変化, 子どもの消費者の社会化 (children's consumer socialization) のプロセスを, ①両親の買い物に同行して観察する段階（誕生から生後6カ月まで）, ②両親の買い物に同行して商品選択に関して購入のリクエスト（おねだり）をする段階（生後6カ月から2歳まで）, ③両親の買い物に同行して両親の許可を得て, 好きな商品を選択する段階（2歳から4歳まで）, ④両親の買い物に同行し, 好きな商品を購入する段階（4歳から6歳まで）, ⑤単独で買い物に出かけ, 好きな商品を購入する段階（6歳から8歳4カ月まで）といった5段階に分類している。

(1) 第1段階：観察段階：Observation（誕生から生後6カ月まで）
(2) 第2段階：要求・探索段階：Requesting/Seeking（生後6カ月から2歳まで）
　　両親の買い物に同行して商品選択に関して購入のリクエスト（おねだり）をする段階。
(3) 第3段階：選択・手に取る段階：Selecting/Taking（2歳から4歳まで）
　　両親の買い物に同行して両親の許可を得て, 好きな商品を選択する段階。
(4) 第4段階：共同購買段階：Co-Purchase（4歳から6歳まで）
　　両親の買い物に同行し, 好きな商品を購入する段階。
(5) 第5段階：単独購買段階：Independent Purchase（6歳から8歳4カ月まで）
　　単独で買い物に出かけ, 好きな商品を購入する段階。

McNeal (2007) は, 子どもを取り囲む消費環境を図2-1のように示した。
　子どもの消費者としての発達は, 個人の認知発達だけで達成されるべきものではなく, 社会化エージェント (socialization agent) と呼ばれる, 保護者をはじめとする家族や兄弟・姉妹, 仲間・友人, マスメディア, マーケティングを行うマーケター（商品, 小売店舗など）, その他のメディアによって大きな影響を受けるとされる (Carlson & Grossbart, 1988; Chandler & Heinzerling, 1999; John,

53

第Ⅰ部　子ども消費者の発見とマーケティングの成立

図2-1　子どもを取り囲む消費環境

(出典)　McNeal (2007), p.373 に基づき作成。

1999; Moschis & Churchill, 1978; McNeal, 1992)。子どもは市場における観察と模倣を通して，商品の選択や買い方を学び，市場がいかなるものかを学び，活発な経済主体へと変化をとげることになる (Marshall, 2010, p.29)。

　図2-1が示すように消費者としての社会化は個人の認知発達だけで達成されるべきものではなく，社会的・環境要因の影響を受けながら達成されるという考え方が提唱されてきた。それが，子どもを取り巻く環境と社会化エージェント (socialization agents) との関わりの中で捉える消費者の社会化 (consumer socialization) の概念である。

　McNeal (1992) は，子どもたちにとって購買に際して最も頼りにする情報源

図 2 - 2 消費者の社会化のプロセス

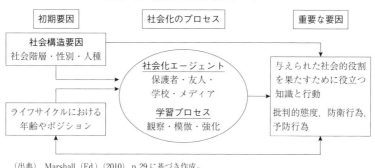

（出典）　Marshall（Ed.）.（2010），p.29 に基づき作成。

は親であり，テレビ広告と友人がその後に続き，次に店舗となると述べ，子どもの消費者としての発達，社会化にマーケターたちも重要な役割を担うことを強調している（McNeal, 1992; 1997; 2007）。社会化エージェントとの関係をも含め，子どもの消費者の社会化のプロセスは図 2 - 2 のようにまとめられる。

子どもの消費者の社会化のプロセス（図 2 - 2）において，保護者（家族），友人，メディア，学校が子どもの消費者の社会化を促進させるエージェントとなっているが，その中でもとりわけ子どもにとって身近で重要な第 1 のエージェントは家族であるとされている（North & Kotze, 2001）。

また Özmete（2009）は，社会化エージェントとしてのテレビ広告が若者の消費行動に及ぼす影響を分析し，女子よりも男子の方がテレビ広告や親の薦めに影響を受けやすいことを明らかにした。以上のように今日にいたるまで，子どもの購買行動，価値観や動機，態度への影響，子どもの消費に関する意思決定，子どもが家族に及ぼす影響などに関して多くの研究が蓄積されている（Shim & Barber, 2011; Watne & Brennan, 2011; Wood & Hayes, 2012）。

Acuff & Reiher（1997）は，子ども向けの商品を成功させるために消費者としての子どもの心理や行動パターンや嗜好を分析している。そして子どもたちが好む，あるいは子どもたちの欲求に訴求する商品コンセプト，キャラクター，ネーミング，包装，プロモーションなどのマーケティング戦略について言及している。Acuff らはその著作の中で，年齢に応じた消費者行動を次のように区

第Ⅰ部　子ども消費者の発見とマーケティングの成立

表2-1　ターゲットとなる子どもの年齢区分

市場セグメント（区分）	60年代	70年代	80年代	90年代	現　在
トドラー（Toddlers）					0〜3歳
就学前の子ども（Preschoolers）		2〜5歳	2〜5歳	2〜5歳	2〜5歳
子ども（Kids）	2〜11歳	6〜11歳	6〜8歳	6〜8歳	6〜8歳
トウィーンズ（Tweens）			9〜12歳	9〜12歳	9〜12歳
ティーンズ（Teens）				13〜15歳	13〜15歳

（出典）　Advertising Educational Foundation（1999）.

分し，年齢差・性差に由来する子どもの消費者行動を分析している。

(1) 依存と探検の段階：誕生から2歳まで
(2) 自立性の芽生え段階：3歳から7歳まで
(3) 規則・役割の段階：8歳から12歳まで
(4) 思春期前期：13歳から15歳まで
(5) 思春期後期：16歳から19歳まで

　また，年齢や性別などの子どもたちの欲求や知覚能力，メンタリティーや行動パターン[9]を分析し，子どもたちの成長段階に応じた商品開発のヒントを提示している。例えば子どもには，①視覚中心である，②憧憬しやすい，③集めるのが好きである，④驚くのが好きである，⑤新しくて他と違うものが好きである，⑥男は男に憧れて女は男と女に憧れる，といった特性があり，これらを子ども向けマーケティングの立案・実行に役立つ指針として提示している。

　特に，社会性を発達させながらも，他者に影響されやすいといった特徴を持つ8歳から12歳という年齢区分は，思春期直前期，プリティーンズ（pre-teens），トウィーンズ（tweens）などと名付けられている。一般にマーケティングは，ターゲットとなる子どもを年齢によって5つに区分している（表2-1）[10]。

　子どもへのマーケティングを成功させるためにはターゲットとしての子どもを知る必要があり，子どもに訴求することで，子どもが自分で品物を買うよう

に仕向け，親にせがむようにすることが重要であると述べている。そのためには子どもに注目させ，理解させ，関与させ，それを欲しいという積極的な姿勢を形成させ，購入するようせがむという行為を起こさせ，それを手に入れ積極的な反応が継続するようにし，その商品を他者に勧めるようにすることが必要であると述べている（Acuff & Reihe, 1999, 邦訳書，pp. 206-207）。

また，マーケティングの対象，観察の対象としての子どもとの接触の場を，①家庭内，②店内，③地域内，④学校内，⑤自動車内として提示しており，様々な方法で子どもにアクセスできることを示している。そして，子ども向けのマーケティングを実施するためには，それぞれの発達段階，年齢に応じた子どもの能力，認知，動機，ニーズとウォンツ，好きなものと嫌いなものを理解し，男児，女児，母親，父親といったターゲットを理解する必要があると述べている（Acuff & Reiher, 1997, pp. 192-193）。

以上のように，子どもの消費者としての発達を認知的・心理学的な観点から捉える研究は「子どもは消費者としての知識やスキルをどのように獲得し，発達をとげるのか」という点から子どもの発達と消費との関係を解明しようとしている。それに対し，マーケティングの観点から子どもの消費者としての発達を捉える研究は，子どもにアピールする商品やプロモーションをいかにしてデザインし，効果的に売るかという明確な目的の下で，「子どもはどのようなものを好み，何にひきつけられるか」，「年齢ごとに子どもの消費者行動はどのような違いがみられるか」といった点から子どもの発達と消費との関係を解明しようとしている。

3 「子ども消費者」の特性：2つの異なる見解

以上のように，子どもの消費者としての発達に関する研究が進められてきたが，それと同時に進められてきた研究が，大人とは異なる特性を持ち，大人とは異なる発達段階にある「子ども消費者」に対するマーケティング，広告をめぐる研究である。

表 2 - 2 子ども自身あるいは親と購入する商品

購入する商品	割合(%)
キャンディ	60
ゲーム・玩具	57
書籍	33
ソフトドリンク	28
スナック	27
女子用アクセサリー	42
爪磨き・香水	41
衣服	18
コンピューターのソフトウェア	17
学校での昼食や飲料	15
ファストフード	14
スポーツシューズ	8
石鹸やシャンプー	6

(出典) Siegel et al. (2004), p.71.

子ども消費者の特性に対する見解，子ども向けのマーケティングに対しては2つの異なる研究が存在している (Marshall, 2010)。一方は子どもを大人と同様に購買力も消費欲求も持ち合わせたターゲットとなりうる「知識のある（賢い）消費者 (competent consumers)」とみなす子ども観に由来するものであり，もう一方は「知識のない（だまされやすい）消費者 (vulnerable consumers)」，成長途上の保護を必要とする消費者とみなす子ども観に由来している。以下，それぞれの見解を整理する。

（1）知識のある消費者としての子ども観：マーケティング・ターゲットとしての子ども消費者

第1章の McNeal に代表される，子どもに対して積極的にマーケティングを行おうとする研究は，子どもは「知識と購買力を持つ消費者」であり，家計消費に大きな影響を及ぼす存在であるという子ども観を前提にしている。購買力を持つとはいえあらゆる製品の購買者にはなりえない子どもは，家族の消費に対しても影響力を持つ「隠れた説得者，影響を与える者 (hidden persuaders/influencers)」として存在する (Siegel et al., 2004, pp.65-78)。

表 2 - 2 に示すように，今や様々な製品を購入する際に子どもの影響力が高まっているということができる。

そして子ども向け広告をはじめとするマーケティング活動は，子どもを取り巻く大人たち，具体的には直截な購買者となる保護者や祖父母，親戚などの大人に対して間接的に広告を行うケースと，本来の使用者，利用者となる子どもに直接的に広告を行うケースがある。すなわち子ども関連の市場は，大人の市

場とは異なり，Mom-centric（母親中心主義）とも呼ばれる複合的な市場を形成している（Siegel et al., 2004, p. 14）。

McNeal（2007）は，子どもは十分な消費欲求と購買力を持ち，家族の消費においても大きな影響力を持っていることを示し，子どもたち自身が他のいかなる年齢グループよりも市場において潜在力を持つ消費者であることを強調している（p. 373）。

（2）成長途上の保護すべき消費者としての子ども観：子ども向けマーケティング批判

一方，Nestle（2002）やLinn（2004），Schor（2004）に代表される子ども向けマーケティングを批判する立場をとる研究者は，子ども消費者の無防備さ，消費者としての未熟性を強調し，そうした子どもの未熟さを不当に利用する，あるいは過度に刺激するマーケティングを批判の対象としている。子どもの射幸心や好奇心を過度に刺激し，子どもの消費欲求を絶えず喚起し，時に学校や家庭という場のみならず，インターネットなどの新しいツールや友人関係を利用した販売促進や，「子どものおねだりによる影響力（pester power）」という親子関係をも考慮した巧妙につくり上げられたマーケティング技法は親子間の対立を生み，良好な親子の関係性を破壊するものとみなしている。

また，「子ども期の商業化（commercialization of childhood）」という言葉に代表されるように，過度なマーケティングが子どもの生活そのものを取り囲んでいることを批判する。子ども向けマーケティングを批判する研究は，子ども向けマーケティングが過度なマテリアリズム（物質主義）的な態度を醸成し，子どもの生活に負の影響をもたらすことを主張する。広告やマーケティング・メッセージの中の誤認させるような表現や誇張によって幼い消費者が翻弄され，欺かれ，浪費が促進されることを批判する。実際，広告が子どもに及ぼす影響については，Lauterbach（1954）など批判的な態度を表明する論者も多い。特にマーケティング活動の中でも，テレビをはじめとする広告については子どもに大きな影響力を持つにもかかわらず，低年齢の子どもは，コマーシャルの目

的・意図が理解できていないことや，広告内容を真実として受け止めていることが明らかにされている（無藤・駒谷，2004）。

Ward（1974）は，問題処理能力の低い弱者として幼児や老人などを挙げ，子ども向けコマーシャルには次のような特徴があることを指摘している。

① 年少の子どもの弱点につけ入るように巧妙に仕組まれた技法が用いられること。
② 広告の大部分は年少の子どもたちによってみられていること。
③ 子どもたちは販売の意図を理解できず，コマーシャルを無批判に受け入れていること。
④ 年少の子どもたちの製品に対する欲望や親へのおねだりに強い影響力を持つこと。
⑤ 広告に基づいた食品の選択には子どもたちの判断力が不適当であること。
⑥ 広告が親子の葛藤と子どもの不幸の原因になっていること。
⑦ 広告の介在に際し，親がわずかな役割しか果たせないこと。

特に，幼児はテレビ広告から自分自身を守ることができないといった意味において，保護を必要としていると述べている。

続いて，以下に子ども向けマーケティングに対して批判的な立場を明確にしている米国心理学会（APA）および米国小児科学会（AAP）の見解を示す。

① 米国心理学会（American Psychological Association, APA）の特別委員会の見解

米国心理学会（APA）は，2004年に発表した *The APA Task Force on Advertising and Children*（Psychological Issues in the Increasing Commercialization of Childhood）の中で，下記の諸問題を提起している（APA, 2004）。

(1) 現代の8歳から18歳までの年齢層の子どもは，睡眠以外のあらゆる活動以上に，コンピューターやテレビ，ゲームのスクリーンの前で44.5時間も

の長時間をメディア消費に費やしており，その活動時間は睡眠を除くあらゆる活動以上に費やされている。
(2) 6 歳未満の子どもたちは番組と広告とを区別することができず，8 歳未満の子どもは広告の説得意図（persuasive intent of advertising）を理解することができない。
(3) 上記の年齢にある子どもに対する直接的な広告は搾取である。
(4) 子どもたちは視聴した広告を想起する能力を持ち合わせているため，繰り返し広告に接触することによって子どもの商品の選好，購入欲求，ひいては保護者の購入意思決定に影響を及ぼす[11]。

② 米国小児科学会（American Academy of Pediatrics, AAP）の見解

2005 年の "Perspectives on Marketing, Self-Regulation and Childhood Obesity" と題された連邦取引委員会（Federal Trade Commission, FTC）のワークショップにおいて米国小児科学会（AAP）の代表者は，"Next Steps: What should the Government and the Private Sector do to Help make Children's Diet Healthier and Encourage Responsible Marketing?" と題した講演を行い，子どもの肥満は複数のリスク要因が複合的に寄与しているとの認識に立ち，保護者の責任（parental responsibility）が有効な予防策として考えられるが，それだけが予防策でないことを指摘し，問題の早期発見と支援，身体活動機会を増やし，テレビなどのスクリーンを前に過ごす時間を減らし，深刻な問題に対する啓発と教育を与えることの必要性を説いた。より具体的には下記に抜粋したように子どもの肥満に関して広告とマーケティングに対する学会の立場を明確に打ち出している（AAP, 2005）[12]。

(1) 米国小児科学会は，幼い子どもに対する直接的な広告は子どもたちを誤解させる恐れがあり，8 歳未満の子どもたちを搾取するものとみなす。
(2) 米国小児科学会は，健康的な食品の選好と身体活動を促進するためのソーシャル・マーケティングを支援する。産業界は健康的な食品を開発し，

食の選択を宣伝すべきである。
(3) 栄養価に富んだ好ましい健康的な食品や砂糖や脂肪分からのエネルギー摂取の程度が低く抑えられた食品は，子どもに食事を与える責任を持つ保護者，学校，チャイルドケアの給食サービス，その他の組織が入手しやすい状況である必要があり，それは社会的・経済的な立場や地域社会に依存している。
(4) カロリーが高く，栄養価が低い食品の子どもに対する広告やプロモーションは規制され，減らされる必要がある。
(5) 政府はテレビやその他のメディアが子どもの消費者行動に及ぼす効果を測定する研究を助成する必要がある。
(6) 小児科学会は Children's Media Policy Coalition のメンバーとして，デジタルテレビ用に子ども広告の保護のあり方を改めることを望む。
(7) 糖分を含んだ飲料の販売は校内で行われるべきではない。
(8) 学校の収入を増やす手段としての独占販売契約 (exclusive pouring contracts) の利用は，収入は子どもの健康の犠牲を生じさせないこととして扱われる必要がある。
(9) 小児科学会は学校行事や活動，プログラム向けの企業のスポンサーを広告，商品のブランディング・プロモーションと認識する。
(10) 学校は子どもたちや若者たちにメディア・リテラシーを教えるカリキュラムを開発する必要がある。

以上のように子ども向けマーケティングに批判的な立場をとる米国心理学会や米国小児科学会は，子どもに対するマーケティングが，①過剰性をともなって展開される傾向があること，②プロダクト・プレスメントやビデオゲームおよびインターネットや携帯電話などによって接触機会が増大していること，③栄養価が低く高カロリーな食品がその多くを占めていること，④それによって健康被害がもたらされること，⑤グローバルな問題拡散によって個々の国だけでは問題解決および規制が難しいことを指摘している（Harris et al., 2009）。子

どもに対するマーケティングによって，特定の食品ブランドに対する子どもの態度が形成されることを指摘している（Jones et al., 2010, Jones and Kervin, 2011）。

4　子ども消費者の発見と「自制的マーケティング」

(1) 子ども観の対立を超えて：第2の子ども消費者の発見

　第1章で概観したように，McNealに代表される子ども向けマーケティング推進の研究は，子どもの消費者としての発達プロセスと連動してみられる消費者行動，およびそれに応じたマーケティングのアプローチといった側面にのみ，関心を限定し研究を進めてきた。しかしながら，幼いうちから子どもを消費者として囲い込み，顧客として育成，維持していくという論理に基づき，子どもをターゲットとしてみなす子ども観は，企業のマーケティング展開を加速化させることになり，子どもの特性を顧みないマーケティングのあり方として世論の批判をひきおこす結果になった。

　一方，Schorらに代表される子ども向けマーケティングを批判する研究は，巨額を投じて行われるマーケティング活動，そして子どもをターゲットとしたマーケティング活動を行う企業の存在あるいはマーケティング技法そのものを批判することに終始し，現実的な問題を解決できずにいる。すなわち保護者や消費者団体側が展開するマーケティングに対する批判的研究は，企業・産業界に対する厳しい批判や監視を向けることにつながる一つの抑止力にはなっているものの，それらもまた，今日生じている問題の解決に対する力を持ち合わせていない。これらの異なる2つの研究のいずれもが，近年喫緊の解決を迫られる子どもの健康被害の問題解決に向けて十分な解決策を提示することができずにいる。

　2000年以降，食品・飲料企業のマーケティングがグローバル化する中で，子どもの健康問題（肥満や糖尿病の増加など）の深刻化と世界規模での問題拡散を受け，世界保健機関（World Health Organization, WHO）や国際商業会議所

第Ⅰ部　子ども消費者の発見とマーケティングの成立

図2-3　マーケティングによる子ども消費者の発見

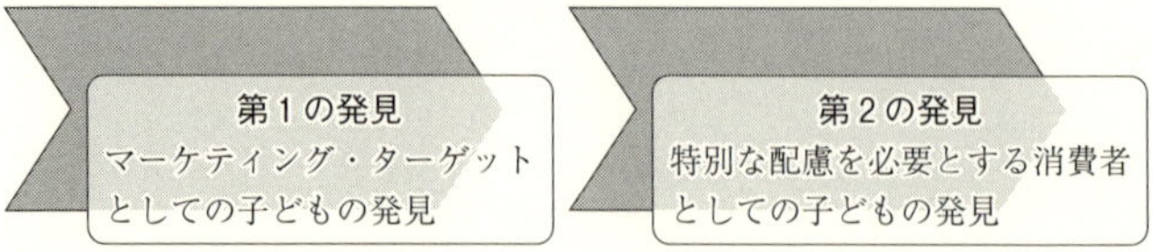

第1の発見	第2の発見
マーケティング・ターゲットとしての子どもの発見	特別な配慮を必要とする消費者としての子どもの発見

(International Chamber of Commerce, ICC)，米国の連邦取引委員会（FTC）などが，子どもの食嗜好や食行動に大きな影響を与えている食品・飲料企業に対し，問題解決の主体となることを強く要請してきた。

　こうした中，とりわけ米国の食品・飲料企業の子ども向けマーケティングは，2つの子ども観の違いを超え，新たな子ども観に基づく，新たな子ども向けマーケティングの実践を模索せねばならない局面を迎えている。子ども向けマーケティングに対する批判を受けながらも，世界規模でマーケティングを展開し，子どもの健康に影響を及ぼしてきた企業が，深刻化する子どもの健康問題を前に問題解決の主体となることが求められている。

　企業は「マーケティング・ターゲット」として子ども消費者を発見したが（「第1の発見」），大人とは異なる発達段階にあり，その発達段階ゆえに異なる特性を有する「特別な配慮を必要とする消費者」として，子どもを発見したのであり，これは「第2の発見」ともいうべきものである（図2-3）。

　第1章で概観した3つの市場を形成する未来の顧客，あるいは「マーケティング・ターゲット」として子ども消費者を見出す「第1の発見」と，マーケティングの影響を受けやすい市場における弱者，配慮を要する消費者として子ども消費者を捉える「第2の発見」を経て，企業は子ども消費者を「特別な配慮を必要とするターゲット」として定義づける段階に到達する。「特別な配慮を必要とするターゲット」としての子どもに対するマーケティングは，大人とは異なる一定の配慮を求められることになり，マーケティング戦略に更改を迫ることになる。

第2章 子どもに対するマーケティングの新たな方向性

図2-4 「自制的マーケティング」の概念図

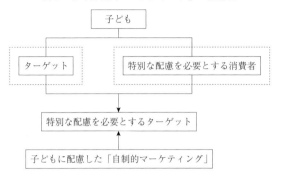

(2) 新たなマーケティングの方向性：子どもに対する「自制的マーケティング」

　それは，子ども向けマーケティングが批判を回避するための，あるいはマーケティングによって結果として生ずる陥穽を回避するための新たなマーケティング，すなわち「自制的マーケティング」として提示することができる（図2-4）。マーケティングを行う企業による子ども消費者の発見をマーケティング・ターゲットとしての発見（「第1の発見」）と特別な配慮を必要とする消費者としての発見（「第2の発見」）とに分類し，「特別な配慮を必要とするターゲット」としての子どもに対する新たなマーケティングの方向性として，「自制的マーケティング」の概念をここに導出・提示することができる。それは，大人と同様に消費意欲も購買力も持ったターゲットとしての側面ばかりに注意を向けるのではなく，配慮を必要とする消費者として子どもを市場に位置づけ，子どもに対する責任あるマーケティングを行うことを意味する。

　ここで注目すべきは，近年の子ども向けマーケティングの問題の発生にともなう消費者団体や世論の批判の高まりに対し，子ども向けに食品を販売する企業や広告企業の対応が極めて迅速であったことである。1971年には全米の広告自主規制の基本方針を設定する業界団体である全米広告審査協議会（National Advertising Review Council, NARC）が，1974年に子どもに対する広告を専門に審査・規制する機関としてChildren Advertising Review Unit（CARU）を創設している。そしてCARUの運営組織における実務諮問委員会（Business

65

第Ⅰ部　子ども消費者の発見とマーケティングの成立

Advisory Board) には Kraft Foods 社などの大手たばこ関連企業を母体とする企業の代表者が名を連ねている。

　表2-3に示す通り，大手たばこ関連企業 Philip Morris 社と R. J. Reynolds 社はたばこ訴訟から身を守るために食品企業や飲料企業の買収を繰り返してきた。そして Philip Morris 社を母体とする，売り上げが490億ドルにも上る世界第2位の食品企業である Kraft Foods 社は，食品・飲料企業は子どもに対して責任を持って販売せねばならないということをいち早く表明しており，6歳から11歳未満の子どもたちに対する広告の中で宣伝される商品について独自の世界共通の栄養評価基準を設置した最初の企業である。

　また6歳未満の子どもたちには商品を販売しないことにしており，学校で行われる全てのマーケティングを排除するなどいくつかのステップに分かれた制限について検討している（Kraft Foods, 2005; 2011）。さらに Kraft Foods 社は食品や飲料に関する広告規制プログラムである Children's Food and Beverage Advertising Initiative（CFBAI）に最初に加盟した企業でもある[13]。

　以上のように本章では，米国における子ども向けマーケティングの成立と展開過程を明らかにしつつ，消費者としての子どもの特殊性がどのように志向されているかを検討した。本章で明らかになったことを以下の2点に集約することができる。

　第1に明らかになったことは，米国市場において「子ども消費者」は2度にわたって企業に「発見」された存在であり，大人と同様の市場規模，欲求，購買力を持った「マーケティング・ターゲット」としての第1の発見は「成長途上にある未熟な消費者」として第2の発見を呼び起こし，「未熟なターゲット」として定義づけられる子ども消費者には，必然的に大人とは異なる特別なマーケティングが求められることである。「第1の発見」は，大人と同様に購買力，欲求，人口を有する消費者，すなわちマーケティング・ターゲットとしての発見であり，「第2の発見」は，結果としてマーケティング批判の中で見出されることとなった「特別な配慮を必要とする消費者」としての子ども消費者の発見である。

第2章 子どもに対するマーケティングの新たな方向性

表2-3 大手たばこ関連企業2社による食品・飲料企業の所有

年号	Philip Morris 社	R. J. Reynolds 社
1969	ミラー醸造の53％を取得	
1970	ミラー醸造の残り47％を取得	
1978	セブンアップの97％を取得	
1985	56億ドルでゼネラルフーズを買収	49億ドルでナビスコ・フーズを買収し，公開会社RJR-ナビスコを創立
1986	セブンアップをペプシコに売却	
1988	136億ドルでクラフト社を買収	RJR-ナビスコが次の二つを発表 ① 自社を株式非公開会社にする計画 ② 170億ドルで社外発行株式を購入するオファー
1989	クラフトとゼネラルフーズを合併 クラフト・ゼネラルフーズを創立	RJR-ナビスコが249億ドルでレバレッジドアウトされる RJR-ナビスコは債務200億ドルの非公開会社になる
1990	ヤブスコ・スシャールを41億ドルで取得	
1991		RJR-ナビスコ株が公開される
1993	クラフト・ゼネラルフーズがRJR-ナビスコから4億4800万ドルでナビスコ即席シリアルを買収	
1995	クラフト・ゼネラルフーズの再編によりクラストフーズ社が創立	RJR-ナビスコがR. J. レイノルズとナビスコホールディングスの持ち株会社になり，ナビスコ・ホールディングスの株の19％を公開
1996	インダストリアル・デ・チョコラテ・ラクタ S. A. を買収 クラフトフーズがタコベルを取得	
1999	ナビスコの買収に関心を寄せていると噂される フィラデルフィアのクリームチーズを取得 （報告収入額は780億ドルを超える）	RJR-ナビスコが海外タバコ事業を売却し，残りを国内タバコ事業と食品事業に分割 国内タバコ事業はR. J. レイノルズ・タバコ・ホールディングスに名称変更 食品事業はナビスコ・グループ・ホールディングスに名称変更 ナビスコ・グループ・ホールディングスは唯一の資産としてナビスコの81％を所有 （残りはナビスコ・ホールディングスが所有） 債務は10億ドルに減少したが賠償額が不明なタバコ訴訟が残る
2000	フィリップモリスがナビスコ・ホールディングスを149億ドルで買収（1999年の収入合計が349億ドル，利益が55億ドルに上る）	
		R. J. レイノルズ・タバコ・ホールディングスにはタバコ訴訟の賠償責任が残される

（出典） Nestle (2005, 邦訳書), p. 16 に基づき作成。

第2に，本研究は転換期を迎えている米国の食品・飲料企業のマーケティングに対象を限定して研究を進めてきたが，今や米国において子どもの健康被害を引き起こすと批判され，政府が法的なマーケティング規制の検討対象としている食品・飲料が，健康を害するとして批判され，法的に規制されている第2のたばことならぬように，購買時に警告文を表示するなど自制しながらマーケティングを戦略的に行う新たな方向性に舵をきっている点を明らかにした[14]。

　健康問題との関わりの中で批判と訴訟，高額賠償，厳しい規制を免れなかったたばこ産業のマーケティングの教訓を生かし，子ども向けマーケティングにおける陥穽を避けるために，また問題解決の担い手として戦略的に採用されるマーケティング，訴訟などに先んじる形で展開される子ども向けマーケティングを「自制的マーケティング」と名付け，子ども向けマーケティングの新たな方向性として提示することができる。

　子どもの健康被害の問題でMcDonald's社が訴えられたケースは健康被害の問題をめぐってたばこ産業が経験した高額訴訟や法的規制の強化の前兆とみなすこともできる[15]。大手たばこ関連企業が，今日では子ども向けマーケティングを展開する大手食品企業の親会社であることを考慮すると，「自制的マーケティング」へと転換する段階にある食品・飲料企業のマーケティングは消費者の健康問題との関わりで，高額訴訟と法的規制に苦しんできた企業側の手堅い自衛策とみなすこともできる。世界保健機関（WHO）の規制の検討が自主規制の道を残しつつ進められている今，子ども向けマーケティングにおける「自制的マーケティング」の模索と採用は戦略的に望ましい子ども向けマーケティングの新たな方向性とみることができる[16]。

　以下，第Ⅱ部では子ども向けマーケティングにみられる「自制的マーケティング」への転換，事例を詳しく分析していくことにする。

注
(1) UNESCO ウェブサイト（http://www.ibe.unesco.org/fileadmin/user_upload/archive/publications/ThinkersPdf/keye.pdf．2012年9月30日アクセス）。

(2) 内田伸子編（2006）『発達心理学キーワード』有斐閣，ⅰ-ⅱ頁。日本の学校教育法は，満6歳から12歳までを「学齢児童」，児童福祉法は満18歳未満を「児童」と規定している。
(3) 高橋・波多野（1990）。
(4) 誕生から2歳までは，感覚運動期（sensorimotor stage）と呼ばれる思考が未発達な時期がある。
(5) Jaglom & Gardner（1981）．
(6) Brown, et al.（1979）．
(7) Butter et al.（1981），Levin et al.（1982）．
(8) John（1999）．
(9) 具体的には各発達段階の子どもを①能力，②知覚，③動機，④要求，⑤欲求といった要素に分けている。（エーカフ・ライハー［1999］，邦訳書，230頁）
(10) Advertising Educational Foundation.（1999）．Kids Getting Older Younger.（http://www.aef.com/on_campus/classroom/speaker_pres/data/35 2016年9月1日アクセス）。
(11) APAウェブサイト：The Impact of Food Advertising on Childhood Obesity（http://www.apa.org/topics/kids-media/food.aspx 2016年6月30日アクセス）。
(12) AAPウェブサイト：Perspectives on Marketing, Self-Regulation and Childhood Obesity（http://www.aap.org/en-us/advocacy-and-policy/federal-advocacy/Pages/Perspectives-on-Marketing, -Self-Regulation-and-Childhood-Obesity. aspx 2016年6月30日アクセス）。
(13) CFBAIのウェブサイト（http://www.bbb.org/us/about-the-initiative/ 2016年10月3日アクセス）。
(14) たばこに関しては，先進国では包括的な広告規制がたばこ消費に重要な役割を果たすことが明らかになっている（Blecher, 2008）。
(15) Mello et al.（2003）を参照。
(16) アルコールとたばこは屋外広告が多く使われていたが，1999年にMaster Settlement Agreement（MSA）はたばこの屋外広告やバスやベンチなどでの広告を禁止した。また，Outdoor Advertising Association of America（OAAA）は，学校や遊び場，協会から500フィート圏内のたばことアルコールの広告を自主的に撤去する誓約（Pledge）に署名している。しかしながら，それが徹底されていないことが調査によって明らかにされている（Scott et al., 2008）。

第Ⅱ部

食品・飲料企業の子ども向けマーケティングの展開

第3章
食品・飲料企業の子ども向け
マーケティングの現状と自主規制

1 食品・飲料企業の子ども向けマーケティングの現状

(1) 食品・飲料企業の広告・マーケティングと子ども消費者

　米国の食品・飲料企業の子ども向けマーケティング，とりわけ広告によるマーケティングをめぐっては，1970年代以降，過剰なマーケティングにさらされている子どもの健康をいかにして守るのか，といった観点から，たばこやアルコールの広告と同様に活発な議論が展開されてきた（Andreasen, 1993; Blatt et al., 1972; Enis et al., 1980; Hawkes & Harris, 2011; Institute of Medicine, 2006; Linn, 2004; Macklin & Carlson, 1999; McNeal, 1992; 1999; Nestle, 2002; Pechmann & Ratneshwar, 1994; Ward et al., 1972）。

　そうした中で成立し，定着してきたのが Self-Regulatory Program，すなわちマーケティングを行う事業者の自主規制プログラムである。子どもに向けられたマーケティングに対する批判を背景に，1974年に12歳未満の子ども向け広告を専門に審査ユニット，Children Advertising Review Unit（以下，CARU）が設立され，独自の自主規制ガイドライン Self-Regulatory Program for Children's Advertising に基づき，子ども向け広告を監視・審査し，自主規制を果たそうとしてきた。この米国の自主規制は，「世界的にユニーク」なプログラムとして注目されてきた（Hunter, 2004）。しかしながら，近年このシステムも大きな課題に直面し，新たな動向も生まれつつある（Wilde, 2009）。

　本章の研究課題は米国における食品・飲料企業のマーケティングの現状を把握し，子ども向け広告を対象とする自主規制システムの成立と展開を，CARU

の自主規制ガイドラインの規制対象となった1970年代から2000年代までの具体的な事例を挙げながら分析し，かつ近年直面している深刻な問題状況と新たな動きを取り上げ，今後の方向性を展望することにある。

（2）子どもの健康被害の深刻化

今や米国の子どもと若者の肥満は過去40年の間に3倍以上も増加し[1]，2歳以上の子どもの3分の1が肥満状態にある。過去10年の間に子どもと若者の小児2型糖尿病（type2 diabetes）が2倍以上になるという深刻な健康問題が出現している。今後の医療費の高騰が懸念され，子どもの健康問題は社会的な問題となっている（Institute of Medicine, 2006, p. 1)[2]。こうした中で，食品・飲料の子ども向けマーケティングに対する批判が高まり，米国政府による規制が検討され，問題解決に向けた企業の協力，すなわち自主的なマーケティング規制に対する要請がかつてないほど高まっている（Institute of Medicine, 2006）。例えば2012年5月には，ニューヨーク市長が市民の肥満を防ぐため，ファストフード店や映画館で販売される炭酸や糖分を含む飲料のサイズを規制する条例を打ち出し，2013年度に施行することを発表した。また，Walt Disney 社も運営する子ども向けのケーブルテレビ局でソフトドリンクをはじめ，ジャンクフードの広告を段階的に取りやめることを発表した（『日本経済新聞』2012年6月14日付）。

米国の政府機関である連邦取引委員会（Federal Trade Commission, FTC）は，保健福祉省（Department of Health and Human Services）とともに，子どもの健康問題の解決に向けて，2005年に"Perspectives on Marketing, Self-Regulation, and Childhood Obesity"と題したワークショップを開催し，2006年5月に報告書をまとめ，問題解決のためにマーケティングの変更を求める提言を行った。それに続いて2007年6月に，"Children's Exposure to Television Advertising"を刊行し，2008年にも"Marketing of Food and Beverages to Children and Adolescents"と題した報告書をそれぞれ刊行した[3]。

その後も，2009年には連邦取引委員会（FTC），疾病管理予防センター（Centers for Disease Control and Prevention, CDC），食品医薬品局（Food and Drug

Administration, FDA), 農務省 (United States Department of Agriculture, USDA) など4つの政府関連組織の代表者からなるワーキンググループ (Food Marketed to Children) が編成された。

また，2011年には Interagency Working Group on Food Marketed to Children: Preliminary Proposed Nutrition Principles to Guide Industry Self-Regulatory Efforts という新たな業界の自主規制についての基本原則の案を提示している。[4]

また，米国医学研究所 (Institute of Medicine, IOM) も，2006年に全516頁からなる "Food Marketing to Children and Youth: Threat or Opportunity?" を刊行し[5]，2010年10月21日に，"Legal Strategies in Childhood Obesity Prevention" と題したワークショップを，2012年11月5日に "New Challenges and Opportunities in Food Marketing to Children and Youth" と題したワークショップを相次いで開催している。

(3) 子どもに対するマーケティングの自主規制の動向

今日，子ども向けマーケティングの自主規制の流れは，米国のみならず世界各国にも及んでいる。2004年には，世界保健機関 (WHO) が，小児肥満や糖尿病など，子どもの健康状況の悪化を受け，食品のマーケティングや広告の規制動向について73カ国を対象に調査を行い，"Marketing food to children: the global regulatory environment" と題した報告書をまとめている (WHO, 2004)。[6]報告書は，調査対象の85％にあたる国が，子ども向けテレビ広告を政府による法律，事業者による自主規制といった何らかの方法で規制しており，そのうちの44％が広告の内容や時間に関する特別規制を有していることを明らかにしている。例えば，スウェーデンのように，12歳未満の子ども向けテレビ広告を法律で全面的に禁止している国や，カナダのケベック州のように13歳未満の子ども向け広告を禁止している国もある (Institute of Medicine, 2006)。

報告書は，子ども向けマーケティングに対する規制のあり方には，著しいギャップ (significant regulatory gap) があり，多くの国々が子どもを「特別な配

慮を必要とする特別な集団（children as a special group in need of special consideration)」とみなしていることを明らかにしている（WHO, 2004, p. ⅲ）。すなわち，多くの国々は子どもたちを「未熟な消費者」，購買に際し批判的・理性的な判断を下す能力や，商品そのものの識別能力を十分に持たない存在とみなしている。また，直接的なマーケティングや広告から，子どもは保護されなくてはならないという，政府・消費者団体・企業を含めた社会的合意を成立させてきている。例えば，本研究が対象としている米国の場合，法的規制（Statutory Regulations）の主体として，連邦取引委員会（FTC）と連邦通信委員会（Federal Communications Commission, 以下FCC）の2つの機関があり，連邦取引委員会（FTC）が管轄する法律，連邦取引委員会法（Federal Trade Commission Act）の第5条の下で，子どもに対しては大人を対象とした場合には問題にならない慣行からの特別な保護を要求してきた。また，1977年の連邦取引委員会（FTC）の報告書は，テレビ広告との関係で，下記のように，より具体的に消費者としての子どもの特質を捉えている（内田，1990, p. 97）。

① テレビ・コマーシャルの性質および利潤目的を理解していない。
② 無差別に，テレビ広告に信頼を置き，それを信じる傾向がある。
③ コマーシャルの単純で具体的な要素のみを思い出す傾向がある。
④ コマーシャルと番組を区別するのが困難である。
⑤ テレビで広告されるどのような製品であれ，欲しがる傾向がある。

連邦通信委員会（FCC）の所管する子どもテレビ法（Children's Television Act）では，12歳未満の子どもを対象とした番組の中では，週末には1時間あたり10.5分，平日は12分間までと広告の時間を制限している（Institute of Medicine, 2006）。

米国では政府機関による子ども向け広告に関する法的規制が存在し，事業者側の自主規制組織が創設され，自主規制ガイドラインが整備されている。また，第4章で検討するように消費者団体が事業者のマーケティングに対する批判を

行い，政府への法的規制を要求する活動を活発に行っている。こうした政府，事業者，消費者団体の中で，消費者の批判と政府の規制検討の対象となった事業者や産業界は，自主規制ガイドラインの整備を推し進め，政府は消費者に対する支援行政を行い，事業者に対する規制の検討を進めている状況がある。

これに対して，WHO（2004）の報告書の中で，日本の子ども向けテレビ広告に関連した規制は，メディア発達の状況が日本とは著しく異なるケニアやチリ，ペルー，コロンビア，フィリピンと同程度であるとされ，先進諸国が法令によるガイドラインや業界による自主規制，さらには特別制限などを設けるなど消費者としての子どもを守る取り組みを積極的に進めているのと対照をなしていることが明らかにされている（WHO, 2004, p.15）。

また，WHOが2004年に続いて刊行した2007年度の報告書"Marketing Food to Children: Changes in the Global Regulatory Environment 2004-2006"が示すように，各国が子どもに照準を合わせて展開するマーケティング活動の一形態である広告のあり方をめぐって様々な措置を講じているのにもかかわらず，アジアの中で最も巨大な広告市場を有する日本が2004年以降も子ども向け広告の規制について整備を進めていないことが明らかにされている（WHO, 2007, p.35）。報告書が示すように，子ども消費者に対するマーケティングが活発化し，大きな市場を有する環境下にありながらも，日本では十分な検討がなされていない状況がある。本章では，米国の自主規制をめぐる動きを捉えることを目指し，以上のような視点から日本の子ども向けマーケティングのあり方に知見を得ることを目的とする。

2 食品・飲料企業の子どもと若者向けマーケティングの現状

世界的に深刻化する子どもの健康問題（肥満や糖尿病の増加）について，世界保健機関（WHO）は2000年代以降，子どもの消費者行動に大きな影響を及ぼす食品・飲料企業のマーケティング，とりわけ子ども向けテレビ広告の多数を占める朝食用シリアル，ソフトドリンク，菓子，塩分を含むスナック菓子，フ

ァストフードを Big 5 と総称してその販促の実態やマーケティング技法，それらをめぐる各国の規制状況について調査・分析を進めてきた（WHO, 2004; 2006; 2007; 2009; 2010)。WHO は，特に子ども向けマーケティングを分析する際の枠組みとして6つのマーケティング技法，すなわち(1)テレビ広告，(2)学校内マーケティング（in-school marketing)，(3)スポンサー，(4)プロダクト・プレイスメント（product placement)，(5)インターネット・マーケティング，(6)販売促進（sales promotion）を分析の対象としてきた（WHO, 2004)。

　2005年に連邦取引委員会（FTC）と保健福祉省（Department of Health and Human Services, HHS）による "Marketing, Self-Regulation & Childhood Obesity" というワークショップの開催後には，食品・飲料業界，メディア関連業界などが問題解決に向けてマーケティング戦略を修正，変更するなど様々な取り組みを行ってきている。具体的な取り組みとして，2006年11月に Council of Better Business Bureau（CBBB）によって子ども向け食品・飲料の広告に対するイニシアチブ "The Children's Food and Beverage Advertising Initiative（CFBAI)" が制定された（FTC, 2008)[7]。大手食品・飲料企業が，12歳未満の子どもに対して健康的な食品を摂り，体を動かすことを薦めるよう広告メッセージを変更し，栄養基準に適合しない商品についてはテレビやラジオ，印刷物，インターネットなどで12歳未満の子どもに直接的な広告をしないこと，栄養基準に適合する食品のみの広告を行うことを取り決めた。

　2006年には，クリントン基金（William J. Clinton Foundation）と共同で The Alliance for a Healthier Generation が業界の学校内での販売制限活動を始め，2006年5月には "The School Beverage Guideline" を制定し，サイズやカロリー制限についての自主規制を発表した。2006年10月には "The Competitive Food Guideline" が適用され，カロリーや脂肪分，砂糖，塩分の含有についての制限を行った。

　連邦議会の調査要請を受け，2008年7月に連邦取引委員会（FTC）は，子ども・若者向けの食品および飲料を販売する44社のマーケティング活動についての調査を行い，"Marketing to Children and Adolescents: A Review of

第**3**章　食品・飲料企業の子ども向けマーケティングの現状と自主規制

図3‐1　子どもと10代の若者向けのマーケティング費用の内訳

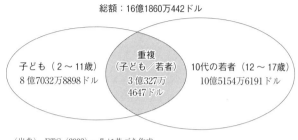

(出典)　FTC (2008) p.7. に基づき作成。

Industry Expenditures, Activities, and Self-Regulation" と題した報告書を議会に提出した（FTC, 2008）。

　調査対象となった2006年度の44社の食品・飲料企業の子ども・若者向けマーケティング費用の総額は，16億1860万442ドルに上った。具体的には，2歳から11歳までの子ども向けマーケティングに8億7032万8898ドル，12歳から17歳までの10代の若者向けに10億5154万6191ドル分の費用が投じられ，3億3277万4647ドルが子どもと10代の若者という2つの重複する市場に向けて投じられた（図3‐1）。あらゆる年齢層の消費者を対象とした食品・飲料のマーケティング費用が96億ドルとなっているので，2歳から17歳までの子ども・10代の若者向けのマーケティング費用は全体の17％近くを占めることになる。

　また，2歳から17歳向けの食品・飲料カテゴリー内のマーケティング費用の内訳をみると，炭酸飲料やジュース，非炭酸飲料，レストランの食品，朝食用シリアルには，合計約10億2000万ドルが支出されており，全体の63％を占めている（表3‐1，図3‐2）。

　具体的には，炭酸飲料（carbonated beverages）の子ども・若者向けマーケティング費用の総額はおよそ4億9200万ドル以上（子ども・若者向けマーケティング費用全体の48％に相当）にのぼり，そのうち約1億1600万ドル（24％を占める）が学校内での飲料販売のための費用として支出されている。ファストフードの場合，2歳から17歳までのマーケティング費用は約2億9400万ドルに上り，子

第Ⅱ部　食品・飲料企業の子ども向けマーケティングの展開

表3-1　子ども・若者向けのマーケティング費用

食品・飲料分類	対若者のマーケティング費用 単位：1,000ドル	マーケティング費用総計 単位：1,000ドル	対若者（2～17歳）のマーケティング費用の割合（％）
炭酸飲料	492,495	3,186,588	15.5
レストランの食品	293,645	2,177,306	13.5
朝食用シリアル	236,553	792,042	29.9
ジュース・非炭酸飲料	146,731	1,252,022	11.7
スナック食品	138,713	852,342	16.3
キャンディ・冷凍デザート	117,694	456,677	25.8
調理済食品・食事	64,283	434,978	14.8
焼菓子	62,549	153,393	40.8
日用品	54,475	255,697	21.3
果物・野菜	11,463	46,769	24.5
合　計	1,618,600	9,607,815	16.8

（出典）　FTC（2008），p.9に基づき作成。

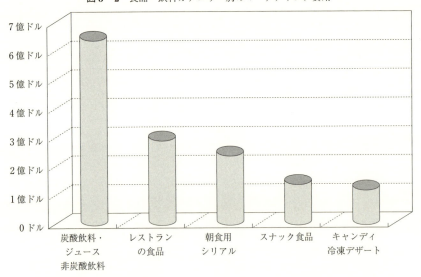

図3-2　食品・飲料カテゴリー別のマーケティング費用

（出典）　FTC（2008），p.9に基づき作成。

ども向けマーケティングと10代の若者向けマーケティングの割合はほぼ同じ程度である。一方，朝食用シリアルのマーケティング費用（約2億3700万ドル）のうち，大半を占める約2億2900万ドルが2歳から11歳までの子ども向けに投じられていることも明らかになっている。

　子どもと10代の若者向け食品・飲料のマーケティングの技法には，テレビ広告，学校内マーケティング，プロダクト・プレイスメント，キッズクラブ（子ども向けの会員制プログラム），インターネット，ブランド・ロゴ付き玩具や商品，クロス・セリングやタイ・インのようなプロモーション活動が存在している（Story & French, 2004）。

　連邦取引委員会（FTC）は，子どもと若者マーケティングの20にもおよぶ販促活動を調査し，それらを以下に示す6つのカテゴリーに分類している（FTC, 2008, p.12）。

① Traditional Measured Media（従来型のメディア）
　テレビ，ラジオ，印刷物などのメディアを利用した販促活動。

② New Media（ニューメディア）
　企業のウェブサイト，インターネット，デジタル・メディア，口コミなどの新しいメディアを利用した販促活動。

③ In-Store Marketing and Packaging/Labeling（店内マーケティングおよびパッケージング／ラベリング）
　店舗内，パッケージやラベルを用いた販促活動。

④ Premiums[10]（プレミアム）
　おまけや賞品などに関連した販促活動。

第Ⅱ部 食品・飲料企業の子ども向けマーケティングの展開

図3-3 販促活動ごとのマーケティング支出額

(単位：100万ドル)

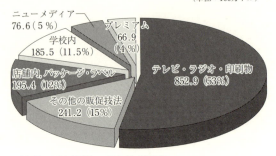

(出典) FTC (2008), p.12に基づき作成。

⑤ Other Traditional Promotions（その他の従来型のプロモーション）

映画やビデオ，ビデオゲームの中に商品を登場させる広告（プロダクト・プレイスメント，アドバゲーム），宣伝用キャラクターや有名人を利用した広告，スポーツイベントなどのスポンサー，テレビや映画，玩具などとのクロス・プロモーション（タイ・イン），イベント開催，慈善活動などを通じた販促活動。

⑥ In-School Marketing（学校内マーケティング）

小中学校，高校など学校内で行われる販促活動。

上記6つのカテゴリーごとのマーケティング支出額と全体に占める割合は，図3-3に示す通りである。

子どもと若者向けのマーケティングの中でも，支出額が多いのは，①Traditional Measured Mediaにあたるテレビ，ラジオ，印刷物を通じてのマーケティング費用である。メディアを通じた販促活動には，約8億5300万ドルもの費用が投じられており，2歳から17歳を対象としたしマーケティング費用の大半を占めている（全体の53％）。特にメディアの中でも46％に相当する額にあたる約7億4500万ドルがテレビ広告に支出されていることから，テレビ広告は依然

として食品・飲料企業の子ども・若者向けマーケティングの代表的な手法ということができる。

次に多いのが，②Other Traditional Promotion（その他の販促技法）に関連する支出であり，全体の15％にあたる約2億4100万ドルが投じられている。これらには，イベントやスポーツ関連のスポンサー，有名人による宣伝（celebrity endorsement），映画館，ビデオ，ビデオゲーム，映画やテレビなどの中でのプロダクト・プレイスメント（product placements），慈善活動（philanthropic endeavors）などの多様な技法が含まれる。その他，③In-store and Packaging/Labeling（店舗内，パッケージやラベル）に関するマーケティング費用として約1億9500万ドル（全体の12％），④のIn-School（学校内）でのマーケティング費用としておよそ1億8600万ドル（全体の11.5％）が支出されている。具体的には，学校内でのマーケティング費用のうち，約1億6900万ドル（90％以上に相当）が炭酸飲料およびジュースなどの非炭酸飲料以外のマーケティング費用で，ファストフードのマーケティング費用は約930万ドルとなっている。

3　自主規制システム成立の背景

(1) 食品・飲料企業の子ども向けマーケティングと高まる批判

① 子どもの購買力の高まりとマーケティング

米国において，子どもが消費者として認識されるようになったのは，戦後のベビーブーム期以降であり，子どもをターゲットにしたマーケティングが本格化したのは1980年代だとされている（McNeal, 1992, p.3）。その背景にあったのは，80年代に急激に増大した子どもの消費支出である（表3-2）。

中でも，子どもの消費項目の上位を占める商品は，第1章で述べたようにスナック菓子やキャンディ，チョコレート，ファストフード，ソフトドリンクといった食品や飲料である（McNeal, 1992, p.40）。こうしたことから，食品・飲料企業は主要顧客である子どもに対するマーケティングを積極的に展開し，今日に至っている（Gunter & Furnham, 2004）。

表3-2 子ども（4歳から12歳）の購買力の変化

1968年	1978年	1984年	1989年
22億ドル	28億ドル	42億ドル	61億ドル

(出典) McNeal, J. U. (1992) p. 32.

② 広告規制の要求と政府の対応

　子ども向けマーケティングが本格化した1980年代以前から，すでに米国の食品企業の広告戦略は厳しい批判にさらされていた。それはこの時期，子どもの購買力の高まりに呼応する形で，テレビ広告を用いたマーケティングが本格化したことと関連している。

　1977年に行われた政府の調査によれば，米国の子どもたちは1日あたり約3時間40分もテレビを視聴していた。そしてこれらのテレビ番組の間に放映される広告の構成比は，キャンディ，砂糖菓子，ケーキ，クッキー，フルーツドリンクに25％，砂糖を含む朝食用シリアルに25％，ファストフードに10％となっていた（内田，1990, pp. 124-125）。

　こうした状況下で，1970年には，子ども向けテレビ番組の質の向上を目指す消費者団体 Action for Children's Television（ACT）が，子ども向け番組に広告を入れないよう，連邦通信委員会（FCC）に申し入れ，さらに1974年と77年には，公益科学センター（Center for Science in the Public Interest, CSPI）[11]が，砂糖入り食品の広告規制を連邦取引委員会（FTC）に申し入れるに至った（内田，1990, pp. 93-99；伊藤，1983, pp. 84-86）。それらを一覧としてまとめたものが表3-3である。

　この両団体が問題視したのは，子どもたちが大量のテレビ広告にさらされる中で，砂糖入り食品を過剰に摂取し，虫歯などの健康被害を増大させる危険性であった。ACTは，砂糖入り菓子やチョコレートなどの子ども向けテレビ広告の禁止をFCCに要請し，そのような広告は，①午後9時前，②広告の主たるアピールが子どもに対してである場合，③子どもが視聴者の少なくとも半分を構成する時間帯には，禁止されるべきである点を主張した。

第3章 食品・飲料企業の子ども向けマーケティングの現状と自主規制

表3-3 1970年代の政府機関への広告規制の要請

ACT（Action for Children's Television）から FCC（Federal Communications Commission：連邦通信委員会）への規制要請（1970年）
虫歯を子どもの健康問題の重要課題と捉え，砂糖入り菓子やチョコレートなどの子ども向けテレビ広告の禁止を要請。そうした広告は，子どもが視聴者の少なくとも半分を構成する時間帯には禁止されるべきであると主張。

CSPI（Center for Science in the Public Interest）から FTC（Federal Trade Commission：連邦取引委員会）への規制要請（1974，1977年）
カロリーの10％以上が添加された砂糖であるスナックのテレビ広告の禁止を要請し，子ども向け広告においては，食品の砂糖の量や，砂糖入り食品による歯の健康に対する危険について積極的な開示を要請。

また CSPI は，子どもが視聴者の少なくとも半分を構成する時間帯には，間食用スナックのテレビ広告を禁止することを要請し，食品中の砂糖の量や歯の健康に対する危険について積極的な情報開示の義務付けを求めた（内田，1990，pp. 98-99）。

こうした消費者団体や世論の批判の高まりに対し，食品および広告業界はすばやく対応した。1971年には全米の広告の自主規制の基本方針を設定する業界団体，全米広告審査協議会（National Advertising Review Council, NARC）を，また1974年には，子どもに対する広告を専門に審査・規制する機関として Children Advertising Review Unit（CARU）を創設した。

一方，こうした動きの中で，行政側も子ども向け広告の現状と対策に関する検討を始めた。FTC は1978年2月に調査報告書を提出し，同年4月には規制案を告知し，1981年3月に最終報告書を提示した。その内容は，以下のようなものである（伊藤，1983, p.85）。

(1) 視聴者の大半が広告の意義を理解する能力のない子どもの場合，全ての広告を禁止すること。
(2) 砂糖入り食品の広告を禁止すること。
(3) ある程度の判断力を持つ子どもが視聴者のかなりを占めている場合は，

砂糖入り食品の健康に関する警告をすること。

ここでは，FTC が「砂糖入り食品の広告の禁止」にまで踏み込むという厳しい規制案を提示したことに注目する必要があろう。

しかし，この規制案は，広告主および業界団体の激しい反対を受け，かつ最終報告書では子ども向け広告の健康への影響に関する科学的な根拠を欠いているなどの理由から，議会通過に至らず，法制化は見送られることとなった。

しかしこれを契機に，食品業界や広告業界は，世論の高まりや行政による規制強化の流れを敏感に感じ取り，健康問題への配慮と子ども向け広告における責任の自覚から，自主規制システムの確立とガイドラインを制定することになる（内田，1990, pp.94-98）。

4 子ども向け広告専門審査機関（CARU）と自主規制ガイドライン

（1）自主規制ガイドラインの理念と目的

子ども向け広告を専門に審査するユニットである Children Advertising Review Unit（CARU）は，先述のように消費者団体からの批判と規制についての要請，それに応じる形で政府が厳しい規制案の検討を進める中で1974年に創設された[12]。全米広告審査協会（National Advertising Review Council, NARC）によって，「責任ある子ども向け広告（responsible children's advertising）」を促進するために創設され，Council of Better Business Bureaus（CBBB）によって運営されている[13]。

その主な活動は，インターネットを含むあらゆるメディアに登場する12歳未満の子ども向け広告を監視・審査し，規制することにある。すなわち，広告が子どもの誤認を引き起こしたり，不正確であったり，自ら作成した自主規制ガイドライン，"Self-Regulatory Guidelines for Children's Advertising" に違反していると判断した場合に，広告主の自主的な協力を得て修正を求める。CARU の独自の自主規制ガイドラインは，子どもの特別な脆弱性（the special vulnerabilities of children），すなわち未経験で未成熟，広告にミスリードされやすく，影響を受け易いといった特性や，広告を評価するのに必要な認知スキルの欠如といった子どもの特性を考慮して作成されている（CARU, 2014）。CARU の自主規制ガイドラインの第 1 版は1975年に施行されたが，メディア環境やマーケティング環境の変化に応じて，1975年度版（第 1 版）から2014年度版に至るまで定期的に改訂を重ね，施行されてきた。

　CARU の運営組織は，学術諮問委員会（Academic/Expert Advisory Board）と実務諮問委員会（Business Advisory Board）から成り立っている。前者には医学や児童・青年精神医学（Child & Adolescent Psychiatry），教育学，コミュニケーション，子どもの発達，マーケティング，栄養学といった様々な領域の専門家がメンバーとなっている。こうしたアドバイザーが子ども向けの広告やマーケティング活動に対し，児童心理学や子どもの行動，市場動向や市場調査に関する助言を与える。また，メンバーは個々の事例に対してもコンサルティング業務を行い，広告の審査と自主規制プログラムの改訂作業にも参画する。後者には大手広告代理店や主要広告主である玩具，ゲームメーカー，そしてMcDonald's 社や Kellogg 社，Kraft Foods 社，General Mill's 社などの巨大食品企業の代表者が名を連ねている。

　CARU の自主規制システムの理念はどのようなものか。それを把握するには，政府機関すなわち連邦取引委員会（FTC）などによる法的規制との違いを捉える必要がある。

　連邦取引委員会（FTC）の広告に関する規制は，連邦取引委員会法第 5 条に基づき，以下の基準を持っている。

① 広告は正確でなくてはならず，欺瞞的であってはならない。
② 広告主は主張を裏づける証拠を持たねばならない。
③ 広告は公平でなくてはならない。

　CARU は，こうした連邦取引委員会（FTC）の規準を踏まえつつ，以下の 3

点を自主規制の目的としている。

① 広告に対する国民の信頼を高める。
② 広告主間における議論の公平性を維持する。
③ 広告ビジネスにおける政府の介入の必要性を最小化する。

　上記の③が明示しているように，自主規制の根本的な目的は，政府の介入を最小限にとどめ，広告業界が自らの利益と市場機会を最大化することにある。

(2) 2段階にわたる自主規制の手続き
　CARUによる審査・規制に関する手続きは，以下に示す2段階からなっており，具体的な審査・規制手続きの第1段階は以下の通りである。

① まず，テレビ，新聞，雑誌，ラジオ，インターネットなど，あらゆる広告をモニターし，事実に即さない広告，正確ではない広告，インターネット上の子どものプライバシーを侵害している広告を自主規制ガイドラインに照らして審査する。
② ガイドライン違反と判定した場合，広告主などに勧告を行い，修正や中止を求める。
③ 個別ケースに基づき，広告の実証性やガイドラインを遵守しているかについて審査結果などを適宜，プレスに公式発表する。

　後述するように，年間1万件以上に及ぶ周到なモニタリングと厳しい審査および勧告がなされているが，97％の広告主が変更・修正に応じるなど，多くのケースは自主的に解決されている。
　問題は，企業側が勧告を受け入れない場合である。そこにこそ，自主規制システムの真価が問われる場面がある。
　その際，企業の側に厳しい立証責任を課し，その主張を審査した結果，科学

第3章 食品・飲料企業の子ども向けマーケティングの現状と自主規制

的証拠が十分に示されず，修正・中止が行われない場合は，第2段階として，2つのより厳しい手続きがとられることになる。

1つは，勧告を不服とした広告主が自主規制システム内部の控訴裁判所に相当する機関，全米広告審査部局（National Advertising Review Board）での再審査を求め，上訴することである。

もう1つは，CARUが明らかに違法性が高いと判定した事例の場合，勧告を聞き入れない企業をFTCなどに通告することである。[16]

さらに，手続きのもう一つの注目すべき特色として，事前審査（Pre-review）制度が挙げられる。広告がテレビ放映または新聞などに掲載されてからでは，すでに子どもたちの目に触れることになり，事後の対処にすぎないことになってしまう。この点は自主規制の弱点として，消費者団体の側からも指摘されてきたことであった。[17]

CARUはこの点の改善を進め，企業に広告の台本やストーリーボードの事前提出を求めて審査し，また試作段階のテレビ広告などに対しても，CARUスタッフ立会いのもと審査を行っている。[18]

このように，CARU主導の下に，まずは自主規制システム内部での処理を行い，異論があれば上訴を認め，しかし，自主規制の枠外と判断した場合には，政府による法的判断を求め，厳しいコンプライアンスの実現を目指すところにこそ，このシステムの特徴がある。

（3）ガイドラインの基本原則

次にガイドラインの内容を検討する。2003年版のガイドラインは7つの基本原則を提示し，さらに具体的なマーケティング技法に関する10の大項目，そして60の小項目から成り立っている。そのガイドラインに示されている7つの基本原則は以下のようなものである。[19]

① 子どもの知識や素養のレベル，成熟度を考慮にいれる。子ども向け広告を行う企業は，マーケティングや広告から自分自身を守ることができず，

無批判に影響を受けやすい子どもを保護する特別の責任を負う。
② 子どもの豊かな想像力を不当に利用しないように配慮する。
③ 子どもにとって不適切な製品や内容は広告しないようにする。
④ 広告が子どもの教育にとって重要な役割を果たすこと,子どもたちは健康や幸福を左右する習慣を広告から学ぶことを認識する。
⑤ 子どもたちの言動に影響を与える広告の潜在力を活かし,有益で好ましい社会的行動を促す。
⑥ マイノリティや他の階層の人々を広告に取り入れるよう配慮し,ステレオタイプ化したり,偏見を主張することを避ける。
⑦ 子どもを導く親の責任を尊重し,親子関係の構築に貢献する。

また60の小項目の中には次のようなものが含まれている。

- 製品の主要成分については,摂取に際しての適正量を表示すること。
- 食品広告は,子どもの健全な発育や栄養摂取習慣の発達を念頭に置き,製品の健全な利用を奨励すること。
- 食事のシーンを描いた広告は,バランスのとれた食事における製品の役割を明確かつ的確に描写すること。
- スナックやおやつ類は,それが食事の代用でないことを明示すること。

ここで重要なのは,企業は子どもに製品を売るだけではなく,食生活の健全さと健やかな成長を考慮に入れるべきとしていること,さらには,バランスのとれた食習慣に貢献すべきことを,積極的に明文化している点である。こうした理念は,基本原則第1項目の「子どもを保護する特別の責任(a special responsibility to protect children)」という表現に明瞭にあらわれている。

ガイドラインに沿ってCARUは広告の審査を行っているが,その中で最もガイドラインに違反し,変更や中止を求められてきたのが食品広告である。このガイドラインはどのように適用されてきたのか。以下の節で,批判を背景に

CARUのガイドラインの運用が開始された時期にあたる1970年代から2000年代までの具体的な食品広告の事例を取り上げ，その実態を検討する。

5 自主規制の対象となった食品広告の事例（1970年代～2000年代）

ガイドラインの適用について，2004年5月にNARCによって刊行された白書，"White Paper: GUIDANCE FOR FOOD ADVERTISING SELF-REGULATION"に基づき，規制対象となった150を超える事例の中から，食品広告に関する代表的な事例を選び，年代ごとに検討を加える（NARC, 2004）。

なお，以下に示す事例は白書では詳細な記述がなされているが，ここではその特徴を要約して示す[20]。

（1）1970年代の事例

事例①は，「比較の根拠の提示」に関するガイドラインに違反したケースである。

　事例①　McDonald's社／シェーク

■McDonald's Corporation（McDonald's Restaurants），Report #1530, NAD/CARU Case Reports（April, 1979）.

　McDonald's社は，テレビ広告の中で同社のシェークを"Triple Thick"（3倍の濃さ）と表現した。CARUは他社の代表的なシェークよりも3倍濃いという表現の実証を求めた。同社は，その表現はよくある誇大表現にすぎないと主張した。

ここで問題になったのは，"Triple Thick"（3倍の濃さ）という言い回しであった。CARUは，本件がガイドラインの定める「比較内容は，適正かつ妥当な根拠によって裏付けられていなければならない」という項目に違反すると判定した。これに対し，同社は正確な実証をすることができず，誇大広告であること認め，広告を中止した。

（2）1980年代の事例

80年代の事例として，企業が実証に成功した例を提示する。

事例②　Quaker Oats 社／シリアル

> ■The Quaker Oats Company (Halfsies cereal), Report #1657, NAD/CARU Case Reports (April 1980).
>
> 　Quaker Oats 社が，テレビ広告の中で同社のシリアル Halfsies を「他社の砂糖入りシリアルの半分の砂糖量」と表現し，CARU がこの表現の実証を求めた。

　Quaker Oats 社は，CARU に対して同社のシリアルである Halfsies の砂糖量と子ども向けシリアルの主要な26ブランドの砂糖量とを比較するデータを提示した。その結果，CARU は広告表現の妥当性を認める判定を下した。

（3）1990年代の事例

　90年代の事例として，「製品所有による仲間意識への影響」に関する項目に違反したケースと，「広告における景品の二義的位置づけ」に関する項目に違反したケースを提示する。

事例③　Kellogg 社／シリアル

> ■Kellogg Company (Frosted Flakes Breakfast Cereal), Report #2827, NAD/CARU Case Reports (October 1990).
>
> 　Kellogg 社は，テレビ広告の中に同社の人気キャラクターである Tony the Tiger を登場させ，キックボールのチームづくりで仲間はずれにされている少年に，同社のシリアル，Frosted Flakes を朝食に食べるようにいわせた。朝食を食べた少年は試合に出て活躍し，他の少年たちに受け入れられた。
> 　CARU は，シリアルを食べれば，仲間に受け入れられることを暗示しているとし，ガイドライン違反と判定した。同社は，少年はキックボールのスキルだけで仲間に受け入れられたと主張し，判定に異議を唱えた。

第3章 食品・飲料企業の子ども向けマーケティングの現状と自主規制

本件に関し，CARU は「製品を持っていると仲間に入れてもらえること，逆に，製品を持っていないと仲間はずれにされることを暗示してはならない」という項目に違反していると，再度判定を下した。その後，同社は CARU に今後その広告放映をしない旨を通知した。

事例④　Denny's 社（レストラン）／食事の景品

■Denny's（Flintstone's Fun Meals Premium），Report #2826, NAD/CARU Reports（October 1990）.

　テレビ広告の中で Denny's 社は，子ども向けの食事セットである Denny's Flintstone's Fun Meals に付く景品の Flintstone のミニカーを強調し，食事セットやレストランについては視覚的な説明を加えなかった。

本件は，ガイドラインの「製品に付く景品を宣伝する際には，子どもたちの関心が製品そのものに払われるように注意するべきであり，景品は二義的な扱いでなくてはならない」といった項目に違反していると判定された。同社はCARU に対して広告の放映が終了した旨を通知し，今後の修正に合意した。

（4）2000年代の事例[21]

事例①　2005年

　果物の画像と "Fruit Snacks（フルーツ・スナック）"，"Made with Real Fruit Juice（果汁でつくられた）"，"100% DV VITAMIN C（DV = Daily Value）" といった表示を持つ製品の広告。

申し立て内容：パッケージが子どもたちに，当該製品が果物を多く含み，栄養的にフルーツと同じものであると誤認させる恐れがある。
対応：企業がその製品の販売方法を変更した。

93

事例②　2005年

> 子どもたちがサッカーをしているシーンをみせ，スポーツドリンクが "hydrates better than water（水よりも水和化する）" ことを示す広告。

申し立て内容：子どもたちに対する広告内容は立証されるべきである。
対応：広告内容がジョージア大学の研究結果とその他の研究によって広告の主張・内容を立証した。

事例③　2005年

> 食事以外の場で，男の子たちが大量のシリアルを食べ，チョコレートの味がすることを主張する食品の広告。

申し立て内容：大量の摂取量を描写することは子どもたちをミスリードし，過剰消費を推奨するものであり，シリアルがスナックとして描かれており，シリアルのロゴマークがチョコレートのロゴマークと混同されている。
対応：企業は放送を中止し，子ども向けのスナックと朝食用のシリアルの今後の広告手法についてCARUに改善を求められた。

事例④　2005年

> 子どもたちが昼食時に鶏肉ベースの製品だけを食べていることが示される広告。

申し立て内容：鶏肉を使った製品だけでもバランスのとれた食事となることを子どもたちに誤認させる恐れがある。
対応：広告主はCARUの申し立てに対して部分的に反対したが，子ども向けの今後の広告においてはCARUの懸念を考慮することを表明した。

以上の事例が示すように，CARU の自主規制は子ども向け広告における「正確さ」と「実証性」を重視しており，企業側の主張が実証されない場合は中止を求め，逆に企業側が実証しえた場合には，その広告活動の継続を認める措置を講ずる。

こうした処理件数は年々増加傾向にあり，依然として消費者団体から自主規制ガイドラインではなく，政府による法的規制を要求する声が上がる中にあって，CARU は子ども向け広告に対する自主規制システムの運用主体として，その中心的役割を果たしてきたということができる。

6 深刻な問題の発生と食品広告をめぐる新たな動向

(1) 子どもの肥満の増加と食品・飲料企業のマーケティング批判の高まり

年間1万件以上の子ども向け広告を審査する CARU も，これまでの個別対応型の自主規制だけでは解決が困難な問題に直面するにいたった。それは，不健康な食生活が主要因とされる小児肥満問題の深刻化である。

米国公衆衛生局は，2001年に肥満は米国の流行病になったとの報告書を提出した。また，米国肥満協会の調査は，12歳から19歳までの15.5%，5歳から11歳までの子ども15.3%が肥満であり，最近20年間でその割合は，2倍に増加したと報告している（NARC, 2004, pp. 9-10）。

こうした中で，健康状態を悪化させた一つの要因とされ，批判の対象となったのが子どもの嗜好および食生活に大きな影響を与えたとされる食品企業のマーケティングと広告である（Institute of Medicine, 2006）。

例えば，消費者団体（Center for Science in the Public Interest, CSPI）は，子どもたちに向けられたマーケティング費用が過去10年間に，69億ドルから150億ドルへと増加したと述べ，子どもたちが毎日58件にも上るテレビ広告を目にしており，その半分以上が食品や飲料の広告が占め，子どもたちの健康的な食生活を阻害していると述べている（CSPI, 2003, pp. 8-10）。

米国医学研究所（IOM）は，報告書の中で，子どもの食習慣に対する広告・

メディア産業の有する大きな影響力を指摘し，特にテレビ広告は，子どもの食や栄養関連の知識，購買決定に大きな影響を与えると述べている（IOM, 2004; 2006）。

また，2002年の子ども・若者向けの食品および飲料の売り上げは270億ドルに上り，それに費やされた子どもや若者向けの年間広告費用は100億ドルから120億ドルの域に達している[25]。そしてテレビ広告に限っても，10億ドルが費やされていると指摘している[26]（IOM, 2004, pp. 1-2）。

そうした中で，CSPIなどの消費者団体のみならず，米国心理学会（American Psychological Association, APA）や米国小児科学会（American Academy of Pediatrics）などの学術団体もまた，高脂肪・低栄養価の食品を販売する企業のマーケティングに対し，一律禁止を求めるにいたった[27]。

2004年度のAPAの子どもと広告に関する特別委員会がまとめた報告書は，①子どもたちは1年あたり4万件を超える大量のテレビCMを観ていること，②子どもたちはテレビ広告が営利目的であることを理解できず，広告のメッセージを正確で公平なものとして受容する傾向があることを示した上で，以下のような提言を行った（APA, 2004）[28]。

① 8歳以下の子ども向け広告を制限すること。
② 訴求対象となる視聴者に，分かりやすい言語で情報開示・説明を行うこと。
③ 子どもたちがどの程度インターネットなどの広告を理解しているのか，広告からどのような影響を受けるのかを調査すること。
④ 学校や教室内における子どもたちを対象とした広告の影響について調査すること。

また2005年1月にはCSPIも，小児肥満のリスクを最小化するために，子ども向け食品のマーケティングに関するガイドラインとして，"Guidelines for Responsible Food Marketing to Children"をまとめた[29]（CSPI, 2005）。

こうした提言や批判を受けて，食品業界や広告業界も早急な対応を迫られることになった。例えば，批判の激しい高カロリー食品，飽和脂肪酸・トランス脂肪酸・砂糖を含んでいる食品の摂取を減らすべく，製品の開発や改善を図ったり，メニューに栄養表示を加えたり，食生活の改善プログラムを提供するなどの動きがそれである。

　しかしながら，批判は収まらず，2003年5月に，カリフォルニアでは，Kraft Foods社のクッキーのOreoの販売に関する訴訟が起こった[30]。こうした状況は，まさにかつてのたばこやアルコールのような訴訟ラッシュや，政府による規制強化を予想させるものである。

（2）行政，消費者，学術団体，業界の自主規制をめぐる動向

　以上のように，子ども向け広告，マーケティングをめぐって様々な状況が生み出されているが，今日の米国の子ども向け食品マーケティングの動向を捉える時，以下の3つの流れが顕在化していると総括することができる。

　第1に，業界の自主規制の役割を認めながらも，政府主導による規制を推し進めようとする流れである。

　2005年3月14日付の*Wall Street Journal*紙によれば，IOMの要請を受け，FTCや保健福祉省（Department of Health and Human Services, DHHS）が中心となり，小児肥満の増加と子ども向け食品マーケティングとの関係を検討するワークショップ（Food Marketing to Kids Workshop）を開催すること，そして食品業者や広告業者に新たなガイドラインの制定を求めることが報じられている[31]。

　第2に，あたかもその流れをけん制するかのような，企業自らが新たなマーケティングを展開する動きである。

　2003年7月には，Kraft Foods社が企業の社会的責任（CSR）の一環として，学校の食品マーケティングの中止と栄養表示の改善を掲げた新戦略を発表し[32]，ついに2005年1月には，批判の激しい低栄養価食品の6歳未満の子ども向け広告の一時中止に踏み切った[33]。

さらに2005年1月12日には，①より健康的な製品には特別な表示をつけて販売すること，②6歳から11歳の子どもたちに人気のあるアニメ番組を含むテレビ，ラジオ，印刷物などでの広告を段階的に中止すること，③2006年末までには，栄養評価基準に適合しない製品群の広告を世界中で廃止すること，などの新たなマーケティング構想を発表した。[34]

McDonald's社もまた，2005年度の世界的な広告テーマを *Balances lifestyles*（ライフスタイルのバランスを保とう）と定め，ヨーグルトやサラダの販売を強化することを明らかにしている。[35]

第3の流れは，CSPIなどの消費者団体や学術団体の主張にみられる，一定年齢以下の子ども向け広告の一律禁止の動きである。

こうした新たな動向をみてきたが，第3の流れを除けば，いずれも自主規制システムを前提とした上で，それをより強化し，時代が求める状況に適合しようとする試みであるといえる。

以上のように今日，自主規制システムのあり方は，行政・消費者・業界それぞれの立場からの主張や利害が複雑に絡み合う中で，厳しい試練にさらされている。

しかし，そうした議論もCARUが自らのガイドラインの冒頭に掲げた，「子ども向け広告を行う企業は，子どもを保護する特別の責任を負う」という理念の延長に位置づくものである。まさに「特別の責任」を果たそうとするならば，Kraft Foods社が一部導入したように，テレビ広告そのものの中止に踏み込むことも，自主規制の理念の枠内にあると捉えることもできる。

今後，子ども向けマーケティングや広告に対する批判がさらに高まっていく時，米国の食品業界は自主規制の枠の中で，どのような広告戦略を展開させていくことになるのか，その動向を多面的な角度から把握していく必要があるということができる。

注

(1) 1960年代には6歳から19歳までの年齢では5％程度であったのに対し，1999年から2002年の間には16％となった。

第3章　食品・飲料企業の子ども向けマーケティングの現状と自主規制

⑵　政府や民間機関の政策決定に対して助言を行う米国医学研究所（Institute of Medicine, IOM）は，2016年3月15日からHealth and Medicine Division（HMD）へと組織名称を変更した。詳しくはThe National Academies of Science, Engineering, and Medicineウェブサイト（http://nationalacademies.org/hmd/About-HMD.aspx　2016年8月19日アクセス）を参照のこと。なお本章では本文中の報告書が刊行された当時の組織名称であるInstitute of Medicine（IOM）として表記する。

⑶　2012年に連邦取引委員会（FTC）は"Review of Food Marketing to Children and Adolescents Follow-Up Report"を刊行した。子どもと若者に対する食品・飲料企業のマーケティングに関するの取り組みについてはFTCのウェブサイトFood Marketing to Children and Adolescentsを参照されたい（https://www.ftc.gov/food-marketing-to-children-and-adolescents　2016年9月1日アクセス）。

⑷　FTC, CDC, FDA, USDA（2011）が刊行した業界の自主規制に関する提言書については連邦取引委員会（FTC）のウェブサイト掲載の資料を参照した（http://www.ftc.gov/os/2011/04/110428foodmarketproposedguide.pdf　2006年3月15日アクセス）。

⑸　子どもや若者の健康問題や食品・飲料の消費パターンを分析し，食品・飲料企業のマーケティングとその影響についてまとめている。子どもや若者に対するマーケティングに関する政策提言まで踏み込んだ全7章から構成されている。

⑹　WHOは2007年に2004年次の報告書刊行以降の各国の規制動向の変化を把握するために，"Marketing food to children: changes in the global regulatory environment, 2004-2006"と題した報告書を刊行している。

⑺　詳細は第7章を参照されたい。

⑻　報告書は，子どもおよび若者について，2歳から11歳を"children"，12歳から17歳を"adolescents"と区分し，2歳から17歳までを"youth"と定義している。

　連邦取引委員会（Federal Trade Commission）は2012年に新たな報告書"Review of Food Marketing to Children and Adolescents Follow-Up Report"（全356頁）を刊行している。FTC（2012）の報告書は，食品・飲料業界はFTC（2008）の報告書の栄養基準を満たす子ども向けの製品をマーケティングの対象とするといった勧告やオバマ大統領の夫人が推進したLet's Move! キャンペーン（身体を動かすキャンペーン）などに対して，食品・飲料企業が前向きに取り組んだと総括している。報告書（2012）は大手食品・飲料企業の自主規制強化（詳細は第7章参照）によって，2006年から2009年までに子どもや若者（2歳から17歳）に対するテレビ広告の費用は19.5％分減少したことを示している。しかしテレビ広告が減少した分，それにかわって新しいメディア，すなわちインターネット，モバイル，バイラルマ

ーケティングの占める割合が50％までに増加していることを明らかにした。詳細はFederal Trade Commission ウェブサイト（https://www.ftc.gov/sites/default/files/documents/reports/review-food-marketing-children-and-adolescents-follow-report/121221foodmarketingreport.pdf　2016年9月30日アクセス）を参照されたい。

(9)　調査対象となった44社は，スナック，焼菓子，シリアル，キャンディ，冷凍デザートなどパッケージ商品を製造する業者，フルーツや野菜の生産業者，ファストフードレストラン，飲料メーカー，ボトラーなどである。

(10)　ファストフードレストランの食事についてくるおまけの玩具（3億6000万ドル相当）を加えると，④の総額は4億2700万ドルとなり，テレビに次いで2番目に多いマーケティング支出の項目となる。

(11)　公益科学センター（CSPI）は，ワシントンD.C.に拠点を置く非営利組織である。1971年に創設されて以来，主に栄養や食の安全，アルコール関連の問題について状況改善のための活動を行っている。詳細については第4章を参照。

(12)　CARU の組織・運営の詳細については CARU のウェブサイトを参照（http://www.asrcreviews.org/about-caru/　2016年8月30日アクセス）。

(13)　CARU の自主規制プログラムは CBBB と広告業界（the American Association of Advertising Agencies, the American Advertising Federation, the Association of National Advertisers, the Direct Marketing Association the Electronic Retailing Association the Interactive Advertising Bureau などの組織）の戦略的提携である NARC 管理委員会によって組織されている。

(14)　インターネットが普及した時期にあたる1996年にはオンラインでのデータ収集に関するセクションが設けられた。ただし，オンラインでのデータ収集に関しては「12歳未満」ではなく「13歳未満の子ども」が規制の対象となっている（CARU, 2009）。詳しくは参考資料を参照のこと。

(15)　連邦取引委員会（FTC）の deception（欺瞞）および unfairness（不公平）の解釈については，FTC のウェブサイト（https://www.ftc.gov/tips-advice/business-center/guidance/advertising-faqs-guide-small-business　2006年3月15日アクセス）に詳しい説明がなされている。

(16)　1974年以降，上訴された例は存在していない。自主規制に従わなかったケースは，FTC などの政府機関に通告される。その結果，FTC により連邦取引法違反と認定された例として，2001年に3万ドルの罰金を支払った Lisa Frank 社の例，2004年に40万ドルの高額な罰金を支払った UMG Recording 社の例がある。

(17)　2005年6月16日付, *Advertising Age*（電子版），"FOOD MARKETERS' SELF-REGULATION CALLED A FAILURE: Clash Between Industry and Advocacy

第3章 食品・飲料企業の子ども向けマーケティングの現状と自主規制

Groups Sets Scene for FTC Conference"による。
(18) 事前審査については Hunter (2004) を参照。なお日本の場合，公益社団法人日本広告審査機構 (Japan Advertising Review Organization, Inc., JARO) が，消費者，官庁，企業，メディア，広告業者などからの苦情・問い合わせに対して，審査・処理を行っているが事前審査は行っていない。
(19) 2009年度版（第9版）の基本原則は以下の通りである。①広告主は子どもに向けて広告を行う際，あるいは子どもからオンライン上でデータを収集する際には特別な責任を有する。子どもたちの知識や経験，成熟度には限界があることを考慮せねばならない。より幼い子どもたちの情報の信頼性を評価する能力には限界があり，広告の説得する意図を理解することができないかもしれないし，子ども自身が広告の対象となっていることを理解することができないかもしれない。②子ども向け広告は子どもを誤解させるものであったり，アンフェアなものであってはならない。③広告主は広告の主張点に対して実証性を持たねばならず，主張点は子どもが理解できるようにせねばならない。④広告は製品の品質や性能に対して子どもの期待を刺激してはならない。⑤子どもにとって不適切な製品や内容は子どもに向けて広告すべきではない。⑥広告主は社会的なステレオタイプ化をさけ，偏見を主張することをさけ，広告にマイノリティや他の集団を取り入れ，ポジティブなロールモデルを示すべきである。⑦広告主は広告が有する教育的な役割の潜在力を生かし，子どもにポジティブな個人の資質や行動（例えば誠実であること，他者に敬意を払うこと，安全策を講じること，身体活動を行うことなど）に影響を与えるよう促すこと。⑧子どもの個人的あるいは社会的な発達には多くの作用が影響するが，子どもを導く保護者の責任が第一である。広告主は建設的な方法で親子関係に寄与すべき，といった8つの基本原則が示されている。

2016年現在，入手可能な最新版は2014年度版のガイドラインであり，巻末に参考資料として基本原則，適用範囲を掲載した（巻末の参考資料1・2を参照のこと）。
(20) NARC (2004) の白書は92頁にわたって，CARU のケースと子ども以外の広告の審査機関，全国広告審査局 (National Advertising Division) のケースを詳細に提示している。また，最近は CARU がウェブサイト上で事例報告書 (Case Reports) を公表している。詳しくは CARU のウェブサイト (http://case-report.bbb.org/search/search.aspx?doctype=1&casetype=2 2016年9月30日アクセス）を参照されたい。
(21) 2000年代の事例については WHO (2007) の報告書内の事例 (p.77) を参照・引用した。
(22) 報告書のタイトルは，"The Surgeon General's Call To Action To Prevent and Decrease Overweight and Obesity 2001"である。公衆衛生局は，全米の健

第Ⅱ部　食品・飲料企業の子ども向けマーケティングの展開

康問題に関する多くの報告書を提出している機関である。
(23) 健康悪化とテレビ広告との関連を指摘する議論が，米国では1970年代から活発に行われていることが，WHO の調査の中で示されている（WHO, 2004, pp. 9-10）。
(24) 2004年9月には，政府各機関や業界に向けて次の要請を行った（IOM, 2004）。
　①保健福祉省に対して，子ども向け食品や飲料に関する広告およびマーケティングのガイドラインを作成する全国会議を召集すること。
　②FTC に対して，食品・飲料産業の広告が法令を順守しているかを監視する権限を強化すること。
　③産業界に対して，子どもの肥満のリスクを最小化するために，広告・マーケティングのガイドラインを制定・実施すること。
(25) その他，45億ドルが景品，おまけ，クーポン，コンテストに費やされ，20億ドルが若者向けパブリックリレーションに，30億ドルが子ども向けパッケージに費やされたとされる。
(26) CSPI（2005）の報告書は，学校教育プログラムと称して企業が行う販売活動やウェブ上での子ども向け広告，ゲームを通じた広告展開（Advergames: アドバゲーム）にも多くの問題があると述べている。
(27) 2003年11月10日付，*Advertising Age*（電子版）の記事，"Group Calls for Ban on High-Fat Food Advertising" による。
(28) American Psychological Association. (2004). "Report of the APA Task Force on Advertising and Children," pp. 1-65. (http://www.apa.org/pi/families/resources/advertising-children.pdf　2016年8月23日アクセス).
(29) ガイドラインの中では，適正な栄養成分の規定だけでなく，テレビや映画，ゲーム，雑誌や教科書などにおけるプロダクト／ブランド・プレイスメントといったマーケティング技法に対する規制を求めている。
(30) 2003年5月3日付，*Advertising Age*（電子版）の記事，"LAWSUIT ATTACKS OREO COOKIES" による。記事によれば，Kraft Foods 社が販売するクッキー Oreo にはトランス脂肪酸が含有されており，カリフォルニア州で子ども向けの販売を禁止すべきとの訴訟が起こった。なお本訴訟は，Kraft Foods 社がトランス脂肪酸の含有を減らす努力を発表した後に取り下げられた。
(31) 2005年3月14日付の記事の見出しは "U.S. won't Ban Junk-Food Advertising to Kids" である。また，このワークショップには，CARU や CSPI も参加を求められた。
　その際，CSPI は，"'Self-Regulation' of Food Marketing is More Like Self-Preservation" という公式発表を行い，現行の食品・飲料企業のマーケティングの自主規制システムは，業界の"自己防衛システム"であると批判した。現在の自主

規制では，子どもに向けられた巧妙な食品のマーケティングや広告から子どもを守れないと述べている。

　一方，CARU は，政府による介入を最小化し，業界による自主規制を推し進めようとする立場から，ワークショップ開催に先駆け，いかに CARU の活動およびガイドラインが効果的に機能しているかを FTC 宛に文書でアピールし，それを公開している。

(32)　2003年7月1日付，*Advertising Age*（電子版）の記事，"KRAFT LAUNCHES ANTI-OBESITY OFFENSIVE" による。

(33)　2005年1月24日付，*Advertising Age*（電子版）の記事 "Kraft takes lead in responsibility" を参照。

(34)　新マーケティング構想については，Kraft Foods 社のウェブサイト内〈Newsroom〉の声明 "KRAFT FOODS ANNOUNCES MARKETING CHANGES TO EMPHASIZE MORE NUTRITIOUS PRODUCTS" および，それに対する CSPI の2005年7月12日付のコメント "Kraft Advertising-to-Kids Policy Applauded" を参照されたい。

　同社の自主規制の対象となったのは Kool-Aid, Oreo, Chips Ahoy！や子ども向けシリアルといった製品である。同社の対応は，消費者団体から高い評価を得る一方で，業界内からは，世論の批判に屈するものとして批判の声もあがり，食品企業による同盟も結成された。

　なお，英国ではすでに，高糖分・高脂肪分食品の子ども向けマーケティング批判が高まっており，Coca-Cola 社は自主的に12歳未満の子どもたち向けのテレビ番組の間に，直接宣伝しないことを決定している（Advertising Educational Foundation のウェブサイト内，〈Hot Issues〉の "Coca-Cola Issues Guidelines for Schools Marketing" による）。

(35)　2005年1月10日付，*Advertising Age*（電子版）の "McD's '05 strategy hinges on 'balance'" を参照のこと。なお，日本マクドナルドも，2005年7月13日より子ども向けの食育サイト「食育の時間」を立ち上げ，小中学校で，バランスの取れた食事の重要性を教える食育の授業を行うなど，子ども向けの対応に本格的に乗り出した。

第4章

子ども向けマーケティングをめぐる消費者運動
——子どもを保護する消費者団体の活動を中心に——

1 子ども向けマーケティングと消費者運動の展開

(1) 子ども向けマーケティングの活発化と消費者運動

　子ども向けマーケティングに対して米国の消費者団体はどのような運動を展開してきたのであろうか。本章では，米国の消費者団体の子ども向けマーケティングに対する取り組み，活動を考察する。

　以下，第2節では，米国においてマーケティングから子どもを守るための活動を行う主な消費者団体を概観し(1)，第3節では米国の子ども向けマーケティングと消費者運動の動向を探る。第4節で，こうした米国の消費者団体の活動が提起するいくつかの視点を考察する。

(2) 活発なマーケティングに対する批判の高まり

　第3章で取り上げた通り，1970年代以降，米国をはじめ世界各国でたばこやアルコールの広告だけではなく，砂糖・塩分などを多く含んだ食品の子ども向け広告やマーケティングのあり方が子どもを持つ保護者や消費者団体の批判の対象となってきた。政府による法的規制の検討と業界による自主規制の整備が進むなど子どものマーケティングをめぐって大きな変化が生じてきた。

　世界保健機関（WHO, 2004）の報告書が示すように，欧米諸国では過度なマーケティングや広告から子どもたちを守ろうと，政府による法的規制やガイドライン，企業による独自の自主規制などが整備されはじめている。また多くの国々では，子どもたちを「未熟な消費者」，すなわち購買に際し批判的・理性

的な判断を下す能力や，商品そのものの識別能力を十分に持たない存在とみなし，直接的なマーケティングから子どもたちをどう守るのかという議論を重ねている。こうした中で，企業も子ども向けマーケティング戦略の変更・修正を迫られ，そのあり方を模索し始めている。

とりわけ米国では，教育の場である学校までもがマーケティング活動の場となり，子どもたちが食品・飲料企業のマーケティングのターゲットとなっている現状がある（第5章参照）。政府と消費者団体と企業の間で，子ども向けマーケティングのあり方をめぐって，活発な議論が展開され，企業のマーケティング戦略に大きな変化がみられるようになっている（*TIME*, May 15, 2006）。

2　マーケティングから子どもを守る活動を行う主な消費者団体

（1）主な消費者団体

① Action for Children's Television（ACT）[2]

1968年に Peggy Charren が主婦や母親のグループとともにマサチューセッツ州の自宅に設立した団体である。子ども向けテレビ番組の質の低さを問題視し，後述するように，子ども向け番組の広告に対する規制を要請し，政府機関を動かすような活発な運動を繰り広げ，運動は草の根活動として全国に広がった。1990年に子ども向けの広告を規制する法律である Children's Television Act を通過させることに成功し，その後1992年に解散した。ACT の調査記録や出版物，連邦通信委員会（FCC）や連邦取引委員会（FTC）の報告書，1400点を超える子ども番組のビデオテープなどの資料は，Harvard University の図書館（Gutman Library）に所蔵されている。

② Center for Science in the Public Interest（CSPI）[3]

栄養と健康，食の安全，アルコール政策などを支援する組織であり，栄養・健康分野における調査と支援活動を実施し，消費者に対して役立つ情報を与えることをミッションに1971年に設立された。北米で広く読まれているニューズ

レター，"Nutrition Action Healthletter"を発行し，90万人の会員を擁している。活動は，①食や健康，環境，科学やテクノロジーに関連した問題についての調査・研究を行い，政策立案者に対して客観的・科学的な情報を与え，②規制・司法・立法化に際しては消費者利益を述べ，③科学やテクノロジーが公益のために使われ，科学者が公益活動に従事することを奨励することなどを目的としている。政策だけではなく，国民の食選好や食習慣に影響を与える企業のマーケティング活動にも変更・修正を迫るなど，活発な運動を行っている。学校内で行われる食品・飲料企業のマーケティングに対しても批判的な立場をとっている。

③ Campaign for a Commercial-Free Childhood（CCFC）[4]

2000年にHarvard UniversityのSusan Linn博士が中心となって創設した組織である。"Stop! Marketing to Children"をスローガンに，過度なマーケティングから子どもを守るための活動を行ってきた。ボストンを活動の拠点とし，健康問題の専門家や教育者，消費者支援グループや保護者などが組織を構成している。企業からの寄付を受け取ることなく，会員の寄付により調査やその他の支援活動を行う。

1999年にHoward Universityで開催された会議に出席した研究者や教育者，運動家たちが，翌年2000年にニューヨークに再結集し，子ども向けマーケティングに成功した広告業者に与えられる賞，Golden Marble Awardsに抗議する際に結成した。CCFCの抗議を受けて広告業界は，2003年にGolden Marble Awardsの授与を取り止めている。

CCFCの活動は，新聞記者や議員，教育者や公衆衛生に携わる公的機関の職員などが子ども向けのマーケティングに注意を向ける契機となり，連邦取引委員会（FTC）などの政府機関に対する規制要求や過度なマーケティング活動を行う企業に対する抗議活動などを展開し，実際にマーケティング活動を中止させる（販売中止・商品回収）など，企業のマーケティング活動や世論喚起に影響力を持っている。後述のMedia Center of the Judge Baker Children's Cen-

第 4 章　子ども向けマーケティングをめぐる消費者運動

図 4-1　Consuming Kids Summit（2006）の会議とデモの様子

（出典）筆者撮影。

ter（Harvard University）に本部があり，定期的に団体の拠点であるボストンで会議（Consuming Kids Summit）を開催し，子どもに対するマーケティングの影響や問題について報告や議論を行っている（図 4-1）。

2001 年以降，CCFC が開催してきた会議のメインテーマは以下の通りである[5]。

(1) 第 1 回会議（2001 年）
　The Commercialization of Childhood: How Marketing Harms Children
　（子ども期の商業化：いかにしてマーケティングが子どもたちを傷つけるのか）
(2) 第 2 回会議（2002 年）
　Consuming Kids: Marketers' Impact on Children's Health
　（消費される子どもたち：子どもの健康に対するマーケターたちの影響力）

107

(3) 第3回会議（2004年）

Consuming Kids: Toying with Children's Health

（消費される子どもたち：子どもの健康をもてあそぶ）

(4) 第4回会議（2005年）

Consuming Kids: How Marketing Undermines Children's Health, Values & Behavior

（消費される子どもたち：いかにしてマーケティングは子どもの健康，価値観，行動を害するのか）

(5) 第5回会議（2006年）

Consuming Kids: Marketing in Schools and Beyond

（消費される子どもたち：学校におけるマーケティングを超えて）

(6) 第6回会議（2008年）

Consuming Kids: The Sexualization of Children and Other Commercial Calamities

（消費される子どもたち：子どものセクシャライゼーションとその他の商業的な惨禍）

(7) 第7回会議（2010年）

Consuming Kids: Market Values, Human Values, and the Lives of Children

（消費される子どもたち：市場価値，人間の価値，子どもたちの生活）

(8) 第8回会議（2013年）

Consuming Kids: Reclaiming Childhood from Corporate Marketers

（消費される子どもたち：企業のマーケターたちから子ども期を取り戻す）

CCFCは2000年以降，様々な企業を対象に活動を行い，**表4-1**のような成果を収めてきた。

第 4 章　子ども向けマーケティングをめぐる消費者運動

表 4-1　CCFC の活動の主な活動と成果

2011	2010	2009	2008	2007	2006	2005
・Scholatic Inc. が作成した内容に偏りのある4年生向け教材"United Stetes of Energy"の配布を中止させた。 ・School Bus Ad Action Center を立ち上げた。	・Scholatic Inc. が作成した子どもたちに砂糖が多く入った飲料を宣伝する SunnyDBook Spree プログラムに対して中止を申し入れた。	・CCFC の2007年の申し入れを受け，Walt Disney 社が乳幼児向けの知育教材的 Baby Einstein Video を過去5年以内に購入した人に返金を申し出た。	・CCFC メンバーが5000通を超えるメールを送付する活動を行い，Scholastic Inc. が学校内で Bratz ブランドのマーケティングを中止することに同意した。	・Brainy Baby と Disney's Baby Einstein が誤った欺瞞的な広告を行っていることを FTC に申し入れ，両社は乳児のための教育ビデオであるとの文言を削除した。 ・Bus Radio が学校区でのマーケティング強化を断念した。	・CCFC が行ったキャンペーンにより，Hasbro 社が6歳の女児向けに発売を予定していた人形 Pussycat Dolls の発売を中止した。	・McDonald's が販売促進のために人気のあるラップミュージシャンの歌詞に Big Mac を入れる計画を取りやめた。

（出典）　CCFC ウェブサイト[6]に基づき作成。

④ Consumers Union（CU）[7]

　1936年以来，商品・サービスのテストを行い，消費者に情報を提供し，消費者保護のために活動している団体である。公平性を保つために広告を受け入れることなく編集される消費者向けの雑誌，"Consumer Reports" を出版し，出版物の売り上げや助成金などによって組織運営を行っている。CU の本部である Consumer Policy Institute はニューヨークにあり，研究活動や教育プロジェクト，政策や規制に対するコメントを通して，消費者利益の促進を図っている。

　1989年には CU は学校内コマーシャリズム（in-school commercialism）についての資料収集，調査・研究を開始した。CU は，①企業により提供された教材やメディアプログラム，②企業によるコンテストやインセンティブ・プログラム，③ Channel One やその他広告関連のメディア，④学校内広告を分析対象とした。[8]

　CU は，学校における商業主義の蔓延についての実態調査書（"Captive Kids Report"）を取りまとめ，①事業者（企業）ならびに事業者団体，②教育界，③保護者，④政府に対して，学校教育を守るために協働することを求めている。[9]

109

⑤ Commercial Alert (CA) / Public Citizen[10]

1971年に創設された商業的文化による子どもからの搾取，家族や地域社会，規範，民主主義の崩壊を防ぐことを目的とする非営利組織である。米国の消費者運動の先導者である Ralph Nader が設立・運営に関わり，教育関係者，雑誌編集者，大学教員が理事，スタッフを務めている。CA の活動領域は，① Culture: アルコールやメディアにおける暴力，テレビ広告，新たな広告手法 (Buzz Marketing, Product Placement) やその他のマーケティング活動があらゆる場面に及ぶのを防ぐ，② Education: 学校において展開されるマーケティング活動（学校内でのファストフードやソフトドリンクの販売，その他 Channel One, BusRadio など。詳細は第5章参照）に反対する，③ Government: 米国政府の政策，州の政策に対して，企業の影響力が増大するのを防ぐ，④ Health: 小児肥満 (Child Obesity) や糖尿病，摂食障害，喫煙による病気など，たばこやアルコール，ファストフード，ソフトドリンクなどの広告やマーケティングに対する規制を求めるといった4つに分類され，多くのプレスリリースや報告書を刊行している。

(2) 調査・研究機関

米国の特徴として注目すべきは，上記の消費者団体と積極的に連携を図りながら，子どもとマーケティングに関して，研究・調査を行う学術組織が存在することである。具体的には，Harvard University の Media Center of the Judge Baker Children's Center や Arizona State University の Commercialism in Education Research Unit (CERU) が2大拠点となっている。

① Media Center of the Judge Baker Children's Center[11]

Judge Baker Children's Center は，1917年に Judge Baker Foundation として設立された。先述の CCFC の本部となっており，子どもや若者たちの抱えた問題の解決に取り組み，子どもやその家族の生活改善に寄与する研究活動を行う非営利組織である。Harvard Medical School, Harvard Graduate

School of Education, Harvard School of Public Health, Harvard Law School, Children's Hospital Boston, The Massachusetts Department of Social Services, Boston Public Schools などの研究機関と連携を図りながら，広告やマーケティングに取り囲まれた子どもの生活についての調査・研究を行っている。

② Commercialism in Education Research Unit（CERU）[12]

CERU は，Arizona State University の教育学部に属する機関，教育政策研究所（Education Policy Studies Laboratory）の一組織である。Alex Molnar 教授により運営され，学校におけるコマーシャリズムに関する調査を行う全米唯一の研究組織である。

上記以外にも，米国には子どもの健全育成といった観点から，子どもの消費生活やマーケティングのあり方を考え，改善を目指して活動する多くの団体が存在している（巻末に参考資料として掲載）。

3　子ども向けマーケティングの新展開：近年の消費者団体の活動を中心に

（1）深刻な健康問題の顕在化

第3章で述べたように，1970年代の消費者運動は子どもに対するマーケティング規制の強化にはいたらず，子どもを主要な顧客としている食品企業は巧妙で大規模なマーケティングを続けて今日にいたっている。例えば，子どもたちに向けられたマーケティング費用は10年ほどの間に，69億ドル（1992年）から150億ドル（2002年）へと増加し，その半分以上が食品や飲料の広告が占めている（Center for Science in the Public Interest, 2003, pp. 8-10）。

こうした状況の下で，子どもたちの健康的な食生活が阻害されているという実態が，大きな社会問題として指摘されるようになってきた（Center for Science in the Public Interest, 2003, pp. 8-10）。例えば，2001年に米国の公衆衛生局

長官（U. S. Surgeon General）が"Call to Action to Prevent and Decrease Overweight and Obesity"を発表，翌年2002年には米国議会が米国医学研究所（Institute of Medicine of the National Academies, IOM）[13]に対し，子どもおよび若者の肥満予防のためのアクションプランの策定を指令した。

米国医学研究所（IOM）は2004年度の調査報告の中で，2002年度における食品および飲料の子ども・若者向けの売り上げは270億ドルを超え，子ども向けのテレビ広告の半分以上がキャンディやファストフード，ソフトドリンクやスナック，シリアルなど，カロリーや脂肪分が高く，食物繊維やその他の必須栄養価が低い食品や飲料の広告となっていることを示した（IOM, 2004）。

また，米国肥満協会の調査は12歳から19歳までの15.5％，5歳から11歳までの子どもの15.3％が肥満であり，最近20年間でその割合は，2倍に増加したという実態を報告している（National Advertising Review Council, 2004, pp. 9-10）。

近年，子どもの健康問題が社会的関心を集める中，製造業・広告業・メディアなどの産業界と消費者団体・政府・学術団体が食品企業による子ども向けのマーケティング，とりわけ子ども向けの広告のあり方をめぐって，活発な議論を行っている。

米国心理学会（APA）の特別チームは，2004年に子どもと広告に関する報告書"Report of the APA task force on Advertising and Children: Psychological Issues in the Increasing Commercialization of Childhood"を提出した。その報告書は，8歳以下の子どもたちは，テレビ広告の説得意図を理解するのに十分な認知的な発達を欠いており，広告の影響を受けやすいことを明らかにし，テレビ広告は子どもを不健康な食習慣へと導いていることを批判している。そして，8歳以下の子どもたちに向けての広告を制限することを提言している（American Psychological Association, 2004）。

米国小児科学会（AAP）は2002年6月，米国の平均的な子どもたちが1日2時間テレビを視聴し，年間2万件以上の脂肪・塩分・糖分の多い食品のテレビ広告をみているとの調査報告を行い（*The New York Times*, 2002），さらに翌年2003年11月には，高脂肪・低栄養価の食品を販売する企業のマーケティングに

対して一律禁止を求めた（*Advertising Age,* 2003）。

　米国医学研究所（IOM）は，2002年に米国議会の要請を受け調査を開始し，2004年9月に"Preventing Childhood Obesity: Health in the Balance"と題した報告書を提出した。2005年12月には，食品関連のマーケティングが子どもや若者の健康にどのような影響を与えるかについてまとめた報告書"Food Marketing to Children and youth: Threat or Opportunity ?"を提出している。その中で，文化や価値観，経済的・物理的・社会的な環境やメディア環境など多くの健康被害の要因を挙げながらも，食品や飲料のマーケティング活動が，子どもの食嗜好や商品選択に影響を与え，子どもの健康被害を引き起こす一つの要因となっていることを指摘している。その上で，産業界には子どもたちの健康被害のリスクを最小化するようなマーケティングや広告のガイドラインを設けることを提言している（IOM, 2012）。

（2）2000年代以降の消費者運動の再燃とマーケティングの変化

　こうした中，消費者団体も政府への提言活動および企業活動への監視を強化している。1970年代から活発な活動を展開してきた Center for Science in the Public Interest（CSPI）は，2003年11月に食品企業の子ども向けマーケティング手法など多くの事例を盛り込んだ報告書"Pestering Parents: How Food Companies Market Obesity to Children"を取りまとめ，2005年1月には"Guidelines for Responsible Food Marketing to Children"を制定している（Center for Science in the Public Interest, 2003; 2005）。

　Consumers Union（CU）は，小児肥満の一要因とされる子どもに対するファストフードや高糖度のソフトドリンクなどのマーケティングおよび学校内での販売中止を求める活動を行っている。"Expel Junk Food from Schools！"（学校からジャンクフードを追放しよう！）は，Tom Harkin 上院議員や Lynn Woolsey 議員が中心となって立法化を目指している Child Nutrition Promotion and School Lunch Protection Act（子どもの栄養促進，学校給食保護法案）への支援を求める手紙を議員に送るキャンペーンである。また，"Stop Covert

Commercials on TV!"(テレビの中の隠れたコマーシャルに反対しよう!)は,視聴者の知る権利を脅かすプロダクト・プレイスメントなどの広告の情報開示をテレビ局に求める内容の手紙をFCCに手紙を送るキャンペーンである。その他,子どもに対して物質主義的な価値観,たばこおよびアルコール中毒などによる健康被害,暴力や反社会的な行動を助長する広告やマーケティング活動を禁止するParents' Bill of Rights(親の権利章典)への支援を求める内容の手紙を議員に送るキャンペーンなどを展開している。

Campaign for a Commercial-Free Childhood (CCFC) は28頁にわたる子ども向けマーケティングに関する小冊子 (*The Facts About Marketing to Kids*) をまとめている。主要テーマは以下のようになっている。[14]

① 子どもに対するマーケティング
② 新しいマーケティング技法
③ 物質主義と家族のストレス
④ 乳幼児や幼児に対するマーケティング
⑤ おもちゃや遊びの商業化
⑥ 食品マーケティングと小児肥満
⑦ 学校内マーケティング
⑧ 子どもに暴力を売りつける
⑨ 子どもに性を売りつける
⑩ マーケティングと理想体型,摂食障害
⑪ アルコールのマーケティングと未成年の飲酒
⑫ たばこのマーケティングと子どもたち

Campaign for a Commercial-Free Childhood (CCFC) は,マーケティング活動の一つである広告が子どもの未熟性や未発達を不当に利用していると批判し,子どもたちは「安全で健康な環境の中で成長する権利」を,親たちが「マーケターに害されない環境の中で子どもを育てる権利」を持つことを主張して

いる。さらに広告主や食品産業は，利益のために子どもから搾取する権利を持たず，子どもに対する責任を果たすべきであるといった点を主張している（CCFC, 2005）。Campaign for a Commercial-Free Childhood（CCFC）は，2005年にCenter for Science in the Public Interest（CSPI）と連携してKellogg's社や子ども向けテレビネットワーク会社（Nickelodeon）などの企業に対し，幼い子ども向けのジャンクフードのマーケティングを止めるよう訴訟を起こした。[15]

こうした中，個々の企業および業界団体の子ども向けマーケティングに戦略転換の動きがみられる。2003年に，Kraft Foods社が企業の社会的責任（CSR）の一環として，学校の食品マーケティングの中止と栄養表示の改善を掲げた新戦略を発表し，ついに2005年1月には，Oreo, Kool-Aidといった低栄養価食品の6歳未満の子ども向け広告の一時中止に踏み切った。[16]さらに，①健康的な製品に特別な表示をつけて販売すること，②6歳から11歳までの子どもたちに人気のあるアニメ番組を含むテレビ，ラジオ，印刷物などでの広告を段階的に中止すること，③2006年度までには，栄養評価基準に適合しない製品群の広告を世界中で廃止すること，を盛り込んだ新たなマーケティング構想を発表した。同社の対応は，消費者団体から高い評価を得る一方で，業界内からは世論の批判に屈するものとして批判の声もあがり，子ども向け広告の規制の動きに対して広告業者の団体や大手食品・飲料企業は，子どもに広告する権利を守る同盟（Alliance for American Advertising）を結成した。[17]

また，McDonald's社も2005年度の世界的な広告テーマを"Balances lifestyle"と定め，ヨーグルトやサラダの販売を強化することを明らかにしている。[18]

一方，連邦取引委員会（FTC）と保健福祉省（Department of Health and Human Services）は，米国医学研究所（IOM）の提言や世論の批判を受け，2005年7月に食品・飲料業界，メディア・広告業界，学術団体，消費者団体などの代表者を集めた大規模なワークショップ"Marketing, Self-Regulation & Childhood Obesity"を開催した。[19]このワークショップには，健康，コミュニケーション，広告，マーケティングなど様々な領域の学者がパネリストとして招かれ，消費

者団体の CSPI, McDonald's 社や General Mills 社, Coca-Cola 社, Kraft Foods 社, Kellogg's 社, PepsiCo 社などの食品・飲料企業, 子ども向け広告を審査する機関である Children's Advertising Review Unit (CARU) や広告業界の代表が発言し, 産業界に対して問題解決に向けたガイドラインの制定を要請した。

1カ月後には, 米国飲料協会 (American Beverage Association, ABA) が, 社会的責任を果たすべく解決策の一つとして, 以下の「学校における飲料販売に関する新たな政策 (New School Vending Policy)」を発表した (ABA, 2005)。

学校における飲料販売に関する新たな政策 (New School Vending Policy)

* 小学校：水と果汁100％ジュースのみ販売。
* 中学校：低カロリーの飲料, 水や果汁100％ジュース, スポーツドリンク, ノーカロリー飲料, 低カロリーのジュースを販売。高カロリーの清涼飲料水や果汁5％未満のジュースを放課後まで販売しない。
* 高校：水や果汁100％ジュース, スポーツドリンクやその他ジュースなど, 多様な飲料の選択機会を提供。

(出典) ABA (2005).

また, 2005年8月には, Campaign for a Commercial-Free Childhood (CCFC) が中心となり, ソフトドリンクのマーケティングに対する規制を求める活動を行った。2006年5月3日には, Coca-Cola 社や PepsiCo 社などを含む飲料企業が Alliance for a Healthier Generation School Beverage Policy を提示し, 3年後にはコカコーラなど糖分の多いソフトドリンクの学校での販売を全面的に停止することを明らかにした。[20]

さらに Walt Disney 社は, McDonald's 社から年間1億ドル (約111億円) を得る10年間も続いたタイアップ契約を, 2006年の夏を最後に打ち切る方針を示した。この背景には, 高カロリー食品の販売と子ども向け映画のプロモーションを連動させることに対するマーケティング批判の高まりがある (『朝日新聞』2006年5月9日)。

こうした動きは食品以外の分野にも波及し，消費者団体は様々な企業や政府への提言を行い，成功を収めている。例えば，2006年5月22日にCampaign for a Commercial-Free Childhood（CCFC）は Dads and Daughters（DADs）と協力して，官能的な歌詞や衣装，ダンスで人気のあるグループの人形Pussycat Dolls（図4-2）を，6歳の女児向けに販売を計画し

図4-2　消費者団体が販売中止を求めた人形

（出典）　CCFC のウェブサイト（http://www.commercialfreechildhood.org/actions/pcd.htm）。

ていた玩具メーカーのHasbro社に対し，販売中止を求める署名活動を行った。こうした署名活動の2日後に，Hasbro社は人形の発売を取り止めることを発表した。

　以上のように，米国では様々な消費者団体が企業や政府機関に対して署名活動を行うなど，積極的な活動を展開している。政府や消費者からの監視強化や規制要求の高まりを背景に，米国の広告業界や製造業者は，企業の社会的責任（CSR）を無視することができなくなっており，「未来の顧客」となる「子どもを育成する」という思惑を持ちながらも，消費者である子どもや親の信頼を裏切ることなく，社会的責任を果たす企業としてのイメージを確立しながら販売するというジレンマの中で，マーケティング戦略の再検討と修正を迫られている。

4　米国の消費者運動が提起する3つの視点

　WHOの報告書が示すように，諸外国においては「子ども消費者」の特性が認識され，子どもを守るために法的規制，ガイドラインが制定されつつある。

また業界が自主規制のルールを整備する動きもみられる。

　先述の事例が示すように，米国では社会問題化している子どもの健康被害をめぐって，公的医療機関，政策立案者，研究・学術団体，産業界が子どもに対するマーケティングについて研究し，家庭での食習慣，学校教育，メディア，食品マーケティングの影響などを多面的に議論している。消費者団体もまた企業行動を監視し，行政に対して支援・規制を要求するなど，子どもをマーケティングから守るための活動を積極的に展開している。

　こうした子どもに対するマーケティングの規制強化の動きは米国のみならず，同様の問題を抱える先進諸国に多くみられるものである。

　例えば英国は，2006年5月に英国教育相が「ジャンクフード規制」を発表し，公立小学校（4歳から11歳）・中等学校（12歳から16歳）でのジャンクフード（カロリーが高く栄養価の低い食品）の販売が禁止されることになった。これにより校内に設置されていたチョコレートやスナック菓子，ソフトドリンクの自動販売機撤収，売店での菓子類の販売禁止，学校給食のメニューからファストフードを排除することが決定された（『日本経済新聞』2006年6月10日付）[21]。

　またオーストラリアのビクトリア州は，子どもの肥満防止に公立の小学校・中学校・高校にある売店や自動販売機でのソフトドリンクの販売，持込みを2006年に禁止した（『朝日新聞』2006年5月2日）。

　フランス政府もまた，肥満人口が1997年以降年平均5％の勢いで増加し，2004年に施行された公衆衛生に関する改正法には，子どもの肥満防止に向けて以下のようなマーケティング規定を盛り込んでいる。①食品の広告に関する措置：全ての広告媒体について砂糖・塩分・合成甘味料を含有する飲料や加工食品の広告を掲載する場合，「健康に関する情報」（「健康のため，甘いものを食べるのは控えましょう」）を合わせて提示することを義務づけている。その義務を果たさない広告主は，全広告・販促額の1.5％相当の額を衛生教育・予防国立研究所に拠出せねばならない，②小中高校の構内における食品や炭酸飲料の自動販売機の設置を禁止する（2005年9月1日施行）（増井，2006）。

　欧米などの先進諸国は「特別な配慮を要する消費者」としての子どもの特性

やマーケティングのあり方をめぐって活発な議論を重ねているが,日本では法的規制,企業の自主規制が十分に整備されずにマーケティングのみが高度化し,子どもは消費者としての知識や自覚も十分に持たないままにマーケティングのターゲットとなり,消費者トラブルに遭遇している。

　今後,子ども向けのマーケティングがいっそう強化される時,子どもに対するマーケティングや市場における子どもの特殊性をどのように志向していくべきか,各国が直面している問題からいくつかの教訓を得ることができる。米国の事例は,子どもの消費者被害が急増している日本にどのような示唆を与えるであろうか。以下の3点をもってまとめとする。

(1) 求められる消費者団体・政府・企業の連携

　米国では過度なマーケティングから子どもを守るために,消費者団体(保護者・教育者・研究者を含む)が企業のマーケティングや行政の施策に対して監視・提言を行い,政府がイニシアチブをとりながら,企業や消費者の異なる利害を調整し,消費者に対する支援行政,事業者に対する規制行政を行っている。また,事業者・産業界も子どもに対して過度なマーケティングを行うことのないよう,自主規制ガイドラインの整備を進めている。消費者団体の積極的な情報収集,発信活動が子ども向けマーケティングに対する世論を形づくり,政策変更・企業のマーケティングの変更・修正につながるなど,政府・事業者・消費者の間に対話と協働がみられ,これこそが米国の消費者運動の原動力になっているといえよう。

　日本においても,子どもの消費者問題の予防や解決,子どもを取り囲む環境改善に向けて,消費者・行政・事業者の相互連携が不可欠であり,それぞれが権利と責任,社会的役割を自覚して「未熟な消費者」としての子どもを擁護する基盤整備を進める必要がある。

(2) 子ども消費者の特性に対する配慮

　WHO (2004) の報告書が示すように,日本の子ども向けテレビ広告に関連

した規制は，メディア発達の状況が日本とは著しく異なるケニアやチリ，ペルー，コロンビア，フィリピンと同程度であるとされている。これは，他の先進諸国が法令によるガイドラインや業界による自主規制，さらには特別制限などを設けるなど消費者としての子どもを守る取り組みを積極的に進めているのと対照をなしている。日本では「未熟な消費者」としての子どもの特性や子どもに対するマーケティングの固有性が，社会的に十分認識されておらず，マーケティング活動を展開する企業にも，「子ども消費者」への配慮の必要性は十分に認識されているとは言い難い。

日本では2004年に消費者保護基本法が消費者基本法として改正・施行され，今まで以上に消費者自身が権利と責任を自覚し，積極的・主体的な消費生活を送ることが求められている。しかし，子どものような社会的弱者，市場における弱者は，消費者としての知識，情報の受信能力も発信能力も十分な発達を遂げていないため，消費者問題の被害者になる可能性が高い。こうしたことから，保護者のみならず，行政，企業を含む社会全体において，発展途上にある子ども消費者の特性が広く認識されねばならない。また学校や家庭における消費者教育の強化をはかり，企業が節度あるマーケティングを行うことが重要である。

（3）消費者の権利と責任の自覚：消費者の積極的な情報受信と発信

米国の消費者団体は，企業のマーケティング活動から子どもを守るために，企業を監視し，行政に規制を要求し，世論を形づくり，企業のマーケティング活動に変更・修正を求めてきた。米国の消費者団体の多くは消費者だけではなく，研究者や学術機関，政策立案者，その他の消費者団体と連携を図りながら活動，組織運営を行っている。多面的な情報収集，科学的な調査・研究を行い，消費者のみならず政府や企業に対しても活発な情報提供・情報発信活動を行っている。こうした力強い消費者運動は，消費者としての権利や責任を自覚したアクティビストたちの主体的な行動，情報を積極的に受信し，発信・連帯する多くの消費者の問題意識に支えられている。大人自身が大量消費社会を生きる消費者としての権利と責任を自覚し，「成長の途上にある子ども消費者」をど

のように支援するかという視点を持つ必要がある。また消費者団体には，子どもたちに対してメディアやマーケティングに対する向き合い方を教え，日ごろから積極的な情報受信・発信を行い，企業活動の監視を行うといった姿勢が求められているといえよう。

注

(1) 米国における子ども関連の活動を行う消費者団体については，巻末資料4を参照されたい。

(2) The Museum of Broadcast Communications のウェブサイト（http://www.museum.tv/archives/etv/A/htmlA/actionforch/actionforch.htm　2016年8月15日アクセス）。

(3) Center for Science in the Public Interest（CSPI）のウェブサイト（http://www.cspinet.org/about/index.html　2016年8月15日アクセス）。

(4) CCFC のウェブサイト（http://commercialfreechildhood.org/　2016年8月15日アクセス）。

(5) CCFC ウェブサイト（http://www.commercialfreechildhood.org/events　2016年8月15日アクセス）。

(6) CCFC ウェブサイト（http://www.commercialfreechildhood.org/ccfc-highlights　2016年9月1日アクセス）。

(7) CU ウェブサイト（http://www.consumersunion.org/aboutcu/about.html　2016年9月1日アクセス）。

(8) CU ウェブサイト（http://www.consumersunion.org/other/captivekids/recommendations.htm　2016年9月1日アクセス）。

(9) 詳しくは CU ウェブサイトの Captive Kids: A Report on Commercial Pressures on Kids at Schools を参照されたい（http://consumersunion.org/news/captive-kids-a-report-on-commercial-pressures-on-kids-at-schools-part-one/　2016年8月15日アクセス）。

(10) Commercial Alert（CA）は2011年に Public Citizen の1プロジェクトとして位置づけられた。CA のウェブサイト（http://www.commercialalert.org/about/　2016年8月5日アクセス）。Public Citizen のウェブサイトによると，2016年9月7日付で Public Citizen は Campaign For A Commercial-Free Childhood（CCFC），Center for Digital Democracy とともに，ソーシャルメディアの一つである Instagram で若者に人気のある有名人（映画スター，テレビのパーソナリテ

ィ，スポーツ選手，ファッションリーダーなど）に自身のアカウントで特定企業の商品（食品・飲料，美容，ファッション，フィットネス関連商品から自動車などあらゆる商品を含む）を紹介・広告していることを問題視し，連邦取引委員会（FTC）に監視強化などの対応を要請する文書を送付したことを発表した。連邦取引委員会（FTC）に送った63頁にわたる資料付きの文書はPublic Citizen ウェブサイト（http://www.citizen.org/documents/Letter-to-FTC-Instagram-Endorsements.pdf　2016年9月15日アクセス）で公表されている。

(11) Media Center of the Judge Baker Children's Center ウェブサイト（http://www.jbcc.harvard.edu/about.htm　2016年8月5日アクセス）。

(12) Commercialism in Education Research Unit のウェブサイト（http://www.asu.edu/educ/epsl/ceru.htm　2016年8月5日アクセス）。

(13) 2016年に米国医学研究所（IOM）は Health and Medicine Division（HMD）へと組織名称を変更した。

(14) CCFC ウェブサイト（http://commercialfreechildhood.org/resources-factsheets　2016年8月15日アクセス）参照。

(15) Campaign for a Commercial-Free Childhood（2005）1月18日付プレスリリースを参照。子ども向けマーケティングのあり方をめぐって訴訟が起こるといった状況は，かつてのたばこやアルコールのような訴訟ラッシュや，政府による規制強化を予想させるものであるといえよう。

(16) 2003年5月には，Kraft Foods 社のクッキー（Oreo）の販売に対する訴訟が起こっている。関連記事は，*Advertising Age*. (2003). "Lawsuit Attacks Oreo Cookies," *Advertising Age*（電子版），May 3, 2003.

(17) 広告業者の団体（American Advertising Federation, American Association of Advertising Agencies, American Beverage Association, Association of National Advertisers），食品・飲料企業ならびに関連団体，放送業者ならびに業界団体（General Mills, Inc., Kraft Foods, Inc., PepsiCo, Grocery Manufacturers Association, National Association of Broadcasters, National Cable & Telecommunications Association, Nickelodeon, Viacom）などのロビーグループによって結成された。詳細は，Alliance for American Advertising ウェブサイト（https://allianceforamericanadvertising.wordpress.com/　2016年9月1日アクセス）を参照されたい。

(18) 2005年1月10日付の *Advertising Age*（電子版記事）"McD's '05 strategy hinges on 'balance'" を参照。

(19) ワークショップの詳細は，下記FTCのウェブサイトを参照した（http://www.ftc.gov-os-2006-05-PerspectivesOnMarketingSelf-Regulation&ChildhoodObesityFT

第4章　子ども向けマーケティングをめぐる消費者運動

CandHHSReportonJointWorkshop.pdf　2006年2月15日アクセス）。
(20)　詳細は下記ウェブサイトに詳しい。Clinton Foundation ウェブサイト（http://www. clintonfoundation. org/050306-nr-cf-hs-hk-usa-pr-healthy-school-beverageguidelines-set-for-united-states-schools.htm　2006年2月15日アクセス）。
(21)　学校からのジャンクフード一掃運動の契機は，ロンドンの若手シェフ，ジェイミー・オリバーが行った給食改善を求める署名活動（27万人以上の親の署名）をブレア首相に提出したことによる。首相は即座に改善を公約し，政府決定にいたった。

第5章

学校内にまで及ぶマーケティング
――「市場」としての学校と「消費者」としての子ども――

1 結びつきを強める学校と企業

　米国では教育予算削減を背景に,公立学校と企業のマーケティング活動の結びつきが強まっている。企業がスポンサーとして財政難に苦しむ学校に支援を行い,それと引き換えに,学校内で自社商品の販売や広告を行う。こうした活動は学校内マーケティング（in-school marketing）と呼ばれるマーケティング技法である。学校内マーケティングは,子どもたちが登下校の際に利用するスクールバス,学校の廊下やカフェテリア,グラウンド,教室内,授業の内容そのものにまで及び,様々な形態で浸透している。子どもたちが1日の大半を過ごすことになる学校内,教室内への商業活動の侵入をめぐっては,1920年代初頭に全米教育協会（National Education Association）がその是非を議論したことがあったが,教育予算の不足が深刻化した1990年以降,再び問題として浮上した。

　近年,公立学校が企業とのつながりを強める一方で,学校が商業的な空間と化している実態が問題視され,子どもたちを直接的かつ強制的なマーケティングのターゲットとすることへの批判が高まっている（Boyles, 1998 ; 2005 ; 2008 ; Consumers Union, 1998 ; Kelley, 1991 ; Molner, 1996 ; 2002 ; 2005 ; Nestle, 2002 ; Norris, 2011 ; Schor, 2004 ; 上杉, 2007 ; 2008）。米国会計検査院（General Accounting Office, GAO）も2000年9月に"Commercial Activities in Schools"と題した報告書を刊行し,学校内マーケティングに関する調査を実施している（GAO, 2000）。日本ではいまだ耳慣れないマーケティング技法であるが,世界保健機関（WHO）も食品・飲料企業が行う学校内マーケティングを調査対象としており,2007年

度の報告書 "Marketing Food to Children: Changes in the Global Regulatory Environment" の中で，以前よりも学校というチャネルで展開されるマーケティングに注意が向けられるようになってきたと述べている（WHO, 2007b, p.51）。食品・飲料企業の子ども向けのマーケティングに関する連邦取引委員会（FTC, 2008）の調査によって，学校内マーケティングは食品・飲料企業のマーケティング費用の全体の11.5％を占め，約1億8600万ドル分が支出されていることが明らかになっている。そのうち90％以上に相当する約1億6900万ドル分が炭酸飲料，ジュースなどの飲料のマーケティング費用となっている。

世界保健機関（WHO）をはじめ，連邦取引委員会（FTC）など，国際機関や政府機関が調査・研究の対象としている学校内マーケティングは米国でどのように実施され，いかなる問題を提起しているのであろうか。

本章では，教育の場として機能する学校をも市場として取り込み，熾烈な競争を繰り広げている米国の食品・飲料企業のマーケティングの実態を具体的な事例によって把握し，学校内マーケティングの現状と課題を解明することを目指す。

以下，第2節で学校内マーケティングの多様な形態について概観する。第3節では，米国で繰り広げられている具体的な学校内マーケティングの事例を検討する。続く第4節で米国の学校内マーケティングが提起している問題について考察する。

2　食品・飲料企業の学校内マーケティング

(1) 子どもに対する直接的なアプローチ

世界保健機関（WHO）や連邦取引委員会（FTC）が調査・研究の対象とし，多くの食品・飲料企業が巨額の費用を投じて行っている学校内マーケティングとは，一体どのようなものか。以下，子ども向けのテレビ広告とならんで批判の対象となりつつも，積極的に実践されている技法としての学校内マーケティングについて概観する（WHO, 2004, p.32）。

第Ⅱ部　食品・飲料企業の子ども向けマーケティングの展開

　学校内マーケティングとは，プレスクール，小学校，中学校，高校などの学校内，すなわち教室や廊下，カフェテリア，校内に設置された自動販売機，学校行事，スポーツイベント，競技場，スクールバスや学校教育プログラム，クラブ，チーム，行事，などに対する寄付や販売契約などを含む学校という場での広告や販促活動を総称するマーケティング技法である（FTC, 2008, p. 24）。米国会計検査院（GAO）は，1990年代に増加した学校内マーケティングについて調査を行い，2000年9月に"Commercial Activities in Schools"と題した報告書を刊行している。報告書は，学校の中でマーケティングが行われるようになった理由として，公立学校の教育予算の不足を指摘している（GAO, 2000）。財政難に直面している多くの学校は，学習に必要な機材や教材を十分に整備，準備することができない。そこで，学校は企業とスポンサー契約を交わし，資金援助やその他の教育支援を頼ることになる。一方，企業にとって教育支援，資金提供の見返りとして得られる「学校」という場でのマーケティング活動は，保護者の目の届かない環境下で，年齢によってセグメント化されている子どもに直接アプローチすることが可能な魅力的なマーケティング・チャネルとなっている。米国の4300万人の子どもが週に5日間通い，1日7時間から9時間もの長い時間を過ごすことになる学校は，企業にとって長らく近づくことを許されなかった場所であったが，今では子どもや10代の若者と接触することができる効率のよいアクセスポイントの一つになっている。また子どもは十分な購買力を持ち，家族の消費にも影響を及ぼし，企業にとって未来の顧客となる可能性もあることから，学校に通う子どもたちとより早い時期に接触を持ち，保護者の監視の行き届かない場所で，直接企業や商品を売り込み，ブランド・ロイヤルティの強い顧客として育成できることの意味は大きい（Consumers Union, 1998; Stark, 2001; Nestle, 2005（邦訳書），p. 229）[1]。

　学校コマーシャリズムに関する研究の第一人者である教育学者のMolner（2005）は，学校が企業のマーケティング活動にとって好都合な場所となる理由を以下のように整理している。

　まず第1に，子どもたちは年齢，性別，地域といった多様な個性を持つセグ

メントを形成するが，学校は子どもの年齢や居住地域によってすでに子どもたちをセグメント化している。

　第2に，子どもたちが1日の大半を過ごすことになる学校は，そこにいることを義務づけられた「囚われの聴衆（captive audience）」を企業に提供する。

　第3に，公的機関としての学校を対象とした活動は，社会的支持や承認を受けやすい，と述べている（Molner, 2005, pp.6-8）。

　教育予算の不足という経済的な理由で取り交わされる企業と学校との契約によって，企業が学校内で広告活動，商品の販売活動の機会を得る。企業が学校への関与を強めると同時に，学校あるいは教室内への侵入を容認せざるをえなくなった学校は，マーケティングの実践の場として機能する。つまり，学校は資金，機材，教材その他の様々な教育支援を企業に求め，企業は資金を提供するという見返りとして子どもへの直接販売，販促活動の機会を得るという相互依存の関係が成立する。学校と企業の双方はそれぞれに異なる思惑と目的を持ち，学校の中でのマーケティング活動は容認されることになる（GAO, 2000, pp.5-6）。

　その結果，子どもたちが朝夕の登下校の際に利用するスクールバスの中では，企業の広告がラジオで流され，学校の廊下やカフェテリアには企業のロゴマークや広告が付いた飲料やスナックなどの自動販売機が設置される。その他，スポーツグラウンドや体育館には企業の広告入りの得点板が掲げられ，学校用のコンピューターのスクリーンセーバーには企業の広告が現れる。教室には企業のロゴマークの入りのポスターが貼られ，企業の作成した教材，教科書カバー，試供品セット，企業のロゴマークが入った学校新聞や行事予定表，成績表が配布される。こうした直接的・間接的なコマーシャル・メッセージが学校内に数多く存在し，子どもの目に触れるようになっている。

　家庭や市場において多様なマーケティング・メッセージに取り囲まれている子どもたちは，登下校の時間も，学校にいる時間も，そして授業の中でさえも，閉じられた空間の中で，不可避的に大量のマーケティング・メッセージにさらされるようになっている。

表5-1 米国会計検査院（GAO）による商業活動の4分類

商業活動	例
①商品販売	・学校内での飲料や食品などの商品販売。 ・現金またはクレジットによるリベート。 ・特定の生徒やクラブ活動のためのキャンディやクッキーの販売などによる資金調達（fundraising）。
②直接的な広告	・学校内または学校施設内の看板や掲示板，スクールバスやシェルターに掲載される広告。 ・テントや伝言板，掲示板など，学校の機材に付けられる企業のロゴやブランド名。 ・ブックカバーや生徒用の本やポスターに付けられる広告，企業のロゴ，ブランド名。 ・学校新聞や学年歴などの学校の刊行物に掲載される広告。 ・Channel Oneやインターネットのサイトに掲載されるメディアを媒体とした広告。 ・食品や個人の衛生関連商品などの無料の試供品。
③間接的な広告	・企業がスポンサーとなった教材，教員研修，コンテスト，寄付金，寄贈品。
④市場調査	・商業活動のための調査や人気投票。 ・商業活動に関連する情報収集のためのインターネットでの調査や人気投票。 ・生徒のインターネット利用の追跡，ウェブ上での個人情報を求める質問に対する反応。

（出典）　GAO（2000），p.8に基づき作成。

（2）学校内マーケティングの形態

　以上のような背景の下に成立する学校内マーケティングは，いかなる形で学校に出現することになるのであろうか。

　米国会計検査院（GAO, 2000）は学校内マーケティングの形態を，①商品販売，②直接的な広告，③間接的な広告，④市場調査といった4つの活動に分類している（表5-1）。

　また，1990年から学校コマーシャリズムを調査・分析し，報告書を刊行しているアリゾナ州立大学の研究組織 Commercialism in Education Research Unit（CERU）は，表5-2のように学校コマーシャリズムを以下8つの活動に分類している（CERU, 2011）[2]。

　米国会計検査院（GAO, 2000）は学校内マーケティングを4つに分類してい

表 5 - 2 Commercialism in Education Research Unit（CERU）による商業活動の 8 分類

商業活動	内 容
①学校行事や活動の支援	企業が学校の行事やコンテストに対するスポンサーとなって資金を提供する代わりに，それらの行事や活動に企業の名前を冠する。
②独占販売契約	学校および学区の中で，自社商品を独占的に販売し，宣伝・広告を行う契約を結ぶ。その見返りとして学校・学区側に契約料，売り上げの数パーセントを支払う。
③報奨プログラムの提供	生徒や保護者，学校関係者がある特定の行為や活動を行った場合に，賞，商品やサービスを学校や学区に提供する。
④学校内の空間占有についての提携	学校の競技の得点板や掲示板，廊下の壁，教科書に企業のロゴを入れたり，広告メッセージを入れるよう資金提供を行う。
⑤企業による教材作成・提供	企業が授業内で使用する教育教材を開発，提供する。
⑥コンピューターを利用したマーケティング	学区や学校と契約し，生徒やその家族に対して直接広告ができる見返りに，企業がコンピューターのプログラムや機材を提供する。
⑦学校の民営化	営利企業が学校経営を行う，あるいは営利団体が授業運営を行う。
⑧資金募金活動	特定の商品についたラベルや特定の商店のレシートを集める活動を通して，学校運営やその他の学校活動のための資金を集める活動やプログラムへの参加を呼びかける。

（出典） CERU（2011）に基づき作成。

るが，教育におけるコマーシャリズム調査ユニット（CERU）は，①学校行事や活動の支援（Sponsorship of Programs and Activities），②独占販売契約（Exclusive Agreements），③報奨プログラムの提供（Incentive Programs），④学校内の空間占有についての提携（Appropriation of Space），⑤企業による教材作成・提供（Sponsored Educational Materials），⑥コンピューターを利用したマーケティング（Electronic Marketing），⑦学校の民営化（Privatization），⑧資金募金活動（Fundraising）の 8 つに分類し，より詳細な活動を分析対象としている。

3 学校内マーケティングの事例

　以上、様々な学校内マーケティングの形態を概観した。米国会計検査院(GAO, 2000)は、学校で最も活発に展開されているのは飲料企業の自動販売機を通したマーケティングであり、食品・飲料企業が学校内マーケティングを積極的に推し進めている点を指摘している。以下、食品・飲料企業による主な学校内マーケティングの事例として、学校内での商品販売、直接的な広告、間接的な広告の具体的な事例を示す。

(1) 学校内での商品販売
①独占販売契約

　学区と契約を交わした単独の飲料企業が、学校内の自動販売機および全ての学校行事などで独占的に商品を販売する権利を得る見返りとして、学区に対して多額の金銭(一時払い金と5年から10年にわたる付加金)を支払うマーケティング技法である(Nestle, 2002)。つまり、財政が逼迫している学区の公立学校の管理者たちが契約を結び、企業からその見返りとして教育活動のための資金(備品購入や課外活動のための施設整備、その他のイベント開催、奨学金など)を受け取る。米国会計検査院(GAO)の報告書によると、およそ200の学区が契約を結び、食品・飲料の独占販売契約が最も急速に広まった学校内マーケティングの技法であり、飲料契約は年間150万ドルにも上る(General Accounting Office, 2000)。小学校の3分の1、中学校の半分、高校の4分の3が、学校内での飲料の独占販売契約を結んでおり、92％に上る学校が販売額に応じて収入を得て、約40％の学校が目標販売額に達すると報奨金や機材の寄贈といった何らかのインセンティブを企業から受け取っている(Story & French, 2004)。

　この結果、学校内に設置された自動販売機、カップ、スポーツウエア、パンフレット、学校の建物にいたるあらゆるものに企業のロゴマークが付されることになり、子どもたちは絶えず特定の商品や企業の広告を目にするようになっ

第5章 学校内にまで及ぶマーケティング

図5-1 学校に設置された広告付き自動販売機

(出典) Center for Science in the Public Interest(CSPI) and Public Health Advocacy Institute (2006), p.13.[4]

たのである（図5-1）。

② 問題点

こうした学校内での飲料の独占販売契約をめぐっては，糖分の過剰摂取による子どもの健康被害が問題視され，2006年5月にCoca-Cola社やPepsi Co.社などの飲料企業が"Alliance for a Healthier generation School Beverage Policy"を発表し，学校内では糖分が多く，カロリーの高いソーダなどの商品販売を全面的に中止し，自動販売機を学校内から撤去し，水やフルーツジュース，低脂肪乳など自主基準に合った商品だけを販売するようになっている (*TIME*, 2006)（図5-2）。

(2) 直接的な広告

① Channel One（チャンネル・ワン）[5]：教室内でのコマーシャルを含むニュース番組の放送

Nestle（2005, 邦訳書, pp.230-233）によれば，学校生活へのコマーシャリズムの侵入のうち，導入当初から今日にいたるまで最も多くの批判を受けてきたのが，Whittle Communications Network社が，1989年に開始したChannel One（チャンネル・ワン）のサービスである。具体的には，Channel One News

第Ⅱ部　食品・飲料企業の子ども向けマーケティングの展開

図5-2　学校内での飲料のマーケティングに関する調査報告書の表紙

（出典）　Center for Science in the Public Interest (CSPI) and Public Health Advocacy Institute (2006), p.13.

と呼ばれる12分間のニュース番組を教室内で放送するサービスで，その番組の中には2分間のコマーシャルが含まれている。学校のある日の90％に，80％の生徒が番組を視聴する契約を交わした学校には，パラボラアンテナやVCR，ケーブルネットワーク，教室設置用のテレビ（23人につき1台提供）などの機材（合計1万7000ドル相当）が無償で提供される。1990年に本格的に放送サービスが開始され，全米1万2000校（計35万クラス）で，およそ830万人が毎日視聴するまでに成長した。教室内の機材の無償提供という恩恵を受けることができるが，教室という特性上，子どもたちはチャンネルを変えたり，その場から出ていったり，テレビを消したりすることができず，「囚われの聴衆（captive audience）」となる。Brand & Greenberg（1994）の行った調査は，1カ月間にチ

ンネル・ワンで放映された45の食品のコマーシャルのうち約70％がファストフードや飲料，スナックやキャンディであり，チャンネル・ワンを教室で視聴している高校生は，視聴していない高校生に比べ，宣伝されている商品に対して好意的な態度を持ち，購入意向を持っていることを明らかにしている（Story& French, 2004）。導入当初より，営利活動が公然と学校内に侵入し，本来の授業時間（年間31時間）が無駄にされることに対する批判は根強い。青少年の肥満が危機的状況にあるにもかかわらず，公立学校で子どもたちに糖分を過剰に含む飲料や菓子や勧めるものとして批判されている（*The New York Times*, 1999）(6)（図5-2）。

また，Stark（2001, p.64）は，生徒1人あたりの年間教育予算が2599ドル以下の学校（財政難の学校）では，10校のうち6校がチャンネル・ワンを導入しているのに対し，6000ドル以上の学校は10校のうち1校のみの導入にとどまるという研究を紹介している。つまり，教育のための予算を十分に確保できない貧しい学校は教室内のテレビやパラボラアンテナを手に入れるために，チャンネル・ワンを採用せざるをえない状況がある。

GAO（2000）は，チャンネル・ワンをめぐる賛成・反対の意見を以下のように整理している。

チャンネル・ワンが批判される主な理由は，①2分間のコマーシャルが教室での時間を奪い，「囚われの聴衆」となる生徒たちよりも優位に立つ点，②学校内でコマーシャルをみせることにより，その商品に信用・信頼を与えることになる点，③サービスそのものが，教室や教育を市場化・商品化する点，④学校側は番組やコマーシャル内容にいかなるコントロールもできない点にある。

一方においてチャンネル・ワンが支持される主な理由は，①生徒たちが触れることの少ない最新のニュースや生徒たちに関連するニュースが提供される点，②生徒たちがメディア・リテラシーを身に付けられる点，③資金不足の状態にある学校にとっては，無償で必要な機材を手に入れられる点にある（p.17）。

消費者団体であるConsumers Unionは，マーケターではなく，教育者こそが学校の授業をコントロールすべきで，公教育は広告主に生徒たちを売り渡す

ことによってではなく，公的な資金によって運営されるべきだと述べている（Consumers Union, 1998）。

② BusRadio：スクールバス内での広告を含むラジオ番組の放送

BusRadio は，2004年設立のマサチューセッツ州（Needham, Massachusetts）に拠点を置くメディア企業が始めたサービスである。公立学校の登下校に使われるスクールバスの中で 6 歳から18歳向けのコマーシャルを含むラジオ放送（音楽，コマーシャルなどによって構成される番組）を提供する。学校がある平日に毎日放送され，米国全土に100万人のリスナーとなる子どもたちを抱え，24の州，170の学区，8500台以上のバスで採用された（FCC, 2009）。小学校向け（6歳から11歳対象），中学校向け（12歳から14歳対象），高校向け（15歳から18歳対象）の 3 つの年齢に応じた 8 時間の番組として編成されており，平均すると 1 時間あたり 4 分間の公共放送や安全に関するメッセージ，4 分から 8 分間のコマーシャル・メッセージを含んでいた。GPS や緊急時の安全などを守る機材も搭載され，それを支払うだけの十分な資金を持たない学校では歓迎されたサービスであった。しかし，登下校のバスの中という出入りの自由を奪われた「囚われの聴衆」である子どもたちは，好むと好まざるとにかかわらず，番組を強制的に視聴せねばならない点（スクールバスという空間の特性上，広告の間もその場にいなくてはならず，チャンネルを自由に変えることができない点）や親のいない場所でマーケティング・メッセージを視聴することになる点，番組内容が必ずしも年齢に適合していない点，暴力的なビデオゲームや10代の性行為や飲酒を強調するようなテレビ番組のコマーシャルが登場する点や，自社ウェブサイトへと誘導する点が問題視されていた。BusRadio は，放送される歌や内容についての不適切さ（①暴力，②犯罪行為，③ギャング活動，④銃やその他の武器，⑤無礼さ，⑥ドラッグや飲酒，喫煙など，⑦人種的，宗教的，性的な中傷，その他偏見を助長する要素のあるもの，⑧性的描写など）を検討するためのガイドライン（"BusRadio's Content Guidelines"）や検討委員会も設置していた。しかしながら，2007年に子どもを商業活動から守る運動を行う消費者団体である Campaign for a

Commercial-Free Childhood (CCFC), National Parent Teacher Association (NPTA), Commercial Alert などの1000人以上のメンバーが，BusRadio についての報告書とコメントを学校に提出する運動を行い，正式に連邦通信委員会 (FCC) に BusRadio についての調査を求めた。連邦通信委員会 (FCC) は，2009年9月8日に調査報告書 "Commercial Proposals for Distributing Radio or Television Programs for Reception On Board School Buses" を提出した (FCC, 2009)。その結果，2009年9月28日に BusRadio はサービス中止を発表した。
(7)

③ Cover Concepts：教科書カバーや試供品の無料配布
Cover Concepts Marketing Services, Inc.(8) は1989年から学校で使用する本のブックカバーに広告を掲載して無料で配布している (McDonald's, Pepsi Co., Frito Lay, General Mills, Hershey, Keebler, Kellogg's, M&M's, Mars, Kraft/Nabisco, Wrigley などの広告)。国内4万3000校の公立学校，3000万人の小学生，中学生，高校生に無料で配布している。ブックカバーの他，ステッカーやカレンダー，ロッカー用シールも用意され，教室内での試供品配布のプログラム "Grab Bag Sampling Program" も展開している。

④ ZapMe!(9)：広告付きコンピューター関連機材の整備
ZapMe! は，1998年に開始された学校向けのコンピューター設置サービスである。契約を結んだ中学校や高校のコンピュータールームに15台のコンピューター，高速インターネット接続機器，プリンターを設置する。それぞれのコンピューターには，ソフトウエアが組み込まれており，およそ1万2000の教育関連ウェブサイトにアクセスすることができるが，それと引き換えにスクリーンには広告が表示され，コンピューター機材を手に入れるためには1日平均4時間程度，ZapMe!のコンピューターを使用することが求められる。校内に無料のコンピュータールームが整備される代わりに，利用時に目につくバナー広告を流し，子どものネットサーフィンを追跡するための情報収集を行うことがで

きる。2000年半ばには，45州の2300校でサービスが利用され，200万人の生徒たちがインターネットを利用した（*Forbes*, 2000）。ZapMe！のサービスをめぐっては，学校で広告をみせられる点などチャンネル・ワンと同様の問題点が指摘される他，年齢・性別・学校の郵便番号など，生徒たちのインターネット利用について追跡・集計することができる点など，サービスに含まれる広告や生徒たちのプライバシーの問題が批判，議論されてきた。

⑤ その他の配布物：成績表に付けられた広告

フロリダ州の学校ではMcDonald's社の広告が付いた成績表（成績，行動，出席状況がよい子どもに対して無料で子ども向けの玩具付きメニューであるHappy Mealを提供することが書かれている）が，それぞれの家に送られた（図5-3）。2008年に2000人の消費者団体のメンバーや保護者からの抗議を受け，この広告付き成績表は終了した。[10]

(3) 間接的な広告

① 報奨プログラム

ピザを販売するPizza Hutが提供するプログラムBOOK IT！は，幼稚園児から12歳までを対象とした読書推奨プログラムである。[11]1985年に創設され，25年以上にわたり総計1000万人の子どもたちが参加した。プログラムは5カ月にわたって続き，教師が生徒たちに月ごとの読書目標を設定し，その間は目標達成に向けて教師のみならず保護者も，子どもたちの読書を奨励し，モニターすることになる。月間読書目標を達成すると，生徒たちは地域のPizza Hutの店舗で利用可能なピザの無料引換券を手に入れることができる（図5-4）。子どもは無料であるが，実際には子どもと同行する家族もピザを別途注文することになるので，このプログラムは直接的・間接的にピザの売り上げに貢献することになる。またプログラムに参加するクラスの全員が5カ月間，読書目標を達成すると，Pizza Hutの関連企業であるPepsiの飲料付きのピザパーティを開催することができる。このプログラムは，Ronald Reagan大統領やGeorge

第5章 学校内にまで及ぶマーケティング

図5-3 成績表に付けられた広告

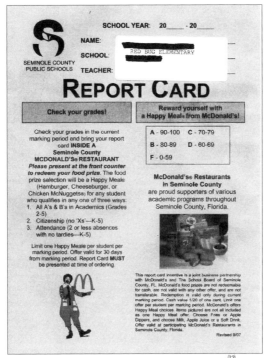

（出典）Campaign for a Commercial-Free Childhood（CCFC）。[12]

Bush大統領の支持を得るなど，高い評価を受けながら参加者を増やし，大成功を収めてきた（Kelley, 1991）。

その他，類似のプログラムには，BOOK IT！のプログラムで成功をおさめたPizza Hutが新たに始めたR.E.D（Read Every Day）と呼ばれる読書推奨プログラムがある。このプログラムには2011年秋までに9万2889人の子どもたちが参加した。就学前の子どもを対象とした読書スキルを高めるプログラムで，毎日20分間の読書を推奨している。[13]

また，ピザを販売するDomino's社もピザを買ったレシートをフランチャイズ店に送ると，集められたレシートと引換えに学校に本を送るというプログラムを展開している（Stark, 2001）。McDonald's社もまた，ある一定の読書をし

図5-4 学校内マーケティング（報奨プログラム）

（出典）Upstream Public Health.[14]

た小学校の生徒にハンバーガーのクーポンを与えるという読書推奨プログラム All-American Reading Challenge を用意している[15]。

　また，別の食品企業である Campbell's 社と General Mills 社は，商品に付いているラベルを集めて，学校で利用する備品や機材と引き換えるプログラムのスポンサーとなっている。例えば，300ドルのデジタルビデオカメラを手に入れるために，Campbell's ブランドのスープを2万7850缶分（3万3000ドル分に相当）も購入せねばならず，わずか1本の色鉛筆を手に入れるために，26ドル分のスープを購入せねばならない仕組みになっていることから，批判されることも多いプログラムである（Consumers Union, 1998; Center for Science in the Public Interest, 2007）。

② 教材提供（栄養教育，科学，算数など）
　多くの食品・飲料企業が，無料もしくは廉価で学習教材（マルチメディア，ビデオ，ソフトウエア，本，ポスター，ワークブックなど），学習プログラムを開発し，学校に提供している。その一つに，1万2000校の小学校で実施されたスパゲティのソースのブランドである Prego の学習プログラム，Prego Thickness

Experimentがある。Pregoブランドのスパゲティソースを販売しているCampbell's社は，自社ブランドのスパゲティのソースは，Unilever社のブランド（RAGU）よりも濃いことを調べさせる（すなわち，2社のソースを比較させ，自社の優位性を強調する）「科学実験」プログラムを開発・提供し，ポスターや無料の商品引き換えクーポンを配布している。こうした企業が提供する教材やプログラムは教員に歓迎されるが，他社商品との比較をさせる中で自社商品の優位性を過度に強調し，プログラム自体に広告・宣伝メッセージを含んでいること，内容に偏りがあることが問題視されている（Consumers Union, 1998; 上杉, 2007)。こうした批判は他の教材やプログラムにも向けられ，2011年8月には企業の学校用教材を多く手掛ける出版社であるScholatic社は，教材の内容に対する批判を受け，学校用教材の開発の再検討を始めた（*The New York Times,* 2011)。

4　学校内マーケティングの抱える課題

　以上，米国の学校内マーケティングの形態と具体的な事例を整理した結果，米国では多様な方法で企業が学校教育の場で様々なマーケティングを展開していることが明らかになった。さらに，企業の学校への関与が深まる中，その内容も企業による教育支援活動という枠を超え，子どもへの直接的・間接的なマーケティング活動としての特徴を帯びてきている。米国の学校内マーケティングは，教育財源の不足に苦しむ学校側の事情と子どもを直接・間接的にターゲットとする食品・飲料企業の思惑が相互に絡み合いながら展開されている。学校側には企業を招き入れ，資金・支援を得ることなしに十分な学習環境を整備できないという厳しい事情があり，企業から学校に提供される資金や支援は新たな収入源となっている。また，企業は教育支援，学校内での独占販売契約や宣伝・広告という形で学校にまでマーケティングの活動範囲を広げ，学校・教室という場で子どもに対して直接的あるいは間接的にマーケティング活動を行っている。つまり，企業にとって学校は顧客としての子どもにアクセスするた

めの最適なチャネル，ブランド・ロイヤルティを獲得・育成・強化するための市場としての役割を担うようになっている。米国では，公立学校が教育財源の獲得の道を企業による資金提供，教育活動支援に求めた結果，学校内マーケティングが実に多様な形で教室内外に出現していることが明らかになった。子どもは学校以外の空間，時間はいうまでもなく，学校への登下校の間も，学校にいる間も，全方位のマーケティング活動に取り囲まれるようになっている。1990年代以降に増加した学校内マーケティングは多くの問題点を内包しながらも，確実に一つのマーケティング技法として定着している。学校や企業のそれぞれの事情と思惑とは別に，子どもが直接的・間接的なマーケティング活動のターゲットとなっている現状を踏まえて，米国の学校内マーケティングの実態が提起する課題を3つの視点で捉えることができる。

　第1は，教員，保護者に求められる学校内マーケティングに対する理解と批判的な検討の必要性である。米国では，教員や保護者の間に根強い学校内マーケティングに対する批判が存在している。その批判や監視が米国会計検査院（GAO）や連邦取引委員会（FTC）などの政府関連機関の調査・研究につながり，学校内マーケティングの暴走に対する抑止力として機能している。企業のロゴマークが入った成績表の事例にもあった通り，実際にこうした批判が学校内マーケティングの修正・中止につながることもある。

　第2は，学校内マーケティングについての規制，ガイドラインの必要性である。

　WHO（2010）も学校のような子どもが集まる場においては，飽和脂肪，トランス脂肪酸，脂肪分，砂糖や塩分を多く含む食品のいかなるマーケティングも行うべきではないと勧告している（WHO, 2010, p.9）。GAO（2000）も，学校内マーケティングの規制対象となるマーケティング手法は様々ではあるが，学校内マーケティングに対して何らかの政策，規制を行う州も存在していることを指摘し，法律制定を推奨している。

　州などによる規制とは別に，事業者団体が定めるガイドラインも重要な意味を持っている。[17]1989年には企業がスポンサーとなって提供する教材について，

Society of Consumer Affairs Professionals in Business (SOCAP) が中心となって，教材の内容の正確さや客観性，言い回し，スポンサー名やロゴマークの取り扱いなどについて規定する "Guidelines for Business-Sponsored Materials" を制定し，同年には International Organization of Consumers Unions (IOCU)：(現 Consumers International [CI]) が "Code of Good Practice and Guidelines for Controlling Business Sponsored Educational Materials Used in Schools" を制定している (Consumers Union, 1998)。ただし，こうしたガイドラインは，企業が遵守してこそ初めて意味があるため，その点からもたえず検証が求められる。

第3には，子どもに向けられたマーケティングの意図を子ども自身が自衛のために理解する力を身につける消費者教育の必要性である。

Consumers Union は，①学校を商業的な影響やプレッシャーのない状態で学ぶことができる広告のない場所 (ad-free zones) とすること，②未熟な子どもをターゲットとするプロモーション活動は大人向けの基準よりもより厳密なものとすること，③子どもに向けられたコマーシャル・メッセージの特性について子どもたちに教えることを提言している (Consumers Union, 1998)。

学校内に企業を招き入れた米国では，公立学校内での商品販売や広告，企業がスポンサーとなった教材頒布が積極的に展開されてきた。しかしながら，一方で学校を企業に開放することと引き換えに企業のコマーシャル・メッセージが流れ込み，公教育機関である学校が商品宣伝，マーケティング活動の場となることに対する批判や警戒心もまた根強く存在してきた。企業による教育活動を学校コマーシャリズム (school commercialism) と呼んで警戒する団体やそうした団体からの批判が常に存在し，企業のマーケティング活動を監視し，本来の学習空間としての学校を取り戻そうという運動や議論が今日にいたるまで活発に繰り広げられている (Boyles, 2008; Molner, 2009; Nestle, 2002)。また近年では，企業側にも，学校内にまで拡張した市場競争，過度な子ども向けマーケティング活動を企業の社会的責任 (CSR) の観点から見直そうとする新たな動きが出てきている。WHO などの国際機関や FTC や GAO などの米国の政府機

関が調査・研究対象とし，米国の食品・飲料企業が見出した新たなチャネルとしての学校でのマーケティングの展開とその動向は，日本に重要な示唆を与えている。企業の学校教育支援活動は，学校といういわば強力な舞台装置を利用した「未来の顧客」を育成する，あるいは子どもに早い時期からアプローチするという明確な意図を持った広報・販促活動として戦略的に位置づけられるものだといえよう。

注
(1) 2005年の調査によると，12歳未満の子どもは180億ドルに相当する購買力を有する存在である。10代の若者は1250億ドル分の消費を行い，そのうちの14〜15%（175億ドル分に相当）を食品購入に費やしている（Molner, 2009）。
(2) CERU の中心的な研究者である Molner は学校内の商業的な活動を，①Selling to Schools（学校に対する販売：自動販売機など），②Selling in Schools（学校内での販売：広告や広報など），③Selling of Schools（学校の販売：学校の民営化）といった3つの形態に分類している（Molner, 2005, p.7）。
(3) 53校を抱えるコロラドの学区では，Coca-Cola 社と10年間で800万ドルの契約を結び，他社の自動販売機を撤去し，売上げが目標を上回った時には，現金のボーナスを提供すること，皆勤で成績優秀な1人の高校3年生に新車を与えるという条項を含んでいた（Nestle，邦訳書，2005，pp.247-248）。

   2000年末にはカリフォルニア州，テネシー州，ウィスコンシン州などの30以上の学区が飲料独占契約を拒否するようになっている（Nestle，邦訳書，2005，p.262）。

   Nestle は，このマーケティング技法について「学校予算の目先の問題は解決するかもしれないが，その社会的なコストは高い。とりわけ，そうした契約が，公教育のために連邦，州，地方の十分な資金を確保しようとする努力を損なう点が大きな問題である。つまり，こうした契約は，子どもたちに対する商業主義の圧力全般に国民がもっと注意を向け，学校職員，議員，健康の専門家，国民がそうした圧力についてもっと批判的な目でじっくりと検討する必要があるということを示している」（邦訳書，p.264）と述べている。
(4) Center for Science in the Public Interest and Public Health Advocacy Institute. (2006). "Raw Deal: School Beverage Contracts Less Lucrative than They Seem," pp.1-19.（https://cspinet.org/beveragecontracts.pdf　2016年9月10日アクセス）

   1990年代半ばから広まった飲料企業と学校との契約について16州の120校を分析

対象としてまとめられた報告書である。学校・学区によって違いはあるものの，飲料企業との契約によって学校側は平均して生徒1人あたり年間18ドル分の収入を手に入れる。しかしながら実際には学校内での飲料売り上げの多く（平均すると67％）が企業側にわたっている。つまり，学校側が33セントを手に入れるため，子どもたち（とその親）は1ドルの飲料を購入せねばならない仕組みであり，学校との独占的な契約によって企業は競争のない環境でマーケティングを行い，子どもたちのブランド・ロイヤルティを強化することに成功している企業にとって有利な契約となっていることが明らかにされている。

(5) Channel One ウェブサイト（http://www.channelone.com/ 2011年11月15日アクセス）。

(6) 詳しくは，Hays, C. L. (1999). "Channel One's mixed grades in schools," *The New York Times*, December 5: C1, C14, C15. を参照されたい。

(7) Campaign for a Commercial-Free Childhood ウェブサイト（プレスリリース）（http://www.commercialfreechildhood.org/pressreleases/busradiosongisover.html/ 2011年11月1日アクセス）。

(8) Cover Concepts Marketing Services, Inc. ウェブサイト（http://www.coverconcepts.com/index.php 2011年11月1日アクセス）。

(9) 米国会計検査院（GAO）の資料（GAO, 2000, p. 27）に基づいて記述。

(10) CCFC のウェブサイト（プレスリリース：January 17, 2008）。Ronald McDonald Report Card Ads Expelled from Seminole County: CCFC Campaign Ends Controversial In-School Marketing Program.（http://www.commercialfreechildhood.org/pressreleases/ronaldmcdonald.htm 2016年8月10日アクセス）。

(11) Pizza Hut のウェブサイト（http://www.bookitprogram.com/default.asp 2011年11月1日アクセス）。

(12) Campaign for a Commercial-Free Childhood (CCFC) ウェブサイト（http://www.commercialfreechildhood.org/pressreleases/ronaldmcdonald.htm 2011年11月1日アクセス）。

(13) Pizza Hut ウェブサイト（http://www.bookitprogram.com/REDzone/default.asp 2011年11月15日アクセス）。

(14) Molner, A. & Boninger, F. (2015). "Schools Raise Little Money for Selling Out Students to Marketers."（http://www.momsrising.org/blog/schools-raise-little-money-for-selling-out-students-to-marketers 2016年8月10日アクセス）。

(15) McDonald's ウェブサイト（http://mcdonaldsallamericanreadingchallenge.com/ 2011年11月15日アクセス）。

(16) 1993年以降，Consumers Union は企業が提供する200以上の教材について調査・

評価を行っている。

　教材分析の際，Consumers International（前 International Organization of Consumers Unions, IOCU）のガイドライン，Society of Consumer Affairs Professionals in Business（SOCAP）のガイドラインに基づく評価を行っている。

(17)　小学校，中学校，高校の学校内での食品・飲料の販売規制についての州ごとの法律や規制が2005年以降，相次いで施行されている。具体的な規制については，WHO（2007b）の p.72 を参照されたい。

第6章
子ども向けマーケティングのグローバル展開
――問われる米国食品・飲料企業の社会的責任――

1 食品・飲料企業のグローバル・マーケティングと問題の拡散

(1) 食品・飲料企業のグローバル・マーケティングの展開

　本章の目的は，子どもをターゲットにした食品・飲料企業のマーケティングがグローバル化の動向の中でどのように進展してきたのか，そして子どもの食をめぐる消費にどのような問題が発生して何が議論されているのかを，2000年以降の国際的な食品・飲料企業の子ども向けマーケティングと規制をめぐる動向を大規模に調査している世界保健機関（WHO）の報告書などを用いて，以下の3つの角度から解明することにある。

　第1に，食のグローバリゼーションのいわば発信源ともいうべき米国において，子どもの食の問題とそのマーケティングのあり方がどのように議論されているのかを検討する。第2に，米国の食品・飲料企業のグローバル展開と子ども向けマーケティング戦略の現状を解明し，世界各国で引き起こされている子どもの食とマーケティングに関する問題を検討する。そして第3に，食品・飲料企業の社会的責任の問題として，子どもの食のグローバリゼーションをめぐり，現在いかなるマーケティング原則が提起され，「特別な配慮を要する特別な集団（a special group in need of special consideration）」（WHO, 2004, p. iii）としての子どもへの配慮がどのように志向されているのかを分析する。

(2) 国境を越えるマーケティングと拡散する問題

　市場競争の激化，国内需要の飽和にともない，多くの企業が新たな市場を求

めて海外に販路を求めてきた。Levitt（1983）は，市場の同質化を指摘し，世界を一つの市場としてみなし，同一製品を同一の方法で販売すること，すなわち標準化されたマーケティングの有効性を主張した。

食品・飲料企業のマーケティングにおいても，メニューや販売方法などの部分的な現地適応化（localization/adaptation）が図られてはいるが，標準化を志向したマーケティングが広く展開されている[1]。Coca-Cola 社や McDonald's 社などをはじめとするファストフードや飲料は今や先進国，新興国を問わず，食文化の違いを超えて世界中の消費者に受容され，消費生活（食生活），消費文化（食文化）の世界的な同質化，均質化をもたらすにいたっている[2]。こうした食品・飲料企業の強力なグローバル・マーケティングの展開は，McDonaldization，Coca-Colonization などと呼ばれ，各国の消費文化に大きな影響を及ぼすものとなっている[3]。

しかし，WHO（2004）の報告書，"Marketing Food to Children: the Global Regulatory Environment" の中で「近年，子ども向け食品のマーケティングは，世界中で多くの活発な議論の焦点となってきている」（p.1）と述べられているように，近年食品・飲料企業のマーケティング，とりわけ子どもに対するマーケティングは世界中で様々な議論を呼び起こしている。それは，先進国・新興国を問わず深刻化している子どもたちの健康状況の悪化と食品・飲料企業の子ども向けマーケティングとの関連が指摘されはじめていることに起因する（WHO, 2002; 2004）。

2　国境を越える子ども向けマーケティング

（1）80年代以降の急激なグローバル展開

米国において子ども向けに食品・飲料を販売する企業は，先の章で取り上げた消費者団体や学術団体の批判や政府による規制の検討といった国内市場での問題に直面しながらも，1980年以降，強力なグローバル・マーケティングを推進し，活発な新市場開拓を進めてきた。以下，WHO の2002年の報告書，

第**6**章　子ども向けマーケティングのグローバル展開

図6-1　McDonald's 社の出店（地域別）：1991年，2001年

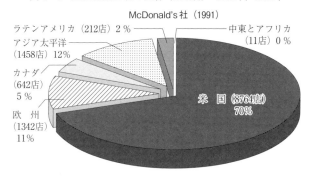

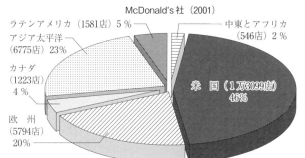

（出典）　WHO（2002），Hawkes, p.4. に基づき作成。

"Globalization, Diets and Noncommunicable Disease" などの資料に基づき，その動向を検討する。[(4)]

米国のファストフード企業の最大手 McDonald's 社の場合，1991年から2001年までの10年間に販売国を59カ国から121カ国へと2倍に増やし，米国以外の国々での店舗数を3665店から1万5919店へと4倍に増加させた。[(5)] 欧州で2倍，アジア太平洋で2倍，ラテンアメリカで3倍，中東とアフリカにいたっては19倍もの増加を遂げている。その結果，1990年代から2000年代にかけて，米国以外の売上げ比率は30％から55％へと急拡大した（図6-1）。

KFC や Pizza Hut を展開する Yum! Brands も，1992年の海外の店舗数を5520店から，2001年にはその2倍の1万688店へと増加させた。100カ国以上に進出し，海外市場からの売り上げ比率を30％から45％へと増大させている（図

第Ⅱ部　食品・飲料企業の子ども向けマーケティングの展開

図6-2　Yum! Brands（KFC と Pizza Hut）の出店
　　　　（地域別）：1992年，2001年

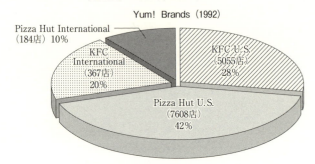

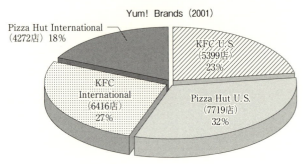

（出典）　WHO（2002），Hawkes, p.4に基づき作成。

6-2）。

　米国の飲料メーカーもまた，グローバルな市場拡大を果たしてきた。Coca-Cola 社の海外での販売は，1930年には28カ国にすぎなかったが，2000年には200カ国にのぼり，230もの多様な製品を販売するようになった。中でも，1980年から1990年代にかけての市場拡大は顕著であり，その結果2001年には，売り上げの70％が米国外からのものとなっている（WHO, 2002, Hawkes, p.1）。特に，ラテンアメリカが米国とほぼ同様の売り上げを示していること，アジア・アフリカでの売り上げが20％以上を占めていることが注目される。Coca-Cola 社に次いで業界第2位の PepsiCo 社の売り上げの42％もまた，米国以外の市場からのものとなっている（図6-3）。

図6-3 Coca-Cola 社と PepsiCo 社の海外における売上高

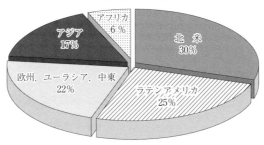

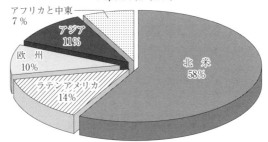

(出典) WHO（2002），Hawkes, p.3 に基づき作成。

（2）強力なマーケティング戦略と多発するコンフリクト

　こうした食品企業のグローバルな展開は，いかなる戦略によって推し進められてきたのか。そしてそれらは，いかなる問題を引き起こしてきたのか。

　以下，WHO（2002；2004）の報告書等を手がかりに検討を進める。例えば，WHO（2002, Hawkes, p.35）によると，子どもと若者向けに食品・飲料（主にソフトドリンクとファストフード）を販売する企業のグローバル・マーケティングの戦略として，下記のような世界共通の戦略が挙げられている。

①場　所
- 販売拠点を増やすことによって，学校や教育センターなどでソフトドリンクを入手しやすくする。
- 映画館やカフェ，クラブなど10代の若者が行きそうな場所でソフトドリンクを入

手しやすくする。
② 価格とパッケージ
- 若者に訴求するようなパッケージや価格でソフトドリンクを販売する。
③ 製品拡張
- 8歳未満の子どもを中心に，幼い子どもにロイヤルティを刷り込むための手段として無料の玩具を"Kids Meal"として販売する。
- 幼い子どもに向けた特別のメニューを販売する。
- 10代の若者やその他の若年層に向けて刺激的な消費としてメニューを紹介し，位置づける。
④ プロモーション
- 子どものためのふさわしい活動と合わせて豪華なイベントを演出する。
- レストランに子どもをひきつけるために"子どもに親しみやすい"プロモーション用の人形（キャラクター）を利用する。
- 幼い子どもやアニメーション，見栄えのよい若者，子どもや10代の若者に人気のある有名人をテレビ広告に登場させる。
- 幼い子どもの保護者たちをターゲットとするために，ファストフードの広告で家族的な雰囲気を描く。
- 性的魅力，魔法，興奮，犯行，ロマンスといった要素をソフトドリンクの広告の中で描く。
- 幼い子どもには玩具を集めさせること，10代の若者には音楽プレーヤーや休暇に関連する賞がもらえることに照準を合わせたセールス・プロモーションを展開する。
- 子どもが特別なプロモーション値引きを利用できるように"Kids Clubs（キッズ・クラブ：子ども専用の会員クラブ）"を創設する。
- 10代の若者に人気のあるゲームができるウェブサイトやプロモーション，賞品がついたウェブサイトをデザインする。
⑤ 広　報
- ファストフードの店内で10代の若者に人気のコンピューターゲームができるようにインターネットのアクセス環境を整備する。
- ファストフードの店内で子どもたちが遊べるエリアをつくる。
- ファストフードの店内で誕生パーティができるようにする。
- 幼い子どもを想定した家具などを配したファストフードの店舗をデザインする。
- ファストフードの店内に子どもに話しかけたり，賞品をあげたりする店員を配置する。

第❻章　子ども向けマーケティングのグローバル展開

- 子どもや10代の若者向けのテレビ番組のスポンサーになる。
- 子どもや10代の若者に人気のある映画とタイアップする。
- 10代の若者やその他の若者層に人気のあるスポーツのスポンサーになる，若者や子どもの住む地域のスポーツイベントや研修に資金を提供する。
- 10代の若者に人気のある音楽活動を支援する，音楽イベントのスポンサーになる。
- 子どもや10代の若者向けのテーマパークを立ち上げる。
- 子どもや若者のための"教育的な"コンテストを運営する。
- 子どもに関連する活動や子どもの教育に資金を供与する。

(出典)　WHO (2002), Hawkes, p. 35.

　まず注意すべきは世界共通に用いられたマーケティング手法として，地元資本をはるかに凌駕する資金力を武器に，ブランド認知に向けて圧倒的な量と規模の広告戦略を展開してきたことがある。表6-1は米国の食品・飲料企業4社が，94年から2000年にかけて米国の市場と海外の市場で投下した広告宣伝費の推移を示している。

　例えば，Coca-Cola 社は米国の市場よりも，はるかに多額の広告費を海外の市場に投下した。1998年には，国内で3億1600万ドル，99年には3億5500万ドルの広告費を費やしたが，海外市場ではその3倍以上の10億1200万ドル，11億7800万ドルにも上る巨額の広告費を投じた。

　表中の4つの企業の総広告費をみると，米国内での広告費には増減がみられるが，海外での広告費はほぼ毎年一貫して増加をとげている。1998年と1999年は，米国内での広告費である17億3100万ドルと19億ドルを大きく上まわる21億400万ドルと23億5900万ドルが海外での広告に費やされている。

　食品企業のグローバル・マーケティングの第2の戦略は，子どもや若者世代を効果的にひきつける販売促進（景品，懸賞，値引きなど）を，大規模かつ徹底的に展開したことである（WHO, 2002, p. 21）。例えば，製品に景品（おまけ）をつける戦略は多用されたが，それは売り上げを大きく伸ばすことに寄与した反面，各国で様々な問題を引き起こすにいたった。以下，WHO (2002) のHawkes 論文ならびに WHO (2004) の報告書に基づき，具体的な事例を検討する。

第Ⅱ部　食品・飲料企業の子ども向けマーケティングの展開

表6-1　米国および米国外におけるメディア広告費の推移（1994～2000）

（単位：100万ドル）

		1994年	1995年	1996年	1997年	1998年	1999年	2000年
Coca-Cola Corp	米国	491	433	612	711	316	355	403
	米国外	500	713	832	1,026	1,012	1,178	1,176
	合計	991	1,146	1,444	1,737	1,328	1,533	1,579
PepsiCo	米国	1,098	1,197	428	1,245	340	354	672
	米国外	302	379	321	322	366	343	243
	合計	1,400	1,576	749	1,567	706	697	915
McDonald's Corp	米国	764	880	1,075	1,015	572	633	710
	米国外	370	473	536	604	592	649	694
	合計	1,134	1,353	1,611	1,619	1,164	1,282	1,404
Yum! Brands	米国				851	503	558	562
	米国外				152	134	189	98
	合計				1,003	637	747	660
米国合計		2,353	2,510	2,115	3,822	1,731	1,900	2,347
米国外合計		1,172	1,565	1,689	2,104	2,104	2,359	2,211
総合計		3,525	4,075	3,804	5,926	3,835	4,259	4,558

（出典）　WHO（2002），Hawkes; p.19に基づき作成。

① フィンランドの事例

　フィンランドでは，2002年にMcDonald's社のテレビ広告が市場裁判所で争われた。同国の消費者保護法第2章第1条は，「消費者の見地からみて不適切，不公正ないかなる行為もマーケティングにおいて認められない」と規定する。しかし同社は主力製品であるHappy Mealの景品となる玩具を広告の全面に出す手法を用いた。それに対し市場裁判所は，食事よりも玩具が手に入ることを主なメッセージとしていること，その結果，子どもの注意を巧みに製品からそらして売り込む不適切な広告になっていると判断し，取消しを命じた（WHO, 2004, p.7）。

② 中国の事例

　中国の広東省では，2001年にMcDonald's社が，ハンバーガーセットを6つ買うとスヌーピーのぬいぐるみが1つ買えるというキャンペーンを実施した。

第**6**章　子ども向けマーケティングのグローバル展開

子どもたちは景品目当てに製品を購入し，その結果，20万個以上のスヌーピーが売れたものの，多くのハンバーガーが捨てられる事態に陥った。メディアや親たちは，こうした販売促進を子どもたちの「購買欲を不当に刺激し，彼らの肉体的・心理的健康を傷つける不当な販売方法」であると非難した。当局もこの販売促進を違法とみなし，スヌーピーの販売を中止するよう命じた（WHO, 2002, p.22; WHO, 2004, p.52）。

③アルジェリアの事例

その他，懸賞付きの販売戦略に関して，Coca-Cola 社は，2000年にアルジェリアで，総計5000台のマウンテンバイクがあたる懸賞付きのプロモーションを行ったが，親たちからそのプロモーションは景品目当てに子どもたちを「（コーラ）中毒にする行為（becoming addicted）」であるという強い非難を引き起こした（WHO, 2002, p.23）。

④ベトナムの事例

ベトナムにおいても，1997年に Coca-Cola 社は同様の手法で販売を行った。製品のふたの部分に印刷されたマウンテンバイクのパーツを集めると，懸賞に応募できるというものであったが，その販売方法に対し，ホーチミン市の当局はあまりに低い当選率であり，「消費者を欺くものである」とみなし，「商品を買い急がせるという不健全な状況」をもたらす販売方法であるとして中止を命じた（WHO, 2004, p.52）。

上記に加え，世界各国で展開された子ども向けマーケティングの第3の戦略は，先にみた膨大な広告費を用いて，テレビで大量の広告が放映されたことである。その際のマーケティング手法は，ブランドに結びつくマスコットやキャラクターを用い，①強い家族の絆，②友情を育み，素敵な時間を過ごす，③ローカルな文化と西洋文化を融合させる，④10代の若者に対しては反抗とロマンス，⑤子どもに対しては喜びと興奮という点を，テレビ広告の訴求ポイントと

して効果的に打ち出すことであった（WHO, 2002, pp. 17-18)。

⑤ ノルウェーの事例

例えば，ノルウェーでは国内法で子ども向けのテレビ広告が禁止されているが，1993年に Kellogg's 社は家族向け広告と称して次のような広告を行った。それは，Smack というシリアルの広告で，それを食べた 2 人の子どもが大きな白鳥の背中に乗って城に飛んで行き，贈り物を受け取るというものである。その広告は，友情や素敵な時間，喜びと興奮という，子ども向け広告戦略の典型といえる内容を持っていた。同国のマーケティング委員会から注意を受けた Kellogg's 社は，その広告は子ども向けではなく，朝食用シリアルは大人が買っているので違反ではないと主張した。しかし，同委員会は広告のインパクトや内容から子ども向けに他ならないとみなし，差し止めを命令した（WHO, 2004, p. 21)。

3　問われる食品企業の社会的責任

（1）グローバル・マーケティングの展開と子どもの健康問題

上記のような様々な問題に加えて，さらなる深刻な問題が急速に浮上し，世界規模で拡大していることを見逃してはならない。それは，先進国および発展途上国において，子どもの肥満の急増が指摘され，食品・飲料企業のグローバル・マーケティングの悪影響が懸念されはじめたことである。WHO（2002）の Tullao 論文は，肥満の発生が 5 年ごとに 2 倍に増加していると指摘した。さらに，WHO（2004）は，子ども向け食品のマーケティングや広告の規制動向に関し，大規模な調査（73カ国対象）を行った。また，2006年 9 月にオーストラリア（シドニー）で開催された国際肥満学会においても，子どもの肥満と食品・飲料のマーケティングとの関連が 1 つのテーマに掲げられ，参加者が活発な議論を重ねた。[6]

以上のように，食品・飲料企業のグローバルな展開は様々な問題を引き起こ

してきたが，その背景に何があるのかを，マーケティング戦略との関連で検討する。

まず第1は，食品・飲料企業の採用している製品戦略の問題である。すなわち，相対的に低コストであり，世界規模の原料調達，加工，流通が可能で，かつ大量に売れる製品を主力製品として育てあげ，パッケージ化していく戦略である。しかしその結果，生み出された製品は，WHO（2002）が問題視した「高脂肪と高糖度，高塩分」の食品となり，栄養バランスを欠くものであった。

第2に，食品・飲料企業の子どもや若者をターゲットにしたマーケティング戦略の問題である。様々なマスコットやキャラクター，子どもや若者に人気のある有名人を活用し，景品を付けるといった子どもにとって魅力的な宣伝・広告が，子どもたちの過剰消費を引き起こすことにつながった。

第3に，以上のように標準化されたマーケティングの実施が，ともすれば，それぞれの国で制定されている個別の規制を軽視し，コンプライアンスを無視するような結果を引き起こしてきた点である。事実，上記の例にみられるように，当局による禁止や食品企業が裁判で敗訴するという事例が多発している。

（2）高まる批判と変わる子ども向けマーケティング

それでは，こうしたマーケティングのグローバル化の動向に対し，今どのような動きが起こっているのか。それは次の3つの流れとして捉えることができる。[7]

第1は，政府がマーケティングを規制する動きである。スウェーデンやノルウェーなどの国々，カナダのケベック州などが法律によって子ども向けの広告制限や禁止を行っており，英国の通信監督局（OFCOM）は，2007年4月1日から子どもの肥満対策の一環として，脂肪分や糖分などの高い食品（ファストフードやソフトドリンクなど）のテレビ広告を，順次規制することを発表した。16歳未満向けの番組が規制の対象となり，ファストフードなどの広告が禁止されることになる（『朝日新聞』［電子版］2007年2月23日付）。その他には，例えば販売の場所を規制する動きがある。ブラジルやUAE，オマーン，サウジアラ[8]

ビアでは，学校内におけるソフトドリンクやファストフードの販売を禁止する法律が施行されている。また，インドネシアやインドではソフトドリンクに最大55％の消費税を課すなど，高率の課税という規制も行われている。またメキシコでは，少量サイズのボトルでしか販売を認めないという，パッケージサイズの規制がある（WHO, 2002, p. 36）。

　第2は個々の企業および業界団体における，子ども向けマーケティングの戦略転換や自主規制の動きである（第7章参照）。第4章で述べたように，2003年にKraft Foods社は，企業の社会的責任（CSR）を意識した活動の一環として，米国内における学校での食品マーケティングの中止と栄養表示の改善を掲げた新戦略を発表した。2005年1月に，6歳未満の子どもに対する低栄養価食品の広告の中止に踏み切ると同時に新たなマーケティング構想を発表した[9]。

　同社の対応は，消費者団体から高い評価を得る一方で，業界内からは世論の批判に屈するという非難もあがり，他の大手食品企業は，子どもに広告する権利を守る同盟，Alliance for American Advertisingを結成するにいたっている[10]。

　また高まる食品企業の子ども向けマーケティングへの批判を背景に，業界の動きも慌ただしい。大手飲料メーカー3社（Coca-Cola社，PepsiCo社，Cadbury Schweppes社）は，小児肥満の増加を深刻に受け止め，企業の社会的責任（CSR）を果たすべく解決策の一つとして，高カロリー・高糖度のソーダなどの自動販売機を学校内から撤去し，水やフルーツジュース，低脂肪乳などを販売することを決定した（*TIME*, 2006）。また，2006年10月には大手食品会社5社（Campbell's社，Danone社，Kraft Foods社，Mars社，PepsiCo社）が，公立学校で販売する菓子や食品の脂肪や糖分を自主規制することを発表した（『朝日新聞』2006年10月7日付）。こうした中，Disney社も映画のプロモーションと食品販売を連動させる10年間続いたMcDonald's社とのタイアップ契約を，2006年の夏を最後に打ち切る方針を示した（『朝日新聞』［電子版］2006年5月9日付）。また，同社は2006年10月に，テーマパークなどで提供する子ども向けメニューを見直すことを発表した（*Advertising Age*, 2006）。

第6章 子ども向けマーケティングのグローバル展開

　第3は，子ども向けのマーケティングに関する，世界共通のルールを確立していこうとする動きである。国際商業会議所（ICC）は，2003年に子どもは広告主から特別な配慮（special consideration）を受ける権利があるという原則を，「子どもや若者向けのマーケティングに関する規定」として発表した（2011年最新版の規定は巻末に参考資料として掲載）[11]。第14条で「広告は子どもたちの未熟さや信じやすさを利用してはならない」とし，第8条で「子どもたちに向けられたセールスプロモーション活動は彼らの未熟さや信じやすさにつけ込んではならない」と規定している（WHO, 2002, p. 37）。また，WHO（2004）は報告書の中で，子どもたちを広告やマーケティング活動によって利用したり，害したりしてはならないという原則が国際的に確立されつつあるとしている（p. 57）。

4　問題解決に向けたマーケティング戦略の変更・修正

　以上のように，子ども向けマーケティングをめぐって様々な変化がみられるようになっている。政府や消費者からの監視強化と規制要求が高まる中，食品企業は子ども消費者という「未来の顧客」を獲得・育成するという思惑を持ちながらも，社会的責任を果たす企業としてのイメージを損なわぬよう，子ども向けマーケティング戦略の再構築をはかる必要性に迫られている。
　とりわけ欧米諸国を中心に，過度なマーケティングや広告から子どもたちを守ろうと，各国政府が規制やガイドラインの制定，企業による自主規制など，マーケティング環境の整備を進めている。こうした国々と同様あるいはそれ以上に，日本の子どものメディア（インターネット・携帯電話など）へのアクセスは低年齢化しており，子どもたちはマーケティング網が張りめぐらされた大量消費社会，情報社会のただ中にいる。子どもたちは，消費者としての自覚と知識を十分に持たないまま，魅惑的な広告や溢れる商品に取り囲まれ，絶えず消費欲求を刺激されている。しかしながら，日本の子ども向けテレビ広告に関連した規制は，メディア発達の状況が日本とは著しく異なるケニアやチリ，ペルー，コロンビア，フィリピンと同程度であり（WHO, 2004, p. 15），マーケティ

ング・ターゲットとしての「子ども消費者」の特性や子どもに対するマーケティングの固有性が十分に議論され，環境が整備されているとはいいがたい。

世界規模でみられる問題状況と問題解決に向けた環境整備，子ども向けマーケティングの世界的動向を注視し，日本のマーケティング研究の領域においてもその展開を理論的に解明していくことが求められている。

注

(1) 詳しくは Morse, J. B. (2009). "Coca-Cola, Communication, and Consusion. Etc," *A Review Of General Semantics,* 66(2), pp. 162-166. ならびに，Kustin, R. (2010). "The Earth Is Flat, Almost: Measuring Marketing Standardization and Profit Performance of Japanese and U.S. Firms," *Journal Of Global Marketing,* 23(2), pp. 100-108. などを参照のこと。

(2) Wilken, R. & Sinclair, J. (2011). "Global Marketing Communications and Strategic Regionalism," *Globalizations,* 8(1), pp. 1-15.

(3) Coca-Cola 社は200カ国以上，Pepsi Co 社は190カ国，McDonald's 社は121カ国，Yum! Brands 社（Pizza Hut や KFC を有する）は100カ国以上で製造・販売を行っている（WHO, 2002）。

(4) WHO (2002) の報告書は，(1)Dietary Transition in Developing Countries: Challenges for Chronic Disease Prevention, (2)Globalization and Food: Implications for the Promotion of "Healthy" Diets, (3)The Impact of Economic Globalization on NCDS: Opportunities and Threats, (4)Can Functional Foods Make a Difference to Disease Prevention and Control?, (5)Marketing Activities of lobal Soft Drink and Fast Food Companies in Emerging Markets: a Review, 以上5編の論文によって構成されている。本章では Tullao, T. による論稿および Hawkes, C. による論稿を中心に取り上げる。

(5) McDonald's のウェブサイトによると北米以外に，ラテンアメリカ，欧州，中東とアフリカ，アジア太平洋地域の100カ国以上の国々に進出し，出店数は計3万6000店舗に上る（http://www.aboutmcdonalds.com/mcd/country/map.html 2016年8月19日アクセス）。

(6) 詳細は国際肥満学会ウェブサイト（http://www.iaso.org/index.asp 2006年12月11日アクセス）。

(7) WHO (2010) が示した12の勧告については巻末の参考資料8，国際商業会議所（ICC, 2012）が提示したフレームワークについては巻末の参考資料7，子ども向け

第**6**章　子ども向けマーケティングのグローバル展開

マーケティングに関する各国の規制については巻末の参考資料5を参照されたい。
(8)　ブラジルでは子どもに対する一切の広告が Consumer Defense Code に照らして違法性があるとみなされ，印刷物・テレビ・スポーツに関するラジオ・バナー広告やウェブサイト，パッケージや販売促進・アクション・店頭広告は禁止され，デイケアセンターや保育所，学校の制服や教室で使う教材における広告を含む小学校でのいかなる広告も認められていない（Consumers International, 2014）。Consumers International ホームページ Advertising to children now illegal in Brazil（10 April 2014）（http://www.consumersinternational.org/news-and-media/news/2014/04/advertising-to-children-now-technically-illegal-in-brazil/　2016年8月19日アクセス）。
(9)　新たなマーケティング構想については，Kraft Foods 社のウェブサイト〈Newsroom〉を参照した（2006年11月1日アクセス）。
(10)　Center for Media and Democracy ウェブサイト（http://www.sourcewatch.org/index.php?title=Alliance_for_American_Advert　2006年11月1日アクセス）。
(11)　最新版の2011年の国際商業会議所（International Chamber of Commerce, ICC）の規定は巻末の参考資料6を参照されたい。

第7章

子どもに対する広告・マーケティングをめぐる新潮流
——日本におけるガイドラインの成立——

1　子どもを取り巻く消費環境の変化

(1) 問題の所在

　子どもの数が減りゆく中，子どもの消費は両親・両祖父母という平均6人の大人に下支えされた物質的に豊かなものとなっている。活発な子ども関連の消費は「6ポケッツ」と表現され，今や多くの企業が幼い子どもとその家族に照準を合わせた広告・マーケティング活動を行っている。

　子どもに人気のあるキャラクター商品，好奇心や射幸心を刺激するゲームや玩具が次々と生み出され，「欲しがらせる，ねだらせる」仕掛けとしての広告やマーケティングは子どもたちの消費欲求を絶え間なく刺激し，それらは子どもの生活の一部となっている。

　また，インターネットやデジタル端末（携帯電話やスマートフォン，パソコンなど）の普及とその利用の低年齢化によって，子どもを取り巻くメディア環境も大きく変化している。子どもはかつてないほど多種多様なメディアを使いこなし，それらを通して日常的に大量の広告やマーケティングと接触するようになっている。今や子どもの生活圏は大人の目の届かないデジタル世界にまで拡張し，子どもは大量消費社会，高度情報化社会を消費者として生きている。

　こうした中，スマートフォンやタブレット端末を用いたオンラインゲームを利用し，高額請求を受けるなど，十分な知識や理解力，判断力を持たない子どもが契約当事者となるトラブルが急増している（国民生活センター「子どもサポート情報」2016年9月29日）。

第7章　子どもに対する広告・マーケティングをめぐる新潮流

　米国をはじめ欧州諸国では朝から晩まで子どもたちを取り囲み，十分な理解力や判断力を持たず，広告の影響を受けやすいとされる子どもをターゲットとする広告やマーケティングの巧妙性や過剰性，不当性に対して厳しい批判の声があがっている。(5)特に，2000年以降は子どもに対する広告やマーケティングの影響に関して，世界保健機関（WHO）をはじめとする様々な国際機関や政府機関，企業，消費者団体，学界が活発な議論を展開している。

　米国心理学会（American Psychological Association: APA, 2004）の広告と子どもに関する特別チームのまとめた報告書は，米国の子どもたちは年間4万件以上の広告を視聴し，インターネットなどの普及により子どもに直接働きかける広告が増加していることを指摘している。また，子どもの認知発達と広告に関する様々な研究成果を踏まえ，4，5歳以下の子どもは番組と広告を区別するのに十分な認知的発達を遂げていないこと，7，8歳以下の子どもは広告の説得意図（商品・サービスの購買欲求を喚起するというねらい）を理解することができないこと，広告のメッセージを正確で公平なものとして受容する傾向があることを示している。

　こうした子どもの発達特性を踏まえ，スウェーデンやノルウェーは法律によって12歳未満の子どもに対する全てのテレビ広告を禁止し，カナダのケベック州も消費者保護法（第248条）によって13歳未満の子どもに対する広告を禁止している。(6)また，EU諸国では2005年の「事業者の消費者に対する不公正な取引方法に関するEC指令（2005/29/EC: OJ 2005 L149/22.）」において，年齢その他の理由から特に「被害を受けやすい（vulnerable）消費者」の集団として子どもを挙げ，子どもとその親への購入働きかけ行為を「攻撃的取引方法」とみなし，事業者の消費者に対する誤認惹起的広告などの不当な広告を規律している（岩本，2016；鹿野，2010）。

　またギリシャのように子どもが視聴する特定の時間において玩具の広告を禁止する国，ベルギーの一部（Flemish region）やオーストラリアのように子ども向けの番組の間やその前後での広告を禁止する国，英国のように糖分，塩分，脂肪分を多く含む食品・飲料の16歳未満の子どもに対する広告を禁止する措置

をとる国もある (Cain Reid, 2014, p. 767; Gunter & Blades, 2005, pp. 9-10, 140)。

しかしながら，日本では子どもが巻き込まれるトラブルが急増しているにもかかわらず，「未熟な消費者」としての子どもの特性や子どもに対する広告やマーケティングの固有性は社会的に十分に認識されておらず，マーケティングを行う企業にも，子どもへの配慮の必要性が十分に認識されているとはいい難い。[7]

他の先進諸国が法律や業界の自主規制などによって子どもを保護する取り組みや環境整備を進めている中，日本では成長途上にある未熟な消費者としての子どもの特性は十分に顧みられることなく（天野，2006；岩本，2014；2015；2016）[8]，子どもに対する広告やマーケティングが高度化・巧妙化し，それらに無防備に反応する子どもたちが消費者トラブルの被害者になっている現状がある。

（2）研究課題

近年，子どもに対する広告やマーケティングが子どもの健康や生活に悪い影響を及ぼしているという批判が高まる中，ビジネスの中に子どもを大人とは異なる特性を持つ消費者として位置づけ，公正で責任あるマーケティングを行うための世界共通ルールの策定，環境整備が急速に進められている（国際標準化機構，2010; Consumers International, 2011; International Chamber of Commerce, 2011; 2012; United Nations, 2015; World Health Organization, 2012）。

2012年3月には子どもに関連する3つの国際組織（国連グローバル・コンパクト，国連児童基金［ユニセフ］，セーブ・ザ・チルドレン）が，全10原則からなる「子どもの権利とビジネス原則（Children's Rights and Business Principles, CRBP）」を発表し，原則6で「子どもの権利を尊重し，推進するようなマーケティングや広告活動を行う」必要性を示した。2016年11月に原則6の理念を受け継ぎ，セーブ・ザ・チルドレン・ジャパンが中心となって「子どもに影響のある広告およびマーケティングに関するガイドライン」を発表した（巻末に参考資料として掲載）。

第**7**章 子どもに対する広告・マーケティングをめぐる新潮流

　本研究の課題は，日本版のガイドライン策定にいたる子どもと広告・マーケティングをめぐる国際的な動向について整理し，子どもに対する広告とマーケティングの課題を考察することにある。以下，第2節で広告・マーケティングをめぐる近年の主な動きを整理し，第3節でその動向と今後の課題を考察する。

2　子どもと広告・マーケティングに関する規制

（1）国際機関・組織の取り組み
① 世界保健機関（WHO），国連（UN）
　2000年以降，世界保健機関（WHO）は世界的に拡大している子どもの肥満や糖尿病といった健康問題の解決策を求めて，国境を越えてビジネスを展開する大手食品・飲料企業の広告やマーケティングの手法や規制に関する調査を行ってきた（Kraak et al., 2016）。WHO（2004）の報告書では，調査対象となった73カ国のうち85％にあたる国が子ども向けテレビ広告を規制しており，そのうちの44％が広告の内容や時間に関する特別な規制を有していること，多くの国々の規制は子どもを「特別な配慮を要する特別な集団（a special group in need of special consideration）」とみなし，批判的，理性的な判断を下す能力や商品そのものの識別能力をもたない存在として，直接的なマーケティングや広告から子どもを保護する必要があるという社会的合意が形成されていることを明らかにしている。同報告書の中で，日本の子ども向けテレビ広告に関連した規制はケニアやチリ，フィリピン，コロンビアなどと同程度の業界の自主規制のみにとどまる水準にあることが示された（p. 15）。

　2013年に "Global Action Plan for the Prevention and Control of Noncommunicable Diseases（NCDs）2013-2020" の中で，子どもに対する食品・飲料企業の広告やマーケティングが子どもの食の選好，購買行動，栄養摂取全般に影響を与え，子どもの肥満など健康にとってのリスク要因になっているとされている（WHOウェブサイト[10]）。

　WHOは2016年1月に，"Report of the Commission on Ending Childhood

Obesity" を発表し，過体重（obesity）・肥満（overweight）の乳幼児（5歳未満）が2014年に少なくとも4100万人（1990年から1000万人増加）に達し，18歳未満の子ども全体でも増加していることを示し，各国に対策の強化を促した（『日本経済新聞』2016年1月26日付夕刊）。また，同年10月に発表した報告書 "Fiscal Policies for Diet and Prevention of Noncommunicable Diseases" で，世界的に増加している肥満や糖尿病の対策として砂糖を多く含む飲料への課税強化を各国に呼びかけた（WHO, 2016）。

　国連（United Nations, UN）も，2014年に特別報告者が高カロリーで栄養バランスが悪いジャンクフードなどの食品が「地球規模でたばこより大きな健康上の脅威となっている」と警告し，課税などによる規制を各国に促した（『日本経済新聞』2014年5月21日付夕刊）。2015年には，消費者保護ガイドラインを改訂し，消費者保護の政策を強化・維持するといった原則や脆弱な消費者（vulnerable consumers）を保護すること，販売促進のためのマーケティングやセールスは，消費者を公正に扱うという原則に従わねばならないとしている（UN, 2015）。

② 国際標準化機構：ISO26000

　2010年に国際標準化機構は，社会的責任の国際規格である ISO26000 を発行し，人権や消費者課題など7つの中核的な課題を提示している。その中で児童を以下のように定義している。

> (6.3.7.2)「児童　特に弱い存在であり，これは依存的な立場にあることも一因となっている。児童に影響を及ぼす可能性のある行動をとる場合は，児童にとって最善の利益をもたらすことを中心に考慮すべきである。差別の禁止，生存，発達，自由な表現に対する児童の権利などを含んだ，子どもの権利条約の原則を常に尊重し，考慮すべきである」。（下線筆者）

また，消費者とコミュニケーションをとる組織に対して次の行動を求めている。

> (6.7.3.2)「広告及びマーケティングを行う際には，児童を含む社会的弱者の最善の利益を第一に考え，社会的弱者の利益を害する活動に関与しない」。（下線筆者）

③ 国際商業会議所（International Chamber of Commerce, ICC）[13]

2011年に国際商業会議所（ICC）は，統合ICC規定 "Consolidated ICC Code of Advertising and Marketing Communication Practice" を発表した。第18条「子どもおよび若者（Children and young people）」は，子ども（12歳以下の者）や若者に対するマーケティング・コミュニケーション，あるいは子どもや若者を扱うマーケティング・コミュニケーションにおいて，特別な注意を払わねばならないとしている（pp.10-11）。具体的には，子どもや若者に対するマーケテング・コミュニケーションについて，以下のような規定がある。

> ① 経験のなさと信じやすさ（Inexperience and credulity）を悪用してはならない
> ② 危害の回避（Avoidance of harm）：
>   子どもおよび若者に精神的，道徳的，身体的に危害を及ぼす可能性のある文章や画像を含んではならない
> ③ 社会的価値（Social values）：
>   宣伝している製品の所有または使用が，子どもおよび若者に身体的，心理的，あるいは（それを持たない他の子どもおよび若者よりも）社会的な優位性を与えることを示唆してはならない。また当該製品を持っていないことが不利になることを示唆してはならない。

また，翌年2012年には，責任ある食品・飲料のマーケティング・コミュニケーションのための枠組み，"ICC Frame work for Responsible Food and Beverage Marketing Communications 2012" を発表し，子どもは食品・飲料の消費者として製品に関する情報を得る権利を有しているが，消費者としての経験を十分持ち合わせていないため，いかなるマーケティング・コミュニケーションにおいてもマーケターから特別に注意深い扱いを受けねばならず，マーケターたちは子どもたちに責任ある方法で製品を広告，販売せねばならないと規定している。

④ その他の国際組織，国際消費者機構（CI）

2011年に国連人権理事会で「ビジネスと人権に関する指導原則」が採択され，

表7-1 子どもの権利とビジネス原則（10原則）

原則1：	子どもの権利を尊重する責任を果たし，子どもの権利の推進にコミットする
原則2：	すべての企業活動および取引関係において児童労働の撤廃に寄与する
原則3：	若年労働者，子どもの親や世話をする人々に働きがいのある人間らしい仕事を提供する
原則4：	すべての企業活動および施設等において，子どもの保護と安全を確保する
原則5：	製品とサービスの安全性を確保し，それらを通じて子どもの権利を推進するよう努める
原則6：	子どもの権利を尊重し，推進するようなマーケティングや広告活動を行う
原則7：	環境との関係および土地の取得・利用において，子どもの権利を尊重し，推進する
原則8：	安全対策において，子どもの権利を尊重し，推進する
原則9：	緊急事態により影響を受けた子どもの保護を支援する
原則10：	子どもの権利の保護と実現に向けた地域社会や政府の取り組みを補強する

（出典）「子どもの権利とビジネス原則」（日本語訳版冊子）。

2012年3月に国際組織である国連グローバル・コンパクト[14]，国連児童基金［ユニセフ][15]，セーブ・ザ・チルドレン[16]の3団体が，子どもの権利を尊重し，推進[17]するための「子どもの権利とビジネス原則」（CRBP）を発表した[18]。「子どもの権利とビジネス原則」は，企業の社会的責任（CSR）の分野における「子どもの権利」に焦点をあてた初の枠組みであり，企業が子どもたちに与える正の影響を最大化し，負の影響を最小限に抑えることを目指している（日本ユニセフ協会ウェブサイト[19]）。企業が子どもの権利を尊重し推進するために職場，市場や地域社会で行うことのできる様々な活動を示した10の原則から成り立っている（表7-1）。

原則6で「すべての企業は子どもの権利を尊重し，推進するようなマーケティングや広告活動を行う」ことが規定され，具体的には企業の責任として以下の3点が記されている。

また，消費者団体の国際組織である国際消費者機構（Consumers International, CI）は，子どもに対する食品・飲料企業のマーケティングが子どもの嗜好や購入時のリクエスト，消費のパターンなどに影響を与え，子どもの健康を阻害していることを問題視し，2011年に子どもに対する食品・飲料のマーケティングとその影響を調査するためのマニュアル "Manual for monitoring food

第 7 章　子どもに対する広告・マーケティングをめぐる新潮流

> a．企業のコミュニケーションやマーケティングが子どもの権利に負の影響をもたらさないことを確保する。
> b．世界保健総会の健康とマーケティングに関連する文書に示された企業行動基準を遵守する。
> c．子どもの権利や肯定的な自尊心，健全な生活スタイル，非暴力の価値についての意識を向上させ，またそれらを促進するようなマーケティングを行う。

（出典）「子どもの権利とビジネス原則」（日本語訳版冊子）。

marketing to children" を発行している（CI, 2011）。

以上のように近年，企業の社会的責任（CSR）や子どもの権利といった観点から子どもと広告・マーケティングについてガイドラインや枠組みの整備が進み，ビジネスを通して子どもの健康や権利を尊重・推進することが求められている。

（2）企業・業界全体の取り組み

① 広告業界による自主規制プログラム（米国）：
　　子ども広告審査ユニット（Children's Advertising Review Unit, CARU）[20]

米国には子ども広告審査ユニット（CARU）と呼ばれる，広告業界などのメンバーが子ども向けの広告やマーケティングを自主的に審査・規制する組織が存在する。子どもに対するテレビ広告の批判が高まり，政府による法規制が検討される中，1974年に創設された自主規制組織である（天野，2006）。独自の自主規制プログラム "Self-Regulatory Program for Children's Advertising" に基づき，12歳未満の子どもに対する広告が，欺瞞的（deceptive），不公正（unfair），不適切（inappropriate）でないよう，インターネットを含むあらゆるメディアにおける主に12歳未満の子どもを対象とする全ての広告を審査し，苦情を受け付けている（インターネット上のデータ収集，その他のプライバシーに関連する規制の対象は13歳未満）。CARU のガイドラインは，子どもの特別な脆弱性（special vulnerabilities of children），すなわち，経験のなさ（inexperience），未熟さ（immaturity），ミスリードされやすく，過度に影響を受けやすく，広告の信頼性を評

価するのに必要な認知スキルを欠いているために，広告の影響を受けやすい（susceptibility）などの子どもの特性を考慮している（CARU, 2014, p.3）。子どもを誤認させるおそれがある広告や正確でない広告，自主規制ガイドラインに抵触する広告は，CARU が広告主に自主的な広告の修正や変更を要請する。

② 食品・飲料企業の子ども向け広告・マーケティングの自主規制

　積極的な販路拡大を海外市場に求めてきた米国の食品・飲料企業が行う広告やマーケティング（主に糖分・塩分・脂肪分を多く含むファストフードや菓子などの食品や飲料のマーケティング）は，子どもの健康問題の原因になっているとして厳しい批判の対象となってきた。2006年以降，世界保健機関（WHO）や米国医学研究所（Institute of Medicine: IOM、現在は Health and Medicine Division ［HMD］へと名称を変更），連邦取引委員会（FTC）は食品・飲料企業や広告・メディア関連企業に子ども向け食品のマーケティングを通しての問題解決を要請してきた。厳しい批判を受け，業界としての対応を迫られる中，米国や欧州の企業は国境を越えて拡散した問題の解決に向けて子ども向けの広告やマーケティング戦略の修正，再構築を行っている。

　複数の大手食品・飲料企業や業界団体がマーケティングに関する厳しい自主規制ガイドラインや特別なプログラムを制定するなど，子ども向け食品のマーケティングに関する自主的な誓約（voluntary pledges）を次々と発表している（表 7-2）。こうした流れは，個別企業の戦略を超えたインターナショナル，リージョナル，ナショナルといった多層的な構造を持ち，大きな影響力を持っている。

　以上のように，企業自らが世界規模で発生している子どもの健康問題をマーケティングを通して解決する主体となることが求められている。

第7章 子どもに対する広告・マーケティングをめぐる新潮流

表7-2 食品・飲料企業の子ども向け広告・マーケティングに関する誓約

単位		誓約 (Pledge)	国・地域	実施年	加盟企業数	対象
国 (country)	1	Australian Food and Grocery Council Responsible Children's Marketing Initiative ※	オーストラリア	2009	17※	12歳未満
	2	Australian Quick Service Restaurant Industry Initiative for Responsible Advertising and Marketing to Children	オーストラリア	2009	7	14歳未満
	3	Australian Beverage Council Ltd. Commitment Addressing Obesity and Other Health & Wellness Issues	オーストラリア	2006	上段※ と重複	12歳未満
	4	Belgium Pledge	ベルギー	2012	35	12歳未満
	5	Brazil Public Commitment on Food and Beverage Advertising to Children	ブラジル	2009	24	12歳未満
	6	Canadian Children's Food and Beverage Advertising Initiative	カナダ	2008	19	12歳未満
	7	India Pledge	インド	2011	8	12歳未満
	8	Malaysia Responsible Advertising to Children Pledge	マレーシア	2013	9	12歳未満
	9	Mexico Marketing to Children Pledge	メキシコ	2011	14	12歳未満
	10	Peru Pledge	ペルー	2012-2013	9	12歳未満
	11	Philippines Pledge	フィリピン	2011	6	12歳未満
	12	Portuguese Pledge	ポルトガル	2010	27	12歳未満
	13	Russian Pledge On Limitations on Advertising to Children	ロシア	2010	7	12歳未満
	14	Singapore Pledge	シンガポール	2013	14	12歳未満
	15	South African Pledge on Marketing to Children	南アフリカ	2009	24	12歳未満
	16	Switzerland Pledge	スイス	2010	11	12歳未満
	17	Thailand Children's Food and Beverage Advertising Initiative	タイ	2008	6	12歳未満
	18	Turkey Pledge	トルコ	2011	6	12歳未満
	19	U.S. Pledge	米国	2007	16	12歳未満
地域 (regional)	20	EU Pledge	EU加盟国	2009	20	12歳未満
	21	Union of Beverages Associations Commitments to Act Responsibly: Marketing Communications	欧州諸国	2005	9	12歳未満
	22	Union of Beverages Associations Commitments to Act Responsibly: Digital Media	欧州諸国	2010	9	12歳未満
	23	GCC Food and Beverage Pledge on Responsible Marketing and Advertising to Children	クウェート, オマーン, サウジアラビアを含む6カ国	2010	7	12歳未満
インターナショナル (international)	24	International Council of Beverages Associations Guidelines on Marketing to Children	3社, 7団体加盟[1]	2009	10	12歳未満
	25	International Food and Beverage Alliance Global Policy on Marketing and Advertising to Children	10社加盟[2]	2009	10	12歳未満

(注) 1) International Council of Beverages Associations (ICBA) には，The Coca-Cola Company (USA)，PepsiCo (USA)，Red Bull (Austria) の他，American Beverage Association (USA)，Asociación Nacional de Empresarios de Colombia (Colombia)，Asociación Nacional de Productores de Refrescosy Aguas Carbonatadas, A. C. (Mexico)，Australian Beverages Council Ltd (Australia)，BevSa (South Africa)，Brazilian Association of Soft Drink and Non Alcoholic Beverages (Brazil)，Canadian Beverage Association (Canada)，China Beverage Industry Association (China)，Hong Kong Beverage Association (Hong Kong)，Indian Beverage Association (India)，Japan Soft Drinks Association (Japan)，Union of European Non-Alcoholic Beverages Associations (UNESDA)：EU といった業界団体が加盟している。
   2) International Food and Beverage Alliance (IFBA) には，Coca-Cola, Ferrero, General Mills, Grupo Bimbo, Kellogg's, Mars, Mondelez International, Nestlé, PepsiCo, Unilever が加盟している。
(補足) 米国の誓約 (U.S Pledge, 2006)：Children's Food and Beverage Advertising Initiative (CFBAI) には，以下の大手食品・飲料企業18社（2016年10月現在）が加盟している（CFBAI のウェブサイト[21]）。

①American Licorice Company, ②Burger King Corporation, ③Campbell Soup Company, ④The Coca-Cola Company, ⑤ConAgra Foods, Inc., ⑥The Dannon Company, Inc., ⑦Ferrero USA, ⑧General Mills, ⑨The Hershey Company, ⑩Kellogg Company, ⑪Kraft Foods Group, ⑫Mars, Incorporated, ⑬McDonald's USA, ⑭Mondelēz Global LLC, ⑮Nestlé USA, ⑯PepsiCo, Inc., ⑰Post Foods, LLC, ⑱Unilever United States
(出典) Yale Rudd Center for Food Policy & Obesity (Yale University's Institution for Social and Policy Studies). (2014). "Pledges on Food Marketing to Children" に基づき作成 (http://www.yaleruddcenter.org/marketingpledges/search.aspx 2016年9月30日アクセス)。

3　子どもに対する広告・マーケティングの新潮流

(1) 子どもに対する広告・マーケティングをめぐる3つの流れ

以上のように，近年，子どもに対する広告とマーケティングをめぐって大きな変化が生じている。こうした流れは以下の3つの流れとして捉えることができる。

第1の流れは，スウェーデンやノルウェーといった国のように政府主導で子どもに対する広告とマーケティングの規制強化を推し進める流れである。それは WHO などの国際機関が政府に対して広告やマーケティングから子どもを保護するための規制強化を呼びかける動きとしても確認することができる。

第2の流れは，政府による法規制を回避すべく，国際的な組織が自主規制の枠組みを策定し，企業に子どもに対する責任ある広告・マーケティングを構築することを促す流れである。それは国際商業会議所（ICC）の規定にみられるように政府主導の規制強化の流れを業界自らがけん制するかのような側面を持

っている。

　続く，第3の流れは個別企業だけにとどまらず，業界自らが国内外，すなわちナショナル，リージョナル，インターナショナルの各レベルで業界全体の自主規制を強化し，それに基づくマーケティングの再検討・再構築を目指すという流れである。表7－2のような大企業が加盟する協定や誓約が多く生まれていることがその証左となる。(22)

（2）責任ある広告・マーケティングのための環境整備
　こうした国際的な潮流が日本に示唆することを以下のように総括することができる。

　① 企業・行政：国際的な規準の遵守，環境整備の必要性
　日本では子どもの特性に配慮した広告やマーケティングに関する理解や環境の整備は他の先進諸国に比べて脆弱であることから，大人とは異なる特性を持つ子どもの特性を正しく理解し，ビジネスに位置づけることが急務である。
　企業による公正なマーケティング，事実に即した偏りのない情報提供，子どもの権利の尊重・推進において企業が果たしうる役割，企業が及ぼす影響は非常に大きい。政府のみならず企業も，広告やマーケティングが子どもに与えうる影響を考慮し，子どもに及ぶ正負の影響を検討し，負の影響を減らす（なくす）ことを目指すという社会的責任を果たすこと，すなわち国際的な規準に即した責任ある広告・マーケティングの検討と実践が求められる。
　また，企業による責任あるマーケティングの検討と実践の他に，以下のような子どもに対する消費者教育，とりわけ広告リテラシーの強化が重要な第2の柱となる。

　② 家庭・学校・消費者団体：消費者教育における広告リテラシーの強化
　テレビの多チャンネル化やSNSなどの新しいデジタルメディアの登場とその普及によって，子どもへの新しい広告やマーケティングのアプローチが可能

となっている。プロダクト・プレイスメント（映画やテレビ番組のシーンの中にスポンサー企業の名称やロゴマーク，商品やサービスなどを登場させる広告手法）やアドバゲーム（インターネット上に特定の企業名やロゴマーク，商品やサービスなどのコマーシャルメッセージを含んだゲームを用意し，ゲームで遊ぶ子どもや若者にそれらを認知させる広告手法）などが普及している。しかしながら，8歳以下の子どもにはそれらが広告であることを認識し，広告の意図を読み解くことは難しいため，連邦取引委員会（FTC）や連邦通信委員会（FCC）は子どもを保護するために政府の規制が必要であるとしている（Calvert, 2008）[23]。一方，子どもたちは広告リテラシーの教育（広告の内容理解や意図を理解する教育）なくしてアドバゲームを広告として認識することはできないが，広告リテラシー教育がこうした手法を読み解く力を高めるという研究成果も出てきている（An et. al., 2014; Nelson, 2016）。

　日本の子どもたちもプロダクト・プレイスメントやアドバゲームをはじめ，日常的に大量の広告やマーケティングと接触しているにもかかわらず，それらをどのように読み解くのかといった理解力，判断力，批判力を身につけるような消費者教育，トレーニングを十分に受けていない現状がある[24]。したがって，子どもが広告やマーケティングの役割やその内容を正しく理解し，消費者として必要な批判的な思考力を育む広告リテラシー（メディア・リテラシー）教育が重要になる。

　上杉（2008）は，カナダのメディア・リテラシー教育は小学校の段階からコマーシャルの存在とその影響に自覚的になり，批判的にメディアと自分の関係について考察するスキルの獲得を課題としている（p.175）のに対し，日本のメディア・リテラシー教育は「広告を取り上げる場合でも，情報を伝達するメディアとして基本的には肯定的な姿勢をとり，消費社会の象徴として批判的に検討することもない」（p.179）と述べている。

　消費者基本法は，第7条1項において「消費者は自ら進んで消費生活に関して必要な知識を習得し，必要な情報を収集する等自主的かつ合理的な行動に努めなければならない」と規定し，国は消費者の自立を支援するため，消費生活

に関する教育を充実する等必要な施策を講ずるものとされている（第17条第1項）。その後，2012年の消費者教育の推進に関する法律の施行もあり，若年層の消費者を対象に，国（主に消費者庁や文部科学省）や地方公共団体，消費者団体などが様々な取り組みを行ってきた。

しかし，子どもを取り巻く身近で多様な商品やサービス，広告などの様々な情報を読み解く力を育む消費者教育は十分になされていない。こうした教育こそが，大量消費社会，情報社会を生きることを宿命づけられた子どもに必要な消費者教育になるのではなかろうか。自らを取り巻く広告やマーケティングを理解し，消費者としての知識と自覚，批判力を高める教育が正しく位置づけられてこそ，近年増加している子どもの消費者トラブルを予防・回避することが可能となる。

企業が未熟な消費者としての子どもの特性を認識し，子どもに与えうる影響を多面的に検討した上で責任あるマーケティングを行う。一方，学校や家庭において子どもたちに必要な広告リテラシー教育，すなわち広告やマーケティングを読み解くための消費者教育を行う。ビジネスと教育の両面から子どもの生きる環境が整備されてはじめて，子どもはトラブルを回避する力と知識を身につけ，自立した消費者として成長し，生涯にわたって健全な消費生活を営む力を身につけることができるようになる。

4 責任あるマーケティングを目指すガイドラインの理念

以上のように，近年，様々な国際機関や組織，企業や業界が子どもを取り巻く広告やマーケティング環境の整備を急速に進めてきている。

企業が子どもに対して責任ある広告やマーケティングを行うと同時に，子ども自身が自立した消費者として必要となる知識やスキルを身につける。そのための環境を整備することが健全な消費社会を実現する上での重要な2つの柱となる。

「脆弱な消費者」としての子どもの特性が十分に認識されていない日本にと

って，国際的なビジネスのルール整備の動向や子どもに対する広告やマーケティングについての議論とその動向を検討することは今後も重要な意味を持ちうる。国際的な流れを受け，2016年11月に発表された日本版の「子どもに影響のある広告およびマーケティングに関するガイドライン」が，日本の子ども関連ビジネスに対する重要な問題提起となり，広く活用されることを期待している。

注
(1) 各国ごとに「子ども」の年齢区分は異なるが，本研究では特別に記載のない限りは，スウェーデンやノルウェーの規制，米国の子ども広告審査ユニット（Children's Advertising Review Unit［CARU］）が対象とする年齢などを考慮し，12歳未満のものを「子ども（children）」と定義する。
(2) 世界保健機関（WHO, 2012）は，「広告（advertising）」をテレビ，ラジオ，印刷物，看板，インターネットなど様々なメディアを通じて，消費者の関心を特定の商品に向けさせるためにスポンサーが行う，アイデアや商品・サービスの有料の提示やプロモーションと定義づけている（p.51）。また，「マーケティング（marketing）」を特定の商品やサービスの認知や訴求，消費を増やすことを意図した商業的なコミュニケーションやメッセージからなる様々な活動と定義している（p.52）。具体的なマーケティング活動には，消費者ニーズを把握するための市場調査，①製品戦略，②価格戦略，③流通チャネル戦略，④プロモーション戦略（広告を含む販売促進）の策定・実施などがある。
(3) 内閣府の「平成27年度　青少年のインターネット利用環境実態調査」によれば満10歳から満17歳までの青少年の約8割（79.7％）がインターネットを利用している。その利用率は小学生で61.3％，中学生で80.3％，高校生で97.7％となっている。また，スマートフォン・携帯電話の所有・利用状況は，小学生で50.2％，中学生で60.9％，高校生では96.7％に達している。
(4) スマートフォンを使ったオンラインゲームをめぐるトラブルなど，国民生活センターに寄せられるデジタルコンテンツに関する相談件数は2009年度には2件のみであった。しかしながら，2014年度には6万件を超えるなど急増し，未成年の被害が増加している（『朝日新聞』2015年4月12日付朝刊）。特に，9歳以下の子どもが親に無断でクレジットカードを使って決済を行い，料金を請求される事例が増加し（9歳以下の子どもに関する2013年度の相談は前年の約3倍にあたる490件にまで急増），国民生活センターは注意を呼びかけた（『日本経済新聞』2014年6月6日付夕刊）。民法の規定により未成年者が親の同意を得ないまま契約をした場合は原則と

して取り消すことが可能であるが，スマートフォンのオンラインゲームに関する契約の場合，ゲーム会社，通信会社，クレジットカード会社など複数の企業が関係していることから，未成年者に対する課金・返金についての判断が各社で異なり，解決が難しい場合があるという。
(5) Ward（1974）は問題処理能力の低い弱者として幼児や老人などを挙げ，子ども向け商業広告（コマーシャル）には次のような特徴があることを指摘している。
　①年少の子どもの弱点に付け入るように巧妙に仕組まれた技法が用いられること。
　②広告の大部分は年少の子どもたちによってみられていること。
　③子どもたちは販売の意図を理解できず，コマーシャルを無批判に受け入れていること。
　④年少の子どもたちの製品に対する欲望や親へのおねだりに強い影響力をもつこと。
　⑤広告に基づいた食品の選択には子どもたちの判断力が不適当であること。
　⑥広告が親子の葛藤と子どもの不幸の原因になっていること。
　⑦広告の介在に際し，親がわずかな役割しか果たせないこと。
(6) 広告が13歳未満に向けられたものであるかどうかは表現の文脈，宣伝されるものの性質と用途，メッセージの表現方法，時間と場所などが考慮される。詳細は上杉嘉見（2016）「学校コマーシャリズム規制の現在――国連報告書の勧告とケベック州の事例から」『教員養成カリキュラム開発研究センター』Vol.15, 43-52頁を参照されたい。
(7) 子ども向け広告については，日本民間放送連盟の「児童向けコマーシャルに関する留意事項」（※児童は12歳以下の子ども）が制定されているが，放送業界など内部の自主的な規制にとどまり，法的拘束力は持たず，政府機関の働きかけは弱い（無藤・駒谷，2004；山下・藤井，2015）。また，アルコールやたばこについての未成年者に対する法規制，ゲーム業界の自主規制などはあるが，先進諸国がより踏み込んだ政府の法規制や個別企業・業界の自主規制ガイドラインで積極的に子どもを保護する体制を整備しているのに比べ，日本は多くの課題を残している。
(8) 岩本（2014；2015；2016）は，EUの法律で「子ども」は「脆弱な消費者」（vulnerable consumer）の典型とされ，子どもとその親への購入働きかけ行為は「攻撃的取引方法」としてみなされていることを示し，日本における子ども（未成年者）に対する広告（商業広告）規制の一般的法制度の未成熟，「脆弱な消費者」の概念の欠如を指摘している。このEUにおける「不公正取引方法指令」は事業者の消費者に対する不公正な取引方法を広く禁止する指令であり，最も重要なものとなっている（鹿野，2010）。
(9) WHOウェブサイト（http://apps.who.int/iris/bitstream/10665/94384/1/978924

1506236_eng.pdf　2016年9月30日アクセス)。
(10)　WHOウェブサイト(http://www.who.int/features/2014/uk-food-drink-marketing/en/　2016年9月30日アクセス)。
(11)　WHOウェブサイト（http://apps.who.int/iris/bitstream/10665/204176/1/9789241510066_eng.pdf　2016年9月30日アクセス)。

食品業界は健康的な食事を推進する重要な役割を担うことができると記されている。

- 加工食品の脂肪分，糖分，塩分を減らすこと。
- 全ての消費者が健康で栄養バランスのとれた選択ができるようにすること。
- 子どもや10代の若者（teenagers）に対して糖分，塩分，脂肪分の高い食品のマーケティングを制限すること。
- 健康的な食品・飲料企業の選択ができるようにし，職場における運動を支援すること。

(12)　2012年に国連人権理事会に提出された報告書の中でも，不健康な食品への課税やジャンクフードの広告の取り締まりの実施などが提言されている。
(13)　1920年に設立された国際組織である。1937年に広告の自主規制のガイドラインとしてICC国際マーケティング規定を発表し，2011年に改訂版を発表している。
(14)　1999年の世界経済フォーラムにおいて元国連事務総長アナン氏が提唱して発足したイニシアチブである。2000年に国連本部で正式に発足した。2015年7月時点で約160カ国，1万3000を超える団体（企業は8300）が署名している。企業に対し，「人権」「労働」「環境」「腐敗防止」に関する10原則の順守と実践を要請している。（日本の組織名称は「グローバル・コンパクト・ネットワーク・ジャパン」）。詳細はグローバル・コンパクト・ネットワーク・ジャパンのウェブサイトを参照（http://ungcjn.org/gc/index.html　2016年9月30日アクセス)。
(15)　ユニセフ（UNICEF：国連児童基金）は1946年に設立された国連機関である。詳細は日本ユニセフ協会のウェブサイトを参照（http://www.unicef.or.jp/about_unicef/about_unicef.html　2016年9月30日アクセス)。
(16)　セーブ・ザ・チルドレンは，1919年に設立された子どもを支援するための非営利の国際組織である。詳細はセーブ・ザ・チルドレン・ジャパンのウェブサイトを参照（http://www.savechildren.or.jp/about_sc/　2016年9月30日アクセス)。
(17)　1989年に国連総会で「児童の権利に関する条約」（子どもの権利条約）が採択され，日本は1994年にこれを批准している。1990年に発効した子どもの権利条約は，世界中で最も広く批准されている人権条約である。
(18)　2014年にグローバル・コンパクト・ネットワーク・ジャパン，日本ユニセフ協会，セーブ・ザ・チルドレン・ジャパンが日本国内で「子どもの権利とビジネス原則」

を発表した。詳細は「子どもの権利とビジネス原則」（日本語訳版冊子，全40頁）を参照されたい。
　　2015年に日本ユニセフ協会は「子どもの権利とビジネス原則」に関するセミナー「ビジネスで守る子どもの権利」（日本弁護士連合会との共催，全５回）を開催した。同年，セーブ・ザ・チルドレン・ジャパンやグローバル・コンパクト・ネットワーク・ジャパンは，「子どもの権利とビジネス原則」に関する勉強会を開催し，2015年９月に「子どもの権利とマーケティング・広告検討委員会」（座長：松本恒雄国民生活センター理事長，事務局：セーブ・ザ・チルドレン・ジャパン）を発足させ，2016年11月に「子どもに影響のある広告およびマーケティングに関するガイドライン」を発表した。ガイドラインは国内外の自主規制ガイドラインを参考にして策定され，全ての企業や団体が産業横断的に活用しうることを念頭に策定されている。

⒆　日本ユニセフ協会ウェブサイト（http://www.unicef.or.jp/library/pres_bn2014/pres_14_15.html　2016年９月30日アクセス）。

⒇　米国では連邦通信委員会（FCC）のChildren's Television Act（CTA）が，主な視聴者が12歳以下である子ども番組におけるコマーシャルの放送時間を平日は１時間あたり12分，週末は10.5分までに制限している。また，ホストセリング（Host Selling: 番組に登場するタレントや関連キャラクターが商品を宣伝する）という広告手法を子ども向け番組の間あるいは前後で使用することを禁じている（FCC, 2015）。

㉑　Children's Food and Beverage Advertising Initiative（CFBAI）は，12歳未満の子どもに直接広告を行う際にCFBAIの栄養基準（カロリーや脂肪分，塩分，砂糖などの制限）を満たすことを求めている。テレビやラジオ，印刷物だけでなく，子ども向けのDVD，口コミ，モバイルメディア，インターネット，ビデオやコンピューターゲームも対象となり，2009年にはソーシャルメディア，その他のデジタルメディアも対象に加わった。キャラクターや有名人を用いた広告は栄養基準を満たす製品だけに制限されている。なお，参加企業の多くが６歳未満の子どもに対する広告を行わない方針をとっている。

㉒　世界最大の食品・飲料企業のネスレは，子ども向けに責任あるマーケティング・コミュニケーションを行うこと，栄養基準を満たす子ども向けの製品提供に関する方針を導入し，子どもに対する責任あるマーケティングを実践している。「子ども向けマーケティング・コミュニケーション方針」で６歳未満の子ども向けにマーケティング・コミュニケーションを行わないことを掲げ，2015年12月以降，６歳から12歳までの子ども向けの直接的なマーケティング・コミュニケーションは，EU栄養基準を満たしている製品，あるいはEU基準が採用されていない場合はネスレの

栄養基準を満たす製品だけに限定している。コミュニケーションのメディアは、テレビ、ラジオ、出版、映画、デジタルメディア、モバイル、ゲーム、消費者関係マーケティング、バイラルマーケティング、アプリ、電子メール・SMS、自社ウェブサイト、映画タイアップ、プロモーション、競技会、製品スポンサー、イベント、試食会といったあらゆるメディアを指している。また、学校でのマーケティング・コミュニケーションについては段階的に廃止する方針を発表している（ネスレ日本ウェブサイト［http://www.nestle.co.jp/csv/nutrition/advertising-marketing 2016年9月30日アクセス］）。

(23) 2016年9月7日に、米国の消費者団体 Public Citizen は10代の若者が多く利用するソーシャル・メディア Instagram のアカウント上で、子どもや10代の若者に人気のある映画スターやスポーツ選手、テレビのパーソナリティ、フィットネスやファッションのリーダー、ポップミュージシャンなどの有名人が、「広告であることを知らせずに、個人アカウントの記事や記述の中で、特定の商品やサービスを宣伝・広告していること」を問題視し、Instagram 上に有名人が関わる「隠された広告（hidden ads）」が多く存在していることを100以上の根拠資料を添えて、他の消費者団体とともに連邦取引委員会（FTC）に文書で示し、企業に対する監視の強化と広告費を支払っている企業に対して法律を守らせることを求めた。詳細は Public Citizen ウェブサイトを参照されたい（http://www.citizen.org/documents/Letter-to-FTC-Instagram-Endorsements.pdf 2016年9月30日アクセス）。

(24) 米国の連邦取引委員会（FTC）はウェブサイト上に、広告やマーケティングについて学ぶための教材（主に小学校高学年〜中学生対象、保護者・教師用のガイド付）を用意している。詳細は、以下のウェブサイトを参照されたい。

　① "Welcome to ftc. gov/You Are Here where kids learn to be smarter consumers". (https://www.consumer.ftc.gov/sites/default/files/games/off-site/youarehere/index.html 2016年9月30日アクセス）ならびに② "ADMONGO. gov" (https://www.consumer.ftc.gov/media/game-0014-know-ad-when-you-see-one-play-admongo 2016年9月30日アクセス）。

終　章
子ども消費者に対するマーケティングの特殊性
―― 米国事例にみる「自制的マーケティング」への転換 ――

　本研究の目的は，米国における子ども向けマーケティングの成立と展開，子ども向けマーケティングの現状と課題，そこに生じている変化を食品・飲料企業のマーケティングの事例に即して解明することにあった。

　少子化の中で子ども関連ビジネスが活発化しているにもかかわらず，日本のマーケティング研究において，十分に研究対象として位置づけられてこなかった「消費者としての子ども」と子どもに対するマーケティングの特殊性を検討する手がかりとして，子ども向けマーケティングに関する理論と実践上の課題を米国事例から摂取することを試みた。

　子ども消費者，子ども向けマーケティングをめぐって今，起こっている変化はどのような意味を持つのか。そうした変化はマーケティングにいかなる変更・修正をせまっているのか。本章では研究の成果を総括し，残された課題を提示する。

1　研究の総括

　第Ⅰ部「子ども消費者の発見とマーケティングの成立」（第1章・2章）では，米国における子ども消費者の誕生と市場の生成，子ども向けマーケティングの展開について理論的側面から検討した。より具体的には，McNealの子ども向けマーケティングに関する理論を批判的に検討した上で，マーケティングを行う企業による子ども消費者の発見をマーケティング・ターゲットとしての発見（「第1の発見」）と特別な配慮を必要とする消費者としての発見（「第2の発見」）とに分類し，「特別な配慮を必要とするターゲット」である子どもに対する新

たなマーケティングの方向性として,「自制的マーケティング」の概念を導出・提示した。

続く後半部分の第Ⅱ部「食品・飲料企業の子ども向けマーケティングの展開」(第3章,第4章,第5章,第6章,第7章)では,米国の食品・飲料企業の子ども向けマーケティングの現状と課題を,第Ⅰ部で提示した子どもに対する新たなマーケティングの方向性,すなわち「自制的マーケティング」への転換を具体的な食品・飲料企業のマーケティング事例を通じて考察,論証した。具体的にはそれぞれの章で以下のような分析,考察を行った。

各章の要旨は以下の通りである。

序章では,研究対象としての子ども消費者,「子ども向けマーケティング」をめぐる研究の背景ならびに研究課題,研究方法およびデータの概要,研究構成を提示した。

第1章ではMcNeal理論に依拠しながら,米国における子ども消費者の誕生,マーケティングによる子ども消費者の発見を体系的に整理,考察した。マーケティング・ターゲットとしての子どもの発見を企業による「第1の発見」と定義し,McNeal理論は,本来検討すべき子ども消費者のもう一方の側面「特別な配慮を必要とする消費者」に対して十分な注意を払っていない点を批判的に論じた。

第2章では,子どもは消費者としてどのような発達過程をたどるのかを明らかにするために,消費者の社会化(consumer socialization)に関する基本概念を整理し,消費者としての子どもの特性がマーケティング研究においてどのように論じられてきたのかを考察した。企業のマーケティングに対して批判が高まるのと同時に提起されてきた「特別な配慮を必要とする消費者」としての子どもの発見を「第2の発見」と定義した。そして,「特別な配慮を必要とするターゲット」としての子どもに対して行われるマーケティングの新たな方向性を「自制的マーケティング」として提示した。

第3章では,米国における食品・飲料企業の子ども向けのマーケティングの現状を概観した。特に,米国の子どもに対する食品・飲料企業の子ども向け広

終　章　子ども消費者に対するマーケティングの特殊性

告をめぐる1970年代の議論に注目し，食品・飲料企業および広告業界の子ども向け食品広告に関する自主規制システムの成立と定着の過程を，規制の対象となった事例を挙げながら分析した。また，2000年以降，子どもの健康問題の深刻化を契機に展開されている政府・企業・消費者団体・学術団体間の活発な議論，マーケティングや産業界の自主規制のあり方についての議論を整理し，食品・飲料企業のマーケティングをめぐる自主規制の動向を分析対象とした。

第4章では，活発に展開される子ども向けマーケティングに対する一つの有効な抑止力，監視役として機能してきた米国の消費者団体の活発な活動について考察した。それらが子ども向けマーケティングの展開を考える上で提起する視点を，消費者団体，政府，企業の連携，子ども消費者の特性に対する配慮，消費者の権利と責任の観点から考察した。

第5章では，新たなマーケティング・チャネルとして注目されるようになった学校，すなわち学校内，教室内で活発に繰り広げられる学校内マーケティング（in-school marketing）に着目し，その現状を分析・考察した。教育予算の削減を背景に，学校が企業への財政的な依存度を強め，学校教育支援の見返りとして企業は，子どもに直接・間接的にアプローチすることができる機会と空間を手に入れた。未来の顧客を獲得し，維持・育成する一つの有力なアクセスポイントとなる学校内で公然とマーケティングを行うようになっている。家庭や市場のみならず，子どもが1日の大半を過ごすことになる学校をも包囲する米国のマーケティングの技法と課題を明らかにした。保護者のいない環境の下で，子どもに対して強力かつ直接的・間接的に商品を販売することができる学校内でのマーケティングという技法は世界保健機関（WHO）をはじめ，米国の政府関連機関も問題視し，産業界は相次ぐ批判や州の規制強化を前に，自主規制を余儀なくされていることを多様な資料によって明らかにした。

第6章では，世界標準化を志向したグローバル・マーケティングが広く展開される中，消費のグローバル化をもたらした企業の象徴ともいうべき米国の食品・飲料企業が米国市場や海外市場で直面している問題を分析対象とした。世界標準化された食品や飲料が文化的な差異を超えて広く受容される一方で，子

どもの健康被害の広域化や深刻化をもたらしている状況を各種資料により検討した。また，WHOの調査報告書に基づき，食品・飲料企業のグローバル・マーケティングによって引き起こされた問題点を事例に基づき考察した。米国内のみならず，海外市場においても消費者として発見された子どもに対し，活発に展開されてきた米国の食品・飲料企業のマーケティングは，海外市場においても，マーケティングの変更・修正，すなわち「自制的マーケティング」への転換を迫られている現状が明らかになった。

第7章では，2016年11月の日本における「子どもに影響のある広告およびマーケティングに関するガイドライン」の成立にいたるまでの子どもと広告・マーケティングをめぐる国際的な動向について整理し，子どもに対する広告とマーケティングの課題と今後の課題を考察した。

終章では，子ども消費者に対するマーケティングの持つ普遍性と特殊性に対する新たなマーケティングの方向性としての「自制的マーケティング」への転換期を迎えている米国の子ども向けマーケティングの現状と課題を総括し，本研究の理論的示唆と実務的示唆，今後の課題を提示する。

以上の考察を通じて，米国市場において子ども消費者がいかなる背景で誕生し，企業のマーケティングに消費者として「発見」されたのか（「第1の発見」），子ども向けマーケティングに対する批判が特別な配慮を必要とする消費者として子どもを「発見」させ（「第2の発見」），それらが新たなマーケティングの方向性，すなわち「自制的マーケティング」への転換が図られる局面をそれぞれ明らかにすることができた。マーケティング研究の中に子どもを位置づけ，企業による子ども消費者の発見を2つに分類し，新しい子ども向けマーケティングの方向性を「自制的マーケティング」として導出，提示した点は本研究の貢献であるといえよう。

また，業界あるいは個別企業のレベルで構築されてきた自主規制プログラムをはじめ，マーケティング戦略の修正・転換を模索し始めている大手の米国食品・飲料企業がたばこ関連企業を親会社としていることを指摘し，今後よりいっそう厳格な法規制が検討され，健康被害に関わる高額訴訟を回避するために，

先行能動的に「自制的マーケティング」へと移行する段階にはいっていることを，具体的な事例を通して検証することができた点は本研究のもう1つの貢献であるということができる。

　健康問題との関わりの中で批判と訴訟，高額賠償をまぬがれえなかったたばこ産業のマーケティングの教訓を生かし，消費者としての未熟性を持つ子どもの特性を認識し，批判を避けるために，規制強化や健康被害に関する訴訟などに先んじる形で展開される自制的なマーケティングを，子ども向けマーケティングの新たな方向性として確認することができた。第2章で指摘したように，大手たばこ関連企業が，大手食品企業の親会社であることを考慮すると，近年の自制的マーケティングへの戦略的な転換は，健康問題との関わりで高額訴訟と法的規制に長年，苦しめられてきた親会社の教訓から導き出された先を見据えた自衛策ということもできる。

　2014年には国連の特別報告者（食料問題担当）が，高カロリーで栄養バランスが悪いジャンクフードなどの不健康な食品について「地球規模で，たばこより大きな健康上の脅威となっている」として，各国に規制を促している（『日本経済新聞』2014年5月21日付夕刊）。また，2016年10月には世界保健機関（WHO）が報告書 "Fiscal Policies for Diet and Prevention of Noncommunicable Diseases" の中で，世界的に増加している肥満や糖尿病の対策として砂糖を多く含む飲料への課税強化を各国に呼びかけている（WHO, 2016）。たばこの規制とは異なり，子どもの健康被害に対する産業界に対するWHOの法的規制の検討が，自主規制の道を残しつつ進められてきたからこそ，食品・飲料企業は戦略的に子ども向けマーケティングにおける基準設定や規制の強化，すなわち「自制的マーケティング」の採用に踏み切ったとみることもできる。

　以上の考察を踏まえ，本研究の意義として以下の3点を指摘することができる。

　第1に従来の日本のマーケティング研究の領域で十分な注意を向けてこられなかった「子ども消費者」「子ども市場」「子ども向けマーケティング」に着目し，子どもをマーケティング研究の中に位置づけることの重要性を指摘したい。

少子化が進行し，子どもに対するマーケティングがいっそう強化される中にありながらも，こうした視点は従来の日本の消費者研究，マーケティング研究の中では十分に論じられてこなかった点であるといえる。

　第2の意義としては，十分な研究蓄積を持たない日本の子ども関連のマーケティング研究を今後進めるための序説と位置づけ，加速度的に少子化が進行する日本のマーケティングの動向を読み解く手がかりとなる理論枠組み，子ども消費者，子どもマーケティングを考える理論と実践双方の課題を米国事例から摂取した点である。

　第3の意義としては，いまだ日本では認識されていない子ども関連のマーケティングの特殊性が内包している課題を，米国の事例に即して解明を試みた点である。特に従来から未成年の子どもや若者との関係が議論されてきた暴力やメディア，たばこやアルコールのマーケティングではなく，2000年代に入って米国内だけにとどまらず，世界的に議論が活発化している食品・飲料企業の子ども向けマーケティングに照準をしぼり，国境を越えてマーケティングを展開する米国企業のマーケティング戦略とその影響力，米国内・外で生じているダイナミックなマーケティングの変化，新たなマーケティングの方向性を考察することができた。

　また，欧米の大手食品企業は，グローバルな組織再編に積極的に取り組んできたが，日本の企業（上場企業2010年度）では，海外売上比率が10％未満の企業は全体の9割を占める（『日本経済新聞』2012年4月20日付）。人口減少と少子高齢化によって国内市場が縮小する中，内需に大きく依存してきた食品・飲料企業は，海外進出と国際的な再編に大きく出遅れていることが指摘されている。今後加速するであろう，日本の食品・飲料企業のグローバルな組織再編，海外市場への進出に際して，子ども向けマーケティングの世界的な動向については実務的，実践的含意として以下の点を指摘することができる。

　第1に，大人とは異なる特性を持ち，大人とは異なる発達段階にある子ども消費者に対して配慮をしながらマーケティングを行うこと，すなわち戦略的な「自制的マーケティング」が食品・飲料企業の子どもに対するマーケティング

終　章　子ども消費者に対するマーケティングの特殊性

のグローバル・スタンダードとなりはじめているという点である。諸外国とは異なり，日本企業にとって批判的に考察されることの少ない子どもを対象としたマーケティングであるが，日本とは異なる海外市場の動向は，海外市場で子どもに対するマーケティングを行う際に念頭に置かねばならない重要な点であるといえよう。日本以外の海外市場では日本以上に細やかな配慮が向けられる存在として子ども消費者が位置づけられていることを認識する必要がある。つまり，日本では子ども向けマーケティングについては諸外国に比べて批判的な検討がなされておらず，市場におけるルール整備もたち遅れた状況がある。しかし，海外市場では日本同様のマーケティングの実施そのものが問題を引き起こす可能性をはらんでいることを自覚せねばなるまい。未熟な消費者をどのように守りながらマーケティングを行うか，という子ども消費者に対する一定の配慮が求められるマーケティングこそがグローバル・スタンダードとなっていることを踏まえ，マーケティングを立案・実施せねばならない。WHO（2012）では食品・飲料のみならず，あらゆる製品の広告に関する規制をも検討の対象にしているため，アニメやマンガなど子どもから大人まで国境を越えて広く受容され，今後日本の発信するコンテンツとして重要な役割を果たすことが期待されている分野においても，こうした海外の動向は今後も慎重に観察されるべきものである。

　第2の含意として，国内外で子どもを対象にマーケティングを円滑に実施するために，子ども向けのマーケティングに関して個別企業ごと，もしくは業界ごとにガイドラインを整備し，それを遵守することの必要性を指摘できる。問題が起こってから対処する事後的な対応策ではなく，配慮を必要とするターゲットとして子ども消費者を捉えることによって，事前に問題を回避することが可能となる。米国のメディア・広告業界同様に，日本のメディア・広告業界にとっても食品・飲料企業は重要な広告主であること，さらに日本企業の今後のグローバル展開を考慮すれば，欧米各国の食品・飲料企業が子どもに対する厳しい独自のあるいは業界の基準やガイドラインを持ち，子どもに配慮あるマーケティングを行うようになっていることから，子どもに対する広告表現や内容

に関するルール整備など，日本企業にとっても特別な対応が課題となることは明らかである。事実，政府による厳しい法的規制を回避するという目的の下で，諸外国では子ども向けマーケティングの自主規制に関して，広告主である食品・飲料企業とともに，広告・メディア業界も中心的な役割を果たそうとしている。

　2011年ならび2012年の国際商業会議所（ICC）のルール設定や2012年の3つの国際組織（国連グローバル・コンパクト，国連児童基金［ユニセフ］，セーブ・ザ・チルドレン）による「子どもの権利とビジネス原則」の確立という動向を踏まえ，日本においても2016年にガイドラインが制定された（巻末に参考資料として掲載）。このグローバルかつダイナミックな時代のうねりを背景に成立したガイドラインは，日本の企業に新しい子どもマーケティングの検討と転換を迫る大きな変化の象徴であるといえよう。

2　今後の課題

　本研究は，子ども向けマーケティングの現状と課題についての考察を進めてきたが，以下のような限界や今後の研究課題を残すことになった。

　まず第1に研究対象を近年，最も激しい変化を示す食品・飲料企業に限定して子ども向けマーケティングを考察したことに本研究の限界がある。本研究は，新たな局面を迎える食品・飲料企業の子ども向けマーケティングに限定して研究を進めてきたが，実際には子ども関連の市場は玩具や衣料，教育など多岐にわたっている。今後，変化のただ中にある食品・飲料企業のマーケティング戦略の修正と変更，グローバルなマーケティング戦略の再構築について，継続的な動向把握のみならず，国内外のマーケティング動向を注視しつつ，子ども向けマーケティングを行う他の企業のマーケティング戦略についても，より詳細かつ精緻な分析を進める必要がある。

　また，子ども関連の市場は，子どもの発達過程とともに変化し，その過程で親などの大人が代理購買者となり買い与える場合もあれば，親や祖父母が子ど

終　章　子ども消費者に対するマーケティングの特殊性

もたちに贈与する製品・サービス，子ども自身が購入する製品・サービスにいたるまでその内容は多種多様で，それぞれの市場において採用されるマーケティング技法も多岐にわたっている。今後，そうした複合的，重層的な意味合いを持つ子ども市場において展開されるマーケティングについても考察を深めねばならない。

　また，本研究は国際的に議論が活発化し，問題が提起されている子ども向けマーケティングのあり方を企業視点のみならず，より広く多面的な観点から捉えるために，WHOなどの国際組織，政府組織，消費者団体などの資料に依拠して考察を進めてきたが，そこに研究の限界を指摘することもできる。米国の子ども向けマーケティングが直面している問題を企業の視点だけではなく，政府，学界，消費者団体を含む，より社会的・多面的な視点で捉え直そうという明確な意図を持つため，それぞれの組織が刊行する多様かつ最新の文献資料による調査，事例分析を行った（研究過程において子ども向けマーケティングを研究する米国の複数の研究者，Alex Molner［アリゾナ州立大学］，Susan Linn［ハーバード大学］，Juliet Schor［ボストンカレッジ］などに対するインタビューや全米の消費者団体が参加する会議に出席するなど現地調査を実施している）。しかしながら，子ども消費を下支えする大人による子ども関連消費の実態や子どもの消費実態についても詳細な調査を行うなど，絶えず変化する子ども消費者の意識と行動，それらに働きかける子ども向けマーケティングの多様な技法を両面から捉える研究を進めていくことが今後の課題となる。

　年齢や取り巻くメディア，マーケティング環境に応じて，様々に変化する消費者としての子どもについては，継続的な動向把握が不可欠であるとともに，文献資料に依拠しない研究方法も採用するなどして，消費者としての子どもの消費の実相を明らかにする必要がある。子どもの消費や子ども向けマーケティングの両面から，実証的・定量的な研究を積み重ねることによって研究に新たな視点を取り込むことができると考えるからである。

　また，テレビなどの従来型のメディアだけではなく，携帯電話やスマートフォン，インターネットなどの新しいコミュニケーション・ツール，メディアを

187

通して展開される子ども向けマーケティングと子どもの消費の変容を両面から捉える研究も，今後よりいっそう重要な意味を持つと考えられる。デジタル・ネイティブと呼ばれ，デジタル機器を自由自在に操る子どもたちの消費生活の態様や消費者としての意識や行動は，今後，企業のマーケティング活動（見せ方，売り方）に大きな変化をもたらすことが予想される。子どもの消費のゲートキーパーとして子どもの消費のあり方を決定づけてきた保護者をはじめとする大人たちの目の届かない場所，すなわちインターネットや携帯電話，オンライン・ゲームやソーシャル・ネットワーキング・サービス（SNS）などが子どもに直接働きかける新たなマーケティング・ツールとしての役割を担う状況も顕著になっている。こうした時代変化に応じて変わるマーケティングの研究を理論的側面のみならず，定量的な調査・分析を取り入れて，変わりゆく社会と連動して変化をとげる子ども消費者，子ども向けマーケティングを実証的に捉える研究も進めていく必要がある。

　日本では子ども関連のビジネスは活況を呈しているが，子どもの特性やそこに潜む問題点や課題に対しては批判的な検討・研究が不十分で，日本のマーケティング研究領域における子どもの存在は，未開拓の研究領域として手つかずのままに残されていた。日本においては批判的に検討されてこなかった消費者としての子どもの特殊性を再検討する手がかりとして，すでに問題に直面し，政府や消費者団体，企業が連携して問題の解決に動き出した米国の事例から得られる知見は重要な意味を持つと考える。

　子どもの個人情報流出やソーシャル・ゲームの高額課金問題など，子どもの消費者トラブルが次々と引き起こされている。こうした消費者トラブルの一因は，マーケティングのターゲットとしての子ども，未来の顧客としての子どもの側面ばかりが強調され，社会において発展途上にある「未熟な消費者」としての子ども観が形成・共有されず，消費者としての自覚や知識，批判能力・判断能力が十分な発達をとげていない子ども消費者を擁護するルールが十分に確立していないことにある。また，日本ではそうした子どもの発達や特性がマーケティング領域において議論されることもなく，マーケティング活動を展開す

る企業の側にも，大人とは異なる特性を持つ子ども消費者への配慮が十分行き届くにいたっていない。他の先進諸国では，未熟な消費者としての子どもの特性を十分に理解し，子どもを守るために，行政・企業・消費者団体・学術団体などが様々な取り組みをすでに始めている。

　今後は，日本の子ども向けマーケティングと子どもの消費についての動向を注視し，子どもの消費生活の変化・変容に応じた消費者教育についても研究を深めていかねばならない。

参 考 資 料

1 CARU自主規制プログラム（2014）の適用範囲と基本原則
   Self-Regulatory Program for Children's Advertising（一部抜粋）

2 CARU自主規制プログラム（2014）の骨子
   Self-Regulatory Program for Children's Advertising（一部抜粋）

3 米国医学研究所（2012）の5つの提言（抜粋）

4 米国における子ども関連の活動を行う消費者団体一覧

5 子ども向けマーケティングに関する各国の規制

6 国際商業会議所（2011）広告およびマーケティング・コミュニケーション活動に関する統合ICC規定
   International Chamber of Commerce. (2011). *Consolidated ICC Code of Advertising and Marketing Communication Practice*（一部抜粋）

7 国際商業会議所（2012）が提示したフレームワーク
   ICC Framework for Responsible Food and Beverage Marketing Communications 2012（一部抜粋）

8 WHO（2010）が提示した12の勧告
   Set of Recommendations on the Marketing of Foods and Non-Alcoholic Beverages to Children

9 子どもの権利とビジネス原則

10 子どもに影響のある広告およびマーケティングに関するガイドライン（抜粋）

11 日本民間放送連盟放送基準（3章抜粋）ならびに（付）児童向けコマーシャルに関する留意事項

参 考 資 料

1　CARU 自主規制プログラム（2014）の適用範囲と基本原則
Self-Regulatory Program for Children's Advertising（一部抜粋）

A．適用範囲
本プログラムの原則とガイドラインは以下に適用される。
1．主に12歳未満の子どもに対するすべてのメディアにおける全国広告。そうした広告は以下の要素の分析によって規定され，必ずしも1つの要素によって決定づけられるわけではない。

(a) 広告が登場するメディアのコンテンツが12歳未満を対象としているかどうか（コンテンツの主題，様式，想定されている視聴者の人口統計，コンテンツに含まれる他の広告が12歳未満の子どもにどの程度向けられているかの程度を考慮する）。
(b) 広告が，一般的に子ども向けの番組であると解釈されるテレビ番組の間，あるいはその直前・直後に登場するかどうか。広告が登場する時間帯とメディアを考慮する。
(c) 広告が放送局に対する子どもテレビ法（Children's Television Act）の責務を考慮したテレビ番組の間，あるいは直前・直後に登場するかどうか。
(d) 入手可能な情報（広告の主題やフォーマットを含む）に基づき，広告主が主に12歳未満の子どもに対して広告しているかどうか。

2．13歳未満の子どもをターゲットにする，あるいは利用者が13歳未満であるという認識を持つウェブサイトあるいはインターネットのサービスを運営する者によるインターネット上のデータ収集，その他のプライバシーに関連する慣行

B．基本原則
1．広告主は子どもに対して広告を行う際，あるいはインターネットで子どもからデータを収集する際に特別な責任を負う。広告主はメッセージの対象となる聴衆の限定的な知識や経験，素養，成熟度を考慮すべきである。より幼い子どもは情報の信頼性を評価するのに限られた能力しか持たず，広告の説得意図や広告の対象とされ

ていることすら理解していないことを認識すべきである。
2．広告は広告の対象となる子どもにとって、連邦取引委員会（FTC）法が規定する「欺瞞的」「不公正」なものであってはならない。
3．広告主は、広告の対象となる子どもたちに広告の主張が無理なく理解されているかを、客観的な主張を行うために十分に検証しなくてはならない。
4．広告は商品の品質あるいは性能について子どもの過度な期待を刺激してはならない。
5．子どもにとって不適切な商品やコンテンツは、子どもに直接広告してはならない。
6．広告主は社会的なステレオタイプや偏見を訴求することを避け、広告にマイノリティや他のグループを登場させ、できる限り前向きなロールモデルを提示することを推奨される。
7．広告主は広告が教育的役割を果たし、子どもの前向きな個人的特性や行動に影響を与えるために、広告の潜在力を活用することを推奨される。例えば、誠実であること、他者に敬意を払うこと、安全のための予防策を講じること、運動をすることなど。
8．子どもの個人的、社会的な発達に作用する様々な要因があるが、子どもの指導を行うのは保護者の第一の責任である。広告主はこの保護者と親の関係性に建設的な方法で寄与すべきである。

（出典） CARU. (2014). *Self-Regulatory Program for Children's Advertising.* (http://www.asrcreviews.org/wp-content/uploads/2012/04/Self-Regulatory-Program-for-Childrens-Advertising-Revised-2014.pdf 2016年3月10日アクセス）

2　CARU自主規制プログラム（2014）の骨子
Self-Regulatory Program for Children's Advertising （一部抜粋）

Part Ⅰ：一般ガイドライン（General Guidelines）
(a) 欺瞞性（Deception）
　子どもに対する広告は欺瞞的であってはならない（計2項目）。
(b) 商品の提示と主張（Product Presentations and Claims）
　商品提示と主張を含む子ども向けの広告は欺瞞的または不適切であることを避ける（計9項目）。
(c) 重要事項の情報開示と免責事項（Material Disclosures and Disclaimers）
　子どもに対する全ての重要事項の情報開示と免責事項は子どものボキャブラリーや言語能力が限られていることを考慮し、子どもにとって理解できるものでなければならない、など（計5項目）。

(d) 推奨（Endorsements）
  広告主は，商品を持って有名人あるいは権威のある人が登場するだけでその商品に対する子どもの認識が大きく変わることを認識せねばならない，など（計3項目）。
(e) 広告と編集／番組のコンテンツとの混同（Blurring of Advertising and Editorial / Program Content）
  広告主は，子どもは番組／編集と広告を区別することが困難であることを認識せねばならない，など（計6項目）。
3．テレビ広告での禁止事項
  a) 主に12歳未満の子どもを対象としたテレビ番組では，実在するものであれアニメ化されたものであれ，番組に登場するパーソナリティもしくはキャラクターは同番組の中，あるいはその前後に商品や景品，サービスの広告をしてはならない。
  b) 主に12歳未満の子どもを対象としたテレビ番組から派生したあるいは関連づけられた商品は同番組の中，あるいはその前後で広告をしてはならない。
(f) 景品，キッズクラブ，懸賞，コンテスト（Premiums, Kids' Clubs, Sweepstakes and Contests）
  広告主は，景品，キッズクラブ，懸賞，コンテストの利用が子どもに対する商品の訴求力を高める可能性があることを認識せねばならない，など（計2項目）。
(g) オンライン販売（Online Sales）
  インターネット上で子どもに対して商品やサービスを販売する広告主は，子どもが販売の対象であることを子どもに対して明示せねばならない，など（計4項目）。
(h) 販売圧力（Sales Pressure）
  広告主は子どもに対して，親やその他の人に商品を購入してもらうよう（ねだるよう）に仕向けてはならない。子どものために商品やサービスを購入する親や大人のほうが，購入しない人よりもよりよい，より賢い，より寛大であることを示唆してはならない，など（計5項目）。
(i) 危険で不適切な子ども向け広告（Unsafe and Inappropriate Advertising to Children）
  広告主は，子どもが探検，模倣，実験をする傾向があり，危険を顧みずに広告内の商品のデモンストレーションやその他の行為を真似ることを考慮せねばならない，など（計2項目）。

Part Ⅱ：インターネット上のプライバシー保護のためのガイドライン
(a) データ収集（Data Collection）
  13歳未満の子どもからの情報収集に関するガイドライン（計12項目）
(b) 年齢審査／ハイパーリンク（Age-Screening / Hyperlinks）
  年齢審査やハイパーリンク（他のウェブサイトにリンクを張ること）に関するガイドライン（計4項目）

参考資料

(注) 1996年版のガイドラインで13歳未満のインターネットに関するガイドラインが加えられた。
(出典) CARU (2014). *Self-Regulatory Program for Children's Advertising* (http://www.asrcreviews.org/wp-content/uploads/2012/04/Self-Regulatory-Program-for-Childrens-Advertising-Revised-2014-.pdf 2016年3月10日アクセス)

3 米国医学研究所 (2012) の5つの提言 (抜粋)

Institute of Medicine. (2012). *Accelerating Progress in Obesity Prevention Solving the Weight of the Nation* は5つの目標と勧告を提示している。

目標1. 様々な形で身体活動を毎日の生活の中で取り入れる
勧告1:
Communities, transportation officials, community planners, health professionals, and governments should make promotion of physical activity a priority by substantially increasing access to places and opportunities for such activity.

目標2. 健康的な食品・飲料を選択，入手しやすい環境をつくる
勧告2:
Governments and decision makers in the business community / private sector 1 should make a concerted effort to reduce unhealthy food and beverage options and substantially increase healthier food and beverage options 2 at affordable, competitive prices.

目標3. 身体活動と栄養に関するメッセージを伝える
勧告3:
Industry, educators, and governments should act quickly, aggressively, and in a sustained manner on many levels to transform the environment that surrounds Americans with messages about physical activity, food, and nutrition.

目標4. 肥満予防において，ヘルスケアの提供者，保険会社，従業員の役割を広げる
勧告4:
Health care and health service providers, employers, and insurers should increase the support structure for achieving better population health and obesity prevention.

目標5. 学校を肥満予防のための拠点にする
勧告5:
Recommendation 5: Federal, state, and local government and education authori-

ties, with support from parents, teachers, and the business community and the private sector, should make schools a focal point for obesity prevention.

(出典) Institute of Medicine. (2012). *Accelerating Progress in Obesity Prevention Solving the Weight of the Nation*. (http://iom.edu/~/media/Files/Report%20Files/2012/APOP/APOP_insert.pdf 2016年3月10日アクセス)

4　米国における子ども関連の活動を行う消費者団体一覧

- Action Coalition for Media Education (www.acmecoaltion.org)
  メディア教育，健康を奨励する。
- Alliance for Childhood (www.allianceforchildhood.net)
  子どもが有する特性を尊重する。
- California Center for Public Health Advocacy (http://www.publichealthadvocacy.org/)
  公衆衛生に関する問題に対する意識を高め，効果的な健康政策の確立を促進する。
- The Campaign for Tobacco-Free Kids (www.tobaccofreekids.org)
  たばこのマーケティングから子どもたちを守る。
- The Center for a New American Dream (www.newdream.org)
  QOLの向上，環境保全，社会的公平性を促進する。
- Center for Science in the Public Interest (http://www.cspinet.org/)
  肥満問題に取り組み，健全な栄養やアルコールに関する政策を推奨する。
- Center on Alcohol Marketing to Youth (www.camy.org)
  若者の健康や安全を危険にさらすアルコール業界のマーケティング活動を監視する。
- Commercialism in Education Research Unit (http://www.asu.edu/educ/epsl/ceru.htm)
  学校での商業活動に関する研究を行う。
- Concerned Educators Allied for a Safe Environment (www.peaceeducators.org)
  子どものために安全・健康な世界を創造する保護者や教員などのネットワーク。
- Dads and Daughters (www.dadsanddaughters.org)
  父と娘の関係性を強化する。
- Free Press (www.freepress.net)
  メディア政策に関する議論に参加する。
- Kids Can Make a Difference (www.kidscanmakeadifference.org)
  飢餓と貧困の根本的原因，改善策を取り扱う中高生向けの教育プログラム。
- Media Center of the Judge Baker Children's Center (www.jbcc.harvard.edu)
  子どもの生活改善のために，健康的な発達を促進させる情報を提供し，普及させる。

参考資料

- The Motherhood Project（http://www.watchoutforchildren.org/）
  母親業，国家計画における母親の重要性を提案する。
- New Moon: The Magazine for Girls and Their Dreams（www.newmoon.org）
  意見や夢を聞いてほしい少女のためのメディアをつくる。
- TRUCE（Teachers Resisting Unhealthy Children's Entertainment）（www.truceteachers.org）
  幼児にふさわしい玩具選びをするガイドを教師と保護者向けに作成し，提供する。
- TV-Turnoff Network（www.tvturnoff.org）
  健やかな生活や地域生活のために，子どもと大人のテレビ視聴を減らすことを推奨する。
- Zero to Three（www.zerotothree.org）
  幼児期に関する情報を提供する。

（出典） CCFC ウェブサイト：*The Facts About Marketing to Kids*.（http://www.commercialexploitation.org/factsheets/ccfc-factsresourcesbiblio.pdf）

5　子ども向けマーケティングに関する各国の規制

カナダ
カナダのケベック州では，Consumer Protection Act の第248項によって13歳未満の子どもに対する広告は禁止されている。

ノルウェー
Broadcasting Act によって，子ども向け広告とテレビやラジオでの番組に関係のある広告が禁止されている。

スウェーデン
Radio and Television Act の第7項によって，12歳未満の子どもに対するテレビ放送，オンデマンドテレビにおいて一切の広告が禁止されている。

英国
脂肪，塩分，砂糖を多く含む広告については，規制主体である Ofcom が16歳未満の子どもに対するテレビ広告を禁止している。

その他
ソーシャルネットワーキングサイト，Facebook は利用者を13歳以上であることを必須要件にしている。

（出典）　WHO（2012）p. 22, 36 に基づき作成。

6 国際商業会議所（2011）広告およびマーケティング・コミュニケーション活動に関する統合 ICC 規定
International Chamber of Commerce. (2011). *Consolidated ICC Code of Advertising and Marketing Communication Practice*
（一部抜粋）

※12歳以下を子ども（children）と定義している

Ⅰ．広告ならびにマーケティング・コミュニケーションに関する総則

第18条　子どもおよび若者（Children and young people）…… pp. 10-11

子どもや若者に対する，あるいは子どもや若者を扱うマーケティング・コミュニケーションにおいて，特別な注意を払わねばならない。以下の条項は，国の法律ならびにコミュニケーションに関する規制の定義に従い，子どもおよび若者向けのマーケティング・コミュニケーションに適用される。

・子どもおよび若者向けのコミュニケーションは，ポジティブな社会的行動やライフスタイル，態度を害するものであってはならない。
・子どもおよび若者にとって適切でない製品は，子どもおよび若者をターゲットとしているメディアで広告してはならない。また子どもおよび若者に対する広告は，編集された記事が彼らにとって不適切なメディアに挿入してはならない。

子どもとって不適切な素材は，その旨がはっきりと識別されなければならない。特に子どもの個人情報に関するデータ保護の規則については第19条を参照されたい。

経験のなさと信じやすさ（Inexperience and credulity）

マーケティング・コミュニケーションは特に以下の領域において経験のなさと信じやすさを悪用してはならない。

1．製品の性能や使用を明示する際には，マーケティング・コミュニケーションは以下のことをしてはならない。
　a．製品を組み立てたり，操作するのに通常必要となるスキルや年齢のレベルを過少に示す。
　b．製品の実際のサイズや価値，性質，耐久性や性能を誇張すること。
　c．提示されている結果を得るのに必要な付属品，コレクションやシリーズの中の

個別のアイテムなどの追加で購入する必要があるものに関する情報を開示しないこと。
2．年長の子どもにとってファンタジーが適切であったとしても，現実とファンタジーの違いを区別することを困難にさせてはならない。
3．子どもに対するマーケティング・コミュニケーションは，それがマーケティング・コミュニケーションであることを子どもがはっきりと区別できるようにせねばならない。

危害の回避（Avoidance of harm）

マーケティング・コミュニケーションは子どもおよび若者に精神的，道徳的，身体的に危害を及ぼす可能性のある文章や画像を含んではならない。子どもおよび若者は危険な状況の中で描かれてはならず，彼ら自身または他人に危害が及ぶ行為をさせてはならない。また，危険のおそれのある活動や行為にかかわることを推奨してはならない。

社会的価値（Social values）

マーケティング・コミュニケーションは宣伝している製品の所有または使用が，子どもおよび若者に身体的，心理的，あるいは（それを持たない他の子どもおよび若者よりも）社会的な優位性を与えることを示唆してはならない。また当該製品を持っていないことが不利になることを示唆してはならない。

マーケティング・コミュニケーションは，関連する社会的・文化的価値を考慮して，保護者の持つ権威や責任，判断，嗜好を害してはならない。

マーケティング・コミュニケーションは子どもおよび若者に対して，保護者や他の大人に当該製品を購入することをせがむような直接的なアピールを含んではならない。

価格は子どもおよび若者に対して，当該製品のコストや価値を非現実的に認識させる方法（例えば，それらを最小化すること）で提示してはならない。また，マーケティング・コミュニケーションは宣伝されている製品がどこの家庭においてもすぐに購入することができる範囲のものであることを暗示してはならない。

子どもおよび若者に対しマーケターに連絡をとることを促すようなマーケティング・コミュニケーションは，コミュニケーションに含まれるコストが発生する場合は，保護者や他の適切な大人の許可を得ることを促さねばならない。

第19条　データ保護およびプライバシー（Data protection and Privacy）……pp. 11-13
情報の収集と告知（Collection of data and notice）

データの使用（Use of data）
データ処理の安全性（Security of processing）
子どもの個人情報（Children's personal information）

12歳以下または12歳以下と思われる子どもから個人情報を収集する場合，可能であれば子どものプライバシー保護に関して，保護者，あるいは後見人にガイダンスが提供されるべきである。

子どもがデジタル・インタラクティブ・メディアを通して情報を提供する前に，保護者や適切な大人からの許可を得るよう促さねばならない。またそうした許可が得られていることを確認するため適切な手続きを取らねばならない。

子どもが当該活動に関わるために，個人情報の収集は最低限度にとどめなければならない。

子どもから収集されたデータは，保護者の同意なく，子どもの保護者あるいは他の家族に対するマーケティング・コミュニケーションに用いてはならない。

子どもと思われる個人を特定できる個人情報は，保護者あるいは後見人の同意を得た後，あるいは法律によって認められている場合にのみ第三者に開示することができる（第三者には，マーケターに対して技術・運用面でのサポートを行う代理業者やその他の者は含まず，子どもの個人情報はいかなる目的のためであっても使用・公開しない）。

プライバシーポリシー（Privacy policy）
消費者の権利（Rights of the consumer）
越境取引（Cross-border transactions）

Chapter A: セールス・プロモーション
Chapter B: スポンサーシップ
Chapter C: ダイレクト・マーケティング
Chapter D: 双方向型のデジタルメディアを利用した広告とマーケティング・コミュニケーション
Article D 7: インターネット上の行動広告（online behavioral advertising: OBA＝利用者の興味関心に応じた広告を配信する広告）に関する規定
D 7.4: Children …… p. 35
　　OBAに利用する目的で12歳以下の子どもをターゲットとすることを意図してセグメントをつくってはならない

参考資料

Chapter E: マーケティング・コミュニケーションにおける環境保護に関する事項

（出典）International Chamber of Commerce. (2011). *Consolidated ICC Code of Advertising and Marketing Communication Practice: "Building Consumer Trust through Best Practice Marketing."*（http://www.codescentre. com/media/2083/660%20consolidated%20icc%20code_2011_final%20with%20covers. pdf　2016年2月15日アクセス）

7　国際商業会議所（2012）が提示したフレームワーク
ICC Framework for Responsible Food and Beverage Marketing Communications 2012（一部抜粋）

国際商業会議所（International Chamber of Commerce）の，ICC Frame work for Responsible Food and Beverage Marketing Communications 2012では，子どもは食品・飲料の消費者として商品に関する情報を得る権利を有しているが，消費者としての経験を十分持ち合わせていないため，いかなるマーケティング・コミュニケーションにおいても，マーケターから特別に注意深い扱いを受けねばならないことが示され，マーケターたちは子どもたちに責任ある方法で商品を宣伝，販売せねばならないとしている。それと同時に，ICCは子どもの幸せな生活（welfare）に責任を持つ保護者やその他の大人たちこそが子どもたちに影響を与える意思決定（食の選択や運動，健康などの子どもたちに影響を及ぼす意思決定）において最も重要な役割を担うこと，さらには，保護者や教育者，メディアやエンターテインメント関係者は，子どもたちが知識を持った消費者となるために，マーケティング・コミュニケーションやメディアを通して伝わる情報に対して批判的な理解力を発達させるのに重要な役割を果たすという前提を記している。

具体的には，第18条にChildren and young peopleが設けられ，子どもと若者向けの食品・飲料のマーケティングについて，以下のように規定している（ICC, 2012）。

> ICC Framework for Responsible Food and Beverage Marketing Communications 2012, 第18条（抜粋）

・広告マーケティング・コミュニケーションに関する一般原則（ICC Principles General Provision on Advertising and Marketing Communication Practice）

第18条　子どもと若者（Children and young people）
　　　子どもや若者に対するマーケティング・コミュニケーション，あるいは子どもや若者を取り扱ったマーケティング・コミュニケーションにおいては特別な配慮が講じられねばならない。以下の条項は，国の法律ならびにコミュニケーションに関する規制で規定されている，子どもと若者向けのマーケティング・コミュニケーションに適用される。

コミュニケーションは，ポジティブな社会的行動やライフスタイル，態度を損ねるものであってはならない。

・（当該条項に関する）第18条の食品・飲料のマーケティング・コミュニケーションへの適用（Application to Food and Beverage Marketing Communications）
　子ども向けの食品・飲料のマーケティング・コミュニケーションは切迫感や不当な奉仕価格をつけてはならない。アニメーションを含むファンタジーは年少・年長の子ども同様にコミュニケーションとしては適切であるが，子どもに商品の栄養価を誤認させるようなおそれのある方法によって，子どもの想像力を不当におかすことがないようにせねばならない。

◦経験のなさと信じやすさ（Inexperience and Credulity）
　マーケティング・コミュニケーションは，以下のような領域に関して，子どもや若者の経験のなさや信じやすさを利用すべきではない（商品のサイズや価値，状態，耐久性と性能の誇張）。

◦危害の回避（Avoidance of harm）
　マーケティング・コミュニケーションは子どもや若者を心理的，道徳的，身体的に害する効果を持つようなステートメントや視覚処理を含んではならない。子どもや若者は，安全でない状況や子ども自身や他人に対して有害な行為を行ったり，危害を加えるおそれのある活動や行動を行っているように描かれてはならない。
　子どもや若者にふさわしくない商品は，子どもや若者をターゲットとしたメディアで広告されないようにし，子どもや若者向けの広告は，子どもや若者向けとして不適切な編集物（筆者注：新聞や雑誌など）の中に挿入されてはならない。子どもたちにとって不適切な題材も同様に分類される。

◦社会的評価（Social Values）
　マーケティング・コミュニケーションは，宣伝されている商品の所有や利用が子どもや若者に身体的，心理的に他の子どもたちや若者を超える社会的優位性を与えること，あるいは所有していないことが反対の効果を持つことを示唆してはならない。

・（当該条項に関する）食品・飲料のマーケティング・コミュニケーションへの適用（Application to Food and Beverage Marketing Communications）
　食品・飲料企業のマーケティング・コミュニケーションは，宣伝されている商品の消費による潜在的な健康や他の便益に関して，消費者を誤認させてはならない。ベネフィットには，仲間の中でのステータスや人気，学校やスポーツ，学業での成功などが該当する。

　マーケティング・コミュニケーションは社会的，文化的価値に関して，保護者の権威や責任，判断や好みを害してはならない。

参考資料

・(当該条項に関する) 食品・飲料のマーケティング・コミュニケーションへの適用
 (Application to Food and Beverage Marketing Communications)
 食品のマーケティング・コミュニケーションは，食事やライフスタイルの選択に責任を持ち，子どもの幸せな生活を支援する保護者やその他の大人たちの役割を害してはならない。
 マーケティング・コミュニケーションは，子どもや若者が保護者やその他の大人たちに商品を買うように説得するような直接的なアピールを含んではいけない。

・(当該条項に関する) 食品・飲料のマーケティング・コミュニケーションへの適用
 (Application to Food and Beverage Marketing Communications)
 広告は子どもの親やその他の大人たちに広告されている商品を購入するよう説得するような直接的なアピールを含んではならない。

第18条 (Children and Young People) および A6 条：セールス・プロモーション：必要な情報 (Sales Promotion: information requirements)

・マーケティング・コミュニケーションは未熟さと信じやすさを利用してはならない。

・(上記条項に関する) 食品・飲料のマーケティング・コミュニケーションへの適用
 (Application to Food and Beverage Marketing Communications)
 子ども向けのセールス・プロモーションは，子どもが理解できるように，おまけの提供や懸賞，コンテストなどの条件を提示せねばならない。

・セールス・プロモーションは，購入前に，購入の意思決定に影響を及ぼす商品のコンディションに対して消費者の注意を喚起するように情報を開示せねばならない。

・(上記項目に関する) 食品・飲料のマーケティング・コミュニケーションへの適用
 (Application to Food and Beverage Marketing Communications)
 マーケターは，おまけを受け取るにはどの商品を買えばいいのか，そして懸賞やコンテストのための応募条件や賞品の種類および当選確率などを子どもが理解できるように努めなければならない。

(出典) ICC ウェブサイトに基づき作成 (http://www.iccwbo.org/Advocacy-Codes-and-Rules/Document-centre/2012/Framework-for-Responsible-Food-and-Beverage-Marketing-Communications-2012/)。

8 WHO (2010) が提示した12の勧告
Set of Recommendations on the Marketing of Foods and Non-Alcoholic Beverages to Children

今日,あらゆる食品や飲料をどこにいても入手することが可能となっているが,高脂肪,高糖度,高塩分の食品のグローバルな普及とそうした商品の広告やその他の子ども向けマーケティング活動は子どもの健康な食生活に影を落としている。食品・飲料企業のマーケティング,とりわけテレビ広告は子どもの食嗜好,購買時のリクエスト(おねだり),消費パターンに影響を及ぼしていることが研究によって明らかになっている(WHO, 2010, p.4)。

全ての子どもたちがそのようなマーケティングの影響から保護され,食環境の中で成長し,発達を遂げることができるように機会を与えるための努力する必要がある(WHO, 2010, p.4)。

WHO (2010) は,食品のマーケティングの子どもに対するインパクトを低減するためのグローバル・アクション (global action to reduce the impact on children of marketing of foods in saturated fats, *trans*-fatty acids, free sugars, or salt) を求めている (WHO, 2010, p.5)。

WHO (2010) の勧告は,以下の5つの構成,すなわち①理論的根拠 (Rationale),②政策立案 (Policy development),③政策実施 (Policy Implementation),④政策のモニタリングおよび評価 (Policy monitoring and evaluation),⑤調査 (Research) から成り立っている。

① 理論的根拠 (Rationale)
Recommendation 1
政策の目的は,飽和脂肪,トランス脂肪酸,糖分・塩分を多く含んだ食品のマーケティングが子どもに及ぼすインパクトを低減させることにある。
Recommendation 2
マーケティングの効果を露出頻度と影響力にあると仮定するならば,全体的な政策目標は,飽和脂肪,トランス脂肪酸,糖分・塩分を多く含んだ食品のマーケティングの子どもへの露出頻度と影響力を低減させることにある。

② 政策立案 (Policy development)
Recommendation 3
政策の目的と目標を達成するためには,加盟国が飽和脂肪,トランス脂肪酸,糖分・

塩分を多く含んだ食品の子ども向けマーケティングを低減させる，個々の異なるアプローチを検討せねばならない（段階的アプローチあるいは全体的なアプローチ）。

Recommendation 4

政府は政策の重要な構成に関して明確な定義を設けなければならない。それによって標準的な実施プロセスが促進される。重要な定義を設定することにより，同一形式での実施や個々の実施団体の政策実施を促進することになる。重要な定義の策定時には，政策の効果を最大化するために，加盟国はそれぞれの国に特定の課題を設定し，対処する必要がある。

Recommendation 5

子どもたちが集まる状況では，いかなる形であれ飽和脂肪，トランス脂肪酸，糖分・塩分を多く含んだ食品のマーケティングもあってはならない。集まる状況には，託児所，学校，学校のグラウンド，プレスクール・センター（就学前児童のための施設），遊び場，家族や子ども向けクリニックや小児科サービス，子どもたちが集まることを想定しているスポーツ活動や文化的な活動の間などが含まれるが，それだけに限定されない。

Recommendation 6

政府は政策の実施，モニタリング，評価のために複数のステークホルダーの意見発表の機会を用いながら，政策を策定し，リーダーシップを付与する主要なステークホルダーでなくてはならない。国の政策（枠組み）を策定する際に，政府は公益を守り，利害の対立を避ける一方で，限定的な役割を他のステイクホルダーに分配することを選んでもよい。

③ 政策実施（Policy Implementation）

Recommendation 7

参画する全てのステークホルダーの資源，便益，負担を考慮に入れて，加盟国は飽和脂肪，トランス脂肪酸，糖分・塩分を多く含んだ食品の子どもに対するマーケティングを低減するための最も効果的なアプローチを検討せねばならない。選択されるアプローチは政策目標を達成するためにつくられた枠組みの中に位置づけられねばならない。

Recommendation 8

加盟国は，国の政策の効果を最大限に生かすために，子どもに対する飽和脂肪，トランス脂肪酸，糖分・塩分を多く含んだ食品の国境を越えたマーケティング（cross-border marketing: 流入と流出）の影響を低減させる，必要な手段を講じるための協力をせねばならない。

Recommendation 9

政策の枠組みは，執行メカニズムを特定し，実施のためのシステムを構築せねばならない。この点において，フレームワークは処罰に関する明確な定義および苦情を報告するシステムを含まねばならない。

④ 政策のモニタリングおよび評価 (Policy monitoring and evaluation)
Recommendation 10
全ての政策枠組みは，国の政策における目標に応じたコンプライアンスを確認するため，明確に定義された指標を用いたモニタリングシステムを含まねばならない。
Recommendation 11
政策の枠組みは，全体的な目的に関する政策のインパクトと効果を評価するための明確に定義された指標を用いたシステムを含まねばならない。

⑤ 調査・研究 (Research)
Recommendation 12
加盟国は，それぞれの国の子どもに向けられたマーケティングの程度，性質，効果に関する情報を特定することが奨励される。またこの領域における詳しい研究，特に飽和脂肪，トランス脂肪酸，糖分・塩分を多く含んだ食品のマーケティングが子どもに及ぼす影響を低減させるための政策の実施や評価に関する研究を支援することが奨励される。

(出典) WHO. (2012). *Set of Recommendations on the Marketing of Foods and Non-Alcoholic Beverages to Children.* (http://apps.who.int/iris/bitstream/10665/44416/1/9789241500210_eng.pdf　2016年8月30日アクセス)。

9　子どもの権利とビジネス原則

子どもの権利とビジネス原則（10原則）

原則1：子どもの権利を尊重する責任を果たし，子どもの権利の推進にコミットする
原則2：すべての企業活動および取引関係において児童労働の撤廃に寄与する
原則3：若年労働者，子どもの親や世話をする人々に働きがいのある人間らしい仕事を提供する
原則4：すべての企業活動および施設等において，子どもの保護と安全を確保する
原則5：製品とサービスの安全性を確保し，それらを通じて子どもの権利を推進するよう努める
原則6：子どもの権利を尊重し，推進するようなマーケティングや広告活動を行う
原則7：環境との関係および土地の取得・利用において，子どもの権利を尊重し，推進する
原則8：安全対策において，子どもの権利を尊重し，推進する
原則9：緊急事態により影響を受けた子どもの保護を支援する
原則10：子どもの権利の保護と実現に向けた地域社会や政府の取り組みを補強する

(出典) 子どもの権利とビジネス原則（日本語版冊子）(http://www.ungcjn.org/common/frame/plugins/fileUD/download.php?type=contents_files&p=elements_file_1369.pdf&token=0c1948d2929dc8cd2036a96bba5ac018beb327c3&t=20140524013745　2016年8月30日アクセス)。

参考資料

原則6　子どもの権利を尊重し，推進するようなマーケティングや広告活動を行う

子どもの権利を尊重する企業の責任には以下のものが含まれる。

a．企業のコミュニケーションやマーケティングが子どもの権利に負の影響をもたらさないことを確保する。

　これはすべてのメディア表現やコミュニケーション・ツールに適用されるものである。

　マーケティングが差別を助長すべきではない。製品のラベルや情報は明確，正確，完全で，親や子どもが情報に基づいた決定を行うことができるようなものであるべきである。子どもの権利に負の影響が生じているか，またその可能性がないかを評価し，それに基づいた措置を取るよう行動を起こす際には，子どもがよりコントロールされやすいこと，非現実的な，あるいは性的特徴を際立たせた体の画像および固定観念（ステレオタイプ）を用いることによる影響があるという点を考慮する。

b．世界保健総会の健康とマーケティングに関連する文書に示された企業行動基準を遵守する。[*]

　すべての国において，世界保健総会で採択された健康とマーケティングに関連する文書の企業行動基準を遵守する。国の法規がより高度な規準を定めている場合には企業はそれに従わなければならない。

　子どもの権利を推進する企業のコミットメントには以下のものが含まれる。

c．子どもの権利や肯定的な自尊心，健全な生活スタイル，非暴力の価値についての意識を向上させ，またそれらを促進するようなマーケティングを行う。

（注）　＊　具体的には「母乳代用品のマーケティングに関する国際規準」(1981) や世界保健総会の関連決議「たばこの規制に関する世界保健機関枠組条約」(2003)，「子どもを対象とした食品やノンアルコール飲料のマーケティングに関する提言」，「アルコールの有害使用の低減戦略」(2010) などがある。
（出典）　子どもの権利とビジネス原則（日本語版冊子）26-27頁（http://www.ungcjn.org/common/frame/plugins/fileUD/download.php?type=contents_files&p=elements_file_1369.pdf&token=0c1948d2929dc8cd2036a96bba5ac018beb327c3&t=20140524013745　2016年8月30日アクセス）。

10　子どもに影響のある広告およびマーケティングに関するガイドライン（抜粋）

序　文

　子どもの健やかな成長と発達を支援する取り組みは，持続可能な社会を実現するために必要不可欠である。子ども時代は，身体的，精神的，情緒的，知的な発達の重要な時期である。すべての子どもの生きる権利，守られる権利，育つ権利，参加する権利を4つの柱とする「児童の権利に関する条約」（子どもの権利条約）が，1989年に国連総会で採択され，日本も1994年にこれを批准している。

　子どもの権利条約上の義務を履行することは立法・行政・司法を含む政府の責任であり，政府には，子どもの人権を保護し，尊重するために，法律を整備したり，監督機関を強化したり，企業を啓発したりする義務がある。

　その一方で，政府だけではなく，企業が社会において果たすべき責任が近時一層注目されるようになってきている。1999年の世界経済フォーラムにおいて，当時のコフィー・アナン国連事務総長が提唱した国連グローバル・コンパクトは，企業に対し，「人権」，「労働」，「環境」，「腐敗防止」に関する10原則を順守し，実践するよう要請している。企業と人権に関する国連事務総長特別代表のジョン・ラギー教授による2008年の報告「保護・尊重・救済：ビジネスと人権の枠組み」，2011年の報告「ビジネスと人権に関する指導原則」は，それぞれ国連人権理事会において承認されている。2010年に国際標準化機構によって発行された組織の社会的責任の国際規格であるISO26000「社会的責任に関する手引」は，「人権」，「消費者課題」など7つの中核主題について記述している。

　このように企業と人権についての認識が高まる中で，2012年に国連グローバル・コンパクト，国連児童基金（ユニセフ），セーブ・ザ・チルドレンの三者は，企業が子どもの権利を尊重し，推進するための「子どもの権利とビジネス原則」を策定した。「子どもの権利とビジネス原則」は，「職場」，「市場」，「地域社会と環境」の3分野の10原則で構成されている。そのうち，市場分野に属する原則6は，「すべての企業は子どもの権利を尊重し，推進するようなマーケティングや広告活動を行う」とし，「企業のコミュニケーションやマーケティングが子どもの権利に負の影響をもたらさないことを確保する」，「世界保健総会（WHO総会）の健康とマーケティングに関連する文書に示された企業行動基準を遵守する」，「子どもの権利や肯定的な自尊心，健全な生活スタイル，非暴力の価値についての意識を向上させ，またそれらを促進するようなマーケティング

参考資料

や広告活動を行う」ことを求めている。

　公正なマーケティング，事実に即した偏りのない情報の提供は，消費者の購買決定にとってきわめて重要である。2015年に改訂された国連消費者保護ガイドラインは，販売促進目的のマーケティングやセールス慣行は，消費者を公正に扱うという原則に従うものでなければならないとする。

　消費者団体の国際組織である国際消費者機構（CI）は，子ども向けマーケティング，とりわけ食品のマーケティングの問題に重点課題として取り組んでいる。子どもは，保護者のもとで消費生活を営むが，消費行動の経験値および判断力は大人に比べると未熟である。そのため「消費者としての子ども」を保護するという観点からも，子どもの権利を尊重し，推進する，責任ある広告やマーケティングのための企業による取り組みが求められている。この点で，ISO26000は，広告およびマーケティングを行う際には，子どもを含む社会的弱者の最善の利益を第一に考え，社会的弱者の利益を害する活動に関与しないことを求めている。

　「子どもに影響のある広告およびマーケティングに関するガイドライン」（以下：本ガイドライン）は，子どもの権利の尊重・推進の観点から子どもに影響のある広告やマーケティングについての基本的な考え方を示すとともに，すべての企業が尊重すべき具体的かつ実践的な考え方を提唱するものである。本ガイドラインの策定にあたっては，子どもに配慮した広告やマーケティングに関するいくつかの国際的なガイドラインを参考にし，さらに日本の現在の広告やマーケティングの考え方や業界自主規制をも考慮に入れることによって，多様な商品・サービスを提供するすべての企業や団体が産業横断的に活用できるものを目指した。

　本ガイドラインが，子ども向け商品・サービスの広告やマーケティングを行う場合に留まらず，すべての事業者があらゆる広告やマーケティングを行う際に，子どもに負の影響をもたらさないよう配慮し，子どもの健やかな成長と発達に寄与することを願っている。

　本ガイドラインの利用について
　本ガイドラインは，事業者の広告およびマーケティングにおける指針として活用されることを意図して作成したものである。広告やマーケティングには，広告主のみならず他の事業者や関係者が幅広く関与する。本ガイドラインをもとに，こうした活動に関わるすべての事業者や関連団体が，採用する内容を自主的に決定した上で自社基準や自主規制を作成する，組織内の体制を検討する，などの形で活用することを期待している。

1 適用範囲

本ガイドラインは，子どもを主たる対象とした広告およびマーケティングに適用される。子ども以外の者を対象とした広告およびマーケティングであっても，子どもが当該広告を見たり，当該マーケティングに関わるなどして，子どもに負の影響が及ぶ可能性がある。このような場合においても，本ガイドラインに準じた一定の配慮が必要である。

2 定義

本ガイドラインで用いる主な用語の定義は以下の通りとする。

2.1. 子ども

「子どもの権利条約」第1条の定義に従い，18歳未満のすべての者をさす。

2.2. 広告

事業者（営利・非営利を問わずすべての組織）が商品・サービス，組織に関する情報を消費者や社会に向けて伝達し，販売促進や認知拡大のために行うコミュニケーション全般をさす。

〈註〉
具体的には，テレビ，ラジオ，新聞，雑誌などのマスメディア広告，ウェブサイト，SNS（ソーシャル・ネットワーキング・サービス），アプリケーション，動画，電子メール，ゲームなどのオンライン・メディアを媒体とした広告，映画館での広告，折込広告，交通広告（車体，車内や駅構内での広告，デジタルサイネージを含む），看板などの屋外広告，ポスター，チラシ，ダイレクトメール，パンフレット，フリーペーパー・フリーマガジン，POP広告および配布・掲示物（商品・サービスを販売・提供する店頭で行われる広告）などがある。また，商品そのものをメディアとしたコミュニケーション（ネーミングやパッケージ，パッケージ上の広告や表示など）や商品カタログも含む。なお，ここでいうウェブサイトには，事業者自らが作成・開示するホームページだけでなく，ウェブ運営事業者などが提供する広告などを含む。

2.3. マーケティング

市場（需要）の創造と維持・拡大，消費者との関係性の構築と維持を目的に事業者が行うさまざまな対市場活動をさす。

〈註〉
具体的には，消費者のニーズを把握するために行う市場調査，ニーズを充足する商品・サービスの企画・開発，価格設定，広告などのコミュニケーション活動を中心としたプロモーション（販売促進），流通チャネルの構築などがある。

3 基本原則

3.1 子どもの発達や特性に配慮した広告およびマーケティング

子どもには年齢に応じた発達過程があり，発達の段階ごとにそれぞれ異なる特性がある。幼児期の子どもは現実と空想の区別がつきにくい，見たものや聞いたものを信じや

すい，好奇心が旺盛で真似をしたがる（試してみたがる）などの特性がある。商品やサービスの購入やその消費において，概して子どもは知識や経験が少なく，情報を理解する力や判断する力が不足している。そのため広告などの情報を信じやすく，広告やマーケティングの影響を受けやすいとされている。

　子どもの発達や特性を考慮せずに制作された広告やマーケティングが，子どもの権利を侵害し，子どもの健全な発達を阻害し，あるいは安全や健康を脅かす可能性があることから，広告の制作やマーケティングの実施に際しては子どもに対する特別な配慮が求められる。

〈註〉
　4，5歳以下の子どもは番組と広告を区別するのに十分な認知的な発達を遂げておらず，7，8歳以下の子どもは広告の説得意図（商品・サービスの購買欲求を喚起するというねらい）を理解することができないとされている（アメリカ心理学会 2004）。こうした子どもの発達特性を踏まえ，広告やマーケティングから子どもを保護する法規制，自主規制が存在する。例えばスウェーデンやノルウェーでは12歳未満の子どもに対する広告は法律で禁止されている。その他，国際商業会議所（ICC）や業界の自主規制ガイドラインなどがある。
・子どもは取引に関する知識や経験，判断能力や支払い能力も不十分である。広告やマーケティングの影響により不利益をこうむらないよう，幼い子どもだけでなく18歳未満のすべての子どもの発達特性に配慮をする必要がある。

3.1.1　情報の正確性と信頼性の確保
　広告およびマーケティングによって発信される情報には，子どもに理解しやすい表示，言葉づかい，表現方法を用いることとし，対象となる子どもが誤解することのないよう正確性と信頼性の確保に努める。

3.1.2　不当，不公正，欺瞞的な広告およびマーケティングの回避
　子どもの発達や特性に鑑み，広告およびマーケティングが不当，不公正，欺瞞的な要素を含んでいないかを十分に検討することが必要である。さらに通常は不当，不公正，欺瞞的といえない広告およびマーケティングであっても，子どもに負の影響が及ぶ可能性があるため，こうした観点からも慎重な検討を要する。

3.1.3　安全性の確保
　広告およびマーケティングが，子どもの生命や健康を脅かすものであってはならない。

3.1.4　多様性の尊重
　広告およびマーケティングにおいては，多様性を尊重し，さまざまな差別や偏見を助長したり，さまざまな固定観念を強要または暗示するものとならないよう十分に配慮する。

3.1.5　人権侵害や有害な広告およびマーケティングの回避
　広告およびマーケティングが，子どもの人権や消費者としての権利を侵害し，健全な

発達を阻害するなど負の影響を及ぼすものであってはならない。特に暴力的な表現や過度な性的表現は，子どもの発達段階・年齢によっては負の影響を及ぼすことになるため十分配慮する。

3.1.6　子どもに関わる個人情報とプライバシーの保護

広告およびマーケティングが，子どもに関わる個人情報とプライバシーを侵害するものであってはならない。子どもに関わる個人情報は，大人と同等あるいはそれ以上に慎重に取り扱う必要がある。なお子どもは，自身の個人情報がどのように利用されるか，あるいは漏えいによるリスクの重大さを認識することが難しいため，個人情報の取得にあたっては，保護者の承諾を得るなど十分配慮する。

3.1.7　持続可能な消費への配慮

子どもは健全な消費者へと成長を遂げる過程にあり，持続可能な消費のあり方について大人は子どもを正しく導く責任がある。とりわけ事業者は，広告およびマーケティングにおいて，子どもに不必要で過度な消費を促すことがないよう，配慮する必要がある。

3.1.8　保護者と子どもの関係への事業者の建設的な貢献

子どもの保護監督，指導は基本的に保護者の責任であるが，事業者は広告およびマーケティングにおいて保護者と子どもの関係に建設的に貢献することが望ましい。従って事業者は，広告およびマーケティングに対して保護者が「子どもの教育上好ましくない」あるいは「子どもには見せたくない」と考える可能性があるという視点からも，広告およびマーケティングを検討する必要がある。

3.2　表現の自由における子どもの人権の尊重

広告およびマーケティングには憲法上の表現の自由，言論の自由が保障されており，これに関わるクリエイティビティは尊重されるべきであるが，子どもの人権（子どもの消費者としての権利を含む）の擁護はこれに優先される。事業者はこの原則を踏まえて，広告およびマーケティングを実施する。

3.3　法令および国内外のガイドラインの遵守

日本国内で適用される法律または条約などにおいて，子どもの広告およびマーケティングに関わる規定がある場合には，該当する事業者はこれを遵守しなければならない。国際機関などが設けたガイドラインや行動規範，または国内の業界団体や自主規制機関などが設けた自主基準についても同様とする。

4　広告表現，広告手法に関する配慮事項

4.1　広告表現に関する配慮事項

4.1.1. 広告の強要，執拗な商品・サービスの推奨

① 広告を見ることを強いる方法や繰り返し見せる方法などによって子どもに対して過度に商品・サービスの推奨をしてはならない。

② 商品・サービスの早急な購入を促す表現や稀少性を過度に強調する表現（例えば「今だけ」「当店だけ」「数量・期間限定」などの表現）は，子どもの意思決定や購買行動に大きな影響を与えるため配慮する。

4.1.2. おねだりの助長

子どもが商品・サービスの購入を保護者や大人にねだるように仕向けたり，買ってもらえるまで保護者や大人に働きかけたりすることを促すような表現には配慮する。

4.1.3. 効能効果・性能の誇張・強調

① 商品・サービスの利用によって得られる効能効果・性能に関する表現は，客観的な事実に基づいて行わなければならない。また，その効能効果・性能が，全ての購入者（利用者）に等しく期待できるものでない場合や，限定的な効能効果・性能に留まる場合には，その旨を子どもに理解しやすい明確な表現を用いて明示することが求められる。さらに，効能効果・性能を得るために特定の条件がある場合も，同様である。

② 効能効果・性能に関して誇張したり，一部を強調すること，または不確定な要素があるにもかかわらず断定的に表現することにより，子どもに過度な期待を抱かせ，誤認させることのないよう配慮する。

4.1.4. 価格表示の誇張・強調または販売価格に含まれないものについての明示の欠如

① 商品・サービスの価格について，通常より格安，またはお買い得であることを誇張・強調した表現によって，子どもが理解できないことがないよう，あるいは実際よりも著しく安いと誤認することがないよう配慮する。また，割引率・値引き額を表示する場合には，不当景品類および不当表示防止法の価格表示のルールに則り，通常販売価格と比較した正確な割引率や値引き額を表示する。

② 広告する商品・サービスの販売価格には含まれないもの（例えば，別売りのケース・バッグ，電池・バッテリー，充電器，アクセサリーなど）については，別途購入が必要である旨を明示する。

4.1.5. 恐怖感，不安感を与える表現

① 暴力的な表現，猟奇的な表現あるいは威迫・脅迫まがいの表現は，子どもに恐怖感，

不安感を与えうるため十分配慮する。
② 意図的に制作したものでないとしても，猟奇的または暴力的事件や子どもの人権を侵害するような事件などを連想させる広告表現は，子どもに強い恐怖感や不安感を与える可能性がある。このような表現については，表現自体を見直したり，広告媒体または時間帯を考慮することが望ましい。
③ 子どもが主たる訴求対象でない商品・サービスの広告を子どもが見て，恐怖感や不安感を覚える可能性がある。このような表現については，表現自体を見直したり，広告媒体または時間帯を考慮することが望ましい。

4.1.6. さまざまな差別，仲間はずれ，いじめを連想させる表現
① 人種，文化，宗教，性，職業，年齢，社会的弱者などに関する差別を容認または助長するかのような表現やいじめを連想させるような表現には十分配慮する。
② 商品・サービスを購入または利用しないことが，友人関係に支障をきたしたり，仲間はずれにされることを示唆または暗示する表現は，子どもの情緒を不安定にさせたり，友人間の不仲を助長させる契機となりうることから，こうした表現には配慮する。

4.1.7. 固定観念を強要する表現
性の役割分担（ジェンダー），家族観などに対する固定観念を強要または暗示する表現には配慮する。

4.1.8. 過度な性的表現
① 感受性の強い未成熟な子どもの性に対する興味をいたずらに助長し，性的欲求を過度に刺激するような表現，また不快感や精神的苦痛を与えるような表現には十分配慮する。
② 子どもが主たる訴求対象でない商品・サービスの広告を子どもが見て，性に対する興味や欲求を過度に刺激される可能性がある。このような表現については，表現自体を見直したり，広告媒体または時間帯を考慮することが望ましい。

4.1.9. 模倣するおそれのある行為や表現
子どもは，広告における行為や表現を意識的あるいは無意識に模倣することがある。こうした可能性に鑑み，子どもが模倣するおそれのある行為や表現を含む場合は，子どもに負の影響が及ばないよう，広告における行為や表現に配慮する。

4.1.10. 危険や誤使用を招くおそれのある表現
① 子どもが危険な方法や誤った方法で商品・サービスを使用しないよう，広告における表現には配慮する。

② 商品・サービスの特性によっては，さまざまな危険性を回避するために，広告において安全装備（例えば，ヘルメットや肘・膝あて，安全ベルトなど）の使用が不可欠である旨を明示する必要がある。
③ 広告には，必要に応じて商品・サービスの対象年齢を明示する。
④ 商品・サービスの使用方法，使用時間または1回当たりの使用量などを説明する場合は，子どもの身体の安全と健康に考慮し，子どもの健全な生活習慣を妨げないように配慮する。

4.1.11. 飲酒，喫煙を容認するまたは暗に勧める表現
　子どもが飲酒し，喫煙することを容認し，またはそうした行為を暗に勧めるような表現を用いてはならない。

4.1.12. 子どもの健康的で規則正しい食習慣を損ねるような表現
　子どもの健全な発達において食は重要な役割を果たすことから，食品（健康食品などを含むあらゆる食品ならびに清涼飲料水などの飲料を含む）の広告は子どもの健康的で規則正しい食習慣を推奨し，健全な食生活を実現するために，公的な食生活指針などに反する表現をしないよう配慮する。特に，以下の事項について留意する。
・子どもの健康を害する恐れのある成分を多く含む食品の過剰摂取や，栄養バランスがとれていない食事を推奨するような表現にならないよう配慮する。（世界保健機関 2010；2012）。
・早く食べる，大量に食べる，好き嫌いをすることを容認または助長するかのような表現には配慮する。
・広告の中で登場人物が飲食する場合，その消費量が対象となる年齢の子どもにとって過剰摂取または無理な減量と捉えられるような表現には配慮する。

4.2　広告手法その他に関する配慮事項
4.2.1　過度な景品提供企画の実施
　子どもに商品・サービスのプレゼントや懸賞などによる景品類の提供を行う場合には，子どもの射幸心や購買意欲を過度に刺激する表現にならないよう配慮する。とりわけ，以下の事項に留意する。
・応募にあたり保護者の承諾を得ているか確実な方法で確認する。
・広告において，応募期間，当選者数，当選発表の方法・時期など提供に最低限必要な条件を明示する。
・応募条件など景品の提供に関する詳細な情報が公表される場合は，公開する媒体，期間などについて明示する。
・商品を複数購入しないと応募できないなど，応募に特段の条件がある場合には，購入する際にその旨を子どもがわかるように明示する。

- 当選発表などの結果が公表される場合は，個人情報の公開により，子どものプライバシーが侵害されることのないよう配慮する。
- 応募によって金銭的負担が生じる可能性がある場合は，その旨を子どもがわかるように明示する。
- プレゼントされる商品・サービスあるいは懸賞などでもらえる景品類が，必ずもらえるまたは実際よりも高い確率で当たると誤認させないように表現には配慮する。

4.2.2 会員組織への過度な登録勧誘
商品・サービスの購入に際し，子どもに会員組織への登録を義務付けるなどの条件を設ける場合には，子どもの射幸心や購買意欲を過度に刺激する表現にならないよう配慮する。とりわけ，以下の事項に留意する。
- 登録にあたり保護者の承諾を得ているか確実な方法で確認する。
- 広告において，登録内容の利用目的を子どもがわかるように明示する。
- 登録によって金銭的負担が生じる可能性がある場合は，その旨を子どもがわかるように明示する。

4.2.3 特殊技法による非現実的な表現
広告効果を高めるさまざまな特殊技法が日々新たに開発される現状に鑑み，子ども向け広告にそれらの技法を使う場合には，子どもが広告の影響を受けやすく，物事を信じやすいことや子どもの感受性が豊かであるという発達特性を考慮する必要がある。
子どもが空想の世界を現実と思い込んでしまうようなことや，商品・サービスに対して現実では起きないことに過大な期待を寄せるようなことがないよう，特殊技法の使用には注意する必要がある。

4.2.4 番組や記事と広告の明確な区別
幼い子どもは番組や記事などの内容と広告とを区別するのに十分な認知的な発達を遂げていないことを逆手にとり，あたかも広告が番組や記事などの一部あるいはそれらの延長線上にあると思わせる広告は，子どもの誤認を引き起こすおそれがある。そのため，子どもに番組や記事と広告とは別のものであることを理解させるよう努める必要がある。また，番組や記事の中にあらかじめ特定の商品を組み込み，推奨する手法などについても，番組や記事と商品の推奨が別のものであることを子どもが理解できるように表現や構成に配慮する。

4.2.5 キャラクター，専門家，有名人などが推奨する場合の留意点
医師，教師など当該分野の専門家，有資格者であると子どもが認識する人物，子どもに人気のあるタレントやキャラクターを広告に登場させて商品・サービスを推奨する場合は，商品・サービスの性能や品質について子どもに過大な期待を抱かせ，誤解させる

ことのないよう配慮する。

4.2.6　子どもを広告に起用する場合の留意点
① 子どもを広告に起用する場合には，子どもの人権を侵害しないように配慮する。さらに撮影などの広告制作にあたっては子どもの安全や健康を第一に考え，安全性を十分に確保する。
② 子どもが起用された広告を見た子どもに対する影響については，以下の事項に留意する。
・子どもが起用された広告を見て，子どもの購入意欲を過度に刺激するような表現や，広告における行為などを模倣することにより子どもに負の影響を及ぼすおそれがある表現に配慮する。
・子どもが主たる訴求対象ではなく，通常は子どもが自ら購入または使用しない商品またはサービスの広告に子どもが登場し，商品・サービスを推奨する場合においても，当該広告を見た子どもに負の影響が及ぶことのないよう配慮する。

4.2.7　子どもが教育を受ける場所および通学路における広告およびマーケティングの留意点
事業者は，学校その他子どもが教育を受ける場所および通学路において，子どもの健全な発達を阻害するような商品・サービスの広告やマーケティングは避けるよう配慮する。また，事業者が，教育プログラムおよびさまざまな社会貢献活動を通じて，商品・サービスの販売促進に類する行為を行う場合も同様とする。

5．子ども向け広告およびマーケティングへの事業者による望ましい対応のあり方
5.1．子どもに負の影響を及ぼさない広告およびマーケティングの実施に向けた取り組み

事業者にとって，広告およびマーケティングを通じて消費者の信頼を獲得することは極めて重要な課題である。とりわけ，子どもと広告の関わりにおいて，子どもに負の影響を及ぼすような広告や不適切な広告を実施しないようにすることは，子どもの権利を尊重する事業者としての姿勢を示すこととなる。

事業者は，広告およびマーケティングを実施した場合に想定される問題点や潜在的な課題を事前に特定し，解決するように努めることが肝要であり，もし，広告に起因して何らかの問題が生じた場合には，当該広告およびマーケティングを迅速に中止または是正するなどの的確な措置をとることが求められる。

5.2．苦情に対応する部門の設置と苦情の把握，分析，継続的な改善

広告およびマーケティングに関わる消費者（子どもを含む）からの苦情や意見は，その広告およびマーケティングが社会にどのように受け止められたかを知る重要な情報で

ある。事業者は，消費者からの苦情や意見を受ける消費者対応部門（お客様相談室など）を設置する，または苦情受付の窓口として外部機関を活用するなどして，子どもの健全な発達を阻害することまたは子どもに負の影響を及ぼすことを懸念して寄せられる苦情や意見を把握，分析し，継続的な改善につなげるよう努める必要がある。

また，広告およびマーケティング関連部門は，消費者対応部門と積極的に連携を図り，必要に応じて消費者の声を広告制作やマーケティングに反映させるとともに，不適切な表現などの再発防止に努める。なお，苦情対応に関わる詳細については，消費者からの苦情対応に関わる JIS 規格（JIS Q 10002）を参照されたい。

5.3. 社外の関連団体・組織からの情報収集と有効活用

広告に関する消費者からの苦情や意見は，事業者の消費者対応部門だけでなく，業界団体，広告審査団体，行政機関，消費生活センター，消費者団体，媒体社などさまざまな社外の関連団体・組織にも寄せられる。事業者はこうした社外の情報も積極的に収集し，不適切な表現などが認められた場合には真摯に対応すると同時に，継続的な改善につなげるよう努める必要がある。

そのためには，消費者団体などにモニターを依頼する方法や社外の関連団体・組織への意見聴取も有効である。さらに，広告審査団体に実施予定の広告に関して事前に見解を求めたり，子どもの発達・心理の専門家などに事前相談することにより，専門的な立場からの助言を得る方法も一考に値する。

(出典)　公益社団法人セーブ・ザ・チルドレン・ジャパン（2016）．
　　　　「子どもの権利とマーケティング・広告検討委員会」．座長：松本恒雄（国民生活センター理事長）

11　日本民間放送連盟放送基準（3章抜粋）ならびに(付)児童向けコマーシャルに関する留意事項

3章　児童および青少年への配慮

(15) 児童および青少年の人格形成に貢献し，良い習慣，責任感，正しい勇気などの精神を尊重させるように配慮する。

(16) 児童向け番組は，健全な社会通念に基づき，児童の品性を損なうような言葉や表現は避けなければならない。

(17) 児童向け番組で，悪徳行為・残忍・陰惨などの場面を取り扱う時は，児童の気持ちを過度に刺激したり傷つけたりしないように配慮する。

(18) 放送時間帯に応じ，児童および青少年の視聴に十分，配慮する。

(19) 武力や暴力を表現する時は，青少年に対する影響を考慮しなければならない。

(20) 催眠術，心霊術などを取り扱う場合は，児童および青少年に安易な模倣をさせないよう特に注意する。

⑵₁ 児童を出演させる場合には，児童としてふさわしくないことはさせない。特に報酬または賞品を伴う児童参加番組においては，過度に射幸心を起こさせてはならない。
⑵₂ 未成年者の喫煙，飲酒を肯定するような取り扱いはしない。

(付) 児童向けコマーシャルに関する留意事項
昭和57年3月18日制定，平成21年3月18日改訂。
　児童向けコマーシャルにする放送基準の運用にあたっては，より慎重を期するため以下に留意する。
　1．この留意事項の対象は，次のとおりとする。
(1)「児童」とは，人格形成が未熟な年少児・幼児（一般的に12歳以下）を指す。
(2)「児童向けコマーシャル」とは，「児童向け商品・サービスのコマーシャル」および「児童向け番組のコマーシャル」を指す。
(3)「児童向け商品・サービスのコマーシャル」とは，通常，児童が自分で買い求めることの多い商品・サービス，例えば，玩具，菓子類，文房具などのコマーシャルをいう。
(4)「児童向け番組のコマーシャル」とは，もっぱら児童を対象とする教育番組や，アニメ，童話，ドラマ，ゲームなどの番組に挿入されるタイムCM，PTをいう。

　2．児童向けコマーシャルについては，以下の点に留意する。
(1) 健全な社会通念に反し，児童の品性を損なうようなものは取り扱わない。
(2) 児童が模倣するおそれのある危険な行為は取り扱わない。
(3) 児童に恐怖感を与えるものは取り扱わない。
(4) 暴力を肯定したり，生命の尊厳を損なうような反社会的行為を暗示するものは取り扱わない。
(5) 家庭内の話題として不適当なもの，秘密裏に使用するもの，酒やたばこに関するものは取り扱わない。

　3．児童向け商品・サービスのコマーシャルについては，前項に加え，以下の点に留意する。
(1) それを持たないと仲間はずれになる，というような，児童の劣等感や優越感を過度に利用する表現は避ける。
(2) 商品の性能やサービスの特徴を過度に誇張したり，過大評価させるような表現は避ける。
(3) 親，教師，番組の主人公や著名人などへの児童の信頼感を不当に利用して，購買を強いる表現は避ける。
(4) 懸賞・景品については，児童の射幸心や購買欲を過度にそそる表現は避ける。そのため，景品表示関係法令や公正競争規約を順守するほか，現金がその場でもらえるような景品企画を表示するものは取り扱わない。

(5) 児童にとって危険・有害と思われる景品つきのものは取り扱わない。
(6)「日本一」「いちばん良い」「いま，いちばん売れている」などの最大級表現は避ける。
(7) 通信販売の申し込みは，保護者等の同意を得て行うよう注意する。

 4．児童が出演するコマーシャルでは，児童にふさわしくない表現にならないよう特に留意する。

（注） 1952（昭和27）年に施行された放送法（第5条）は，放送事業者に対して「放送番組の編集の基準」（番組基準）を定め，番組基準にしたがって放送番組の編集を行うことを規定している。コマーシャルも「放送番組」に該当するものとされている。
（出典） 一般社団法人日本民間放送連盟ウェブサイト（http://www.j-ba.or.jp/category/broadcasting/jba101032#hk3　2016年9月15日アクセス）。

参考文献

序　章　子ども消費者とマーケティング

外国語文献

Acuff, D. S. (1997). *What Kids Buy and Why: The Psychology of Marketing to Kids,* New York: Free Press.

Boyles, D. R. (Ed.) (2008). *The Corporate Assault on Youth: Commercialism, Exploitation, and the End of Innocence,* New York: Peter Lang Publishing, Inc.

Ellickson, P. L., Collins, R. L., Hambarsoomians, K. & McCaffrey, D. F. (2005). "Does alcohol advertising promote adolescent drinking? results from a longitudinal assessment," *Addiction,* 100(2), pp. 235-246.

Hastings, G., Anderson, S., Cooke, E. & Gordon, R. (2005). "Alcohol marketing and young people's drinking: A review of the research," *Journal of Public Health Policy,* 26(3), pp. 296-311.

Hawkes, C. (2007). "Regulating and Litigating in the Public Interest: Regulating Food Marketing to Young People Worldwide: Trend and Policy Drivers," *American Journal of Public Health,* 97(11), pp. 1962-1973.

Institute of Medicine. (2006). *Food Marketing to Children and Youth: Threat or Opportunity?,* Washington, D.C.: The National Academies Press.

Jacobson, L. et al. (2008). *Children and Consumer Culture in American Society,* Connecticut: Praeger Publishers.

Kline, S. (1993). *Out of the Garden: Toys, TV, and Children's Culture in the Age of Marketing,* New York: Verso.

Linn, S. (2004). *Consuming Kids: The Hostile Takeover of Childhood,* New York: The New Press.

Marshall, D. W. (Ed.) (2010). *Understanding Children as Consumers* (SAGE Advanced Marketing Series), U.K.: Sage Publications Ltd.

McNeal, J. U. (1969). "The Child Consumer: A New Market," *Journal of Retailing,* summer, pp. 15-22, 84.

McNeal, J. U. (1992). *Kids as Consumers: A Handbook of Marketing to Children,* New York: Lexington Books.

McNeal, J. U. (1999). *The Kids Market: Myth and Realities,* Ithaca, New York:

Paramount Market Publishing.
McNeal, J. U. (2007). *On Becoming Consumer: Development of Consumer Behavior Patterns in Childhood*, Burlington, MA: Butterworth-Heinemann.
Nestle, M. (2002). *Food Politics: How the Food Industry Influences Nutrition and Health*, Berkeley, California: The University of California Press.
Sancho, F. M., Miguel, M. J. & Aldás, J. (2011). "Factors influencing youth alcohol consumption intention: An approach from consumer socialization theory," *Journal of Social Marketing*, 1(3), pp. 192-210.
Schor, J. B. (2004). *Born to Buy: The Commercialized Child and the New Commercial Culture*, New York: Scribners.
（邦訳書）ジュリエット・B・ショア著／中谷和男訳（2005）『子どもを狙え！：キッズ・マーケティングの危険な罠』アスペクト。
Siegel, D. L., Coffey, T. J. & Livingston, G. (2004). *The Great Tween Buying Machine: Capturing Your Share of the Multibillion Dollar Tween Market*, Chicago, IL: Dearborn Trade Publishing.
Story, M. & French, S. (2004). "Food Advertising and Marketing Directed at Children and Adolescents in the US," *International Journal of Behavioral Nutrition and Physical Activity*, pp. 1-17.
Villani, S. (2001). "Impact of media on children and adolescents: A 10-year review of the research," *Journal of the American Academy of Child and Adolescent Psychiatry*, 40(4), pp. 392-401.
WHO Regional Office for Europe. (2013). *Marketing of foods high in fat, salt and sugar to children: update 2012-2013*. (http://www.euro.who.int/__data/assets/pdf_file/0019/191125/e96859.pdf)
World Health Organization. (2002). *Globalization, Diets and Noncommunicable Diseases*. (http://whqlibdoc.who.int/publications/9241590416.pdf)
World Health Organization. (2004). *Global Strategy on Diet, Physical Activity and Health*. (http://www.who.int/dietphysicalactivity/strategy/eb11344/strategy_english_web.pdf　2016年9月30日アクセス)
World Health Organization. (2006). *Marketing of Food and Non-alcoholic Beverages to Children: Report of a WHO Forum and Technical Meeting*, Oslo. (http://www.who.int/dietphysicalactivity/publications/Oslo%20meeting%20layout%2027%20NOVEMBER.pdf)
World Health Organization. (2007). *Marketing Food to Children: Changes in the Global Regulatory Environment 2004-2006*. (http://www.who.int/dietphysicalactivity/regulatory_environment_CHawkes07.pdf)
World Health Organization. (2009). *The Extent, Nature and Effects of Food*

Promotion to Children: a Review of the Evidence to December 2008. (http://www.who.int/dietphysicalactivity/publications/marketing_evidence_2009/en/index.html)

World Health Organization. (2010). *Set of Recommendations on the Marketing of Foods and Non-alcoholic Beverages to Children.* (http://whqlibdoc.who.int/publications/2010/9789241500210_eng.pdf)

World Health Organization. (2012). *A Framework for Implementing the Set of Recommendations on the Marketing of Foods and Non-alcoholic Beverages to Children.* (http://www.who.int/dietphysicalactivity/MarketingFramework2012.pdf)

World Health Organization. (2014). *Global Status Report on Noncommunicable Diseases 2014.* (http://apps.who.int/iris/bitstream/10665/148114/1/9789241564854_eng.pdf?ua=1 2016年9月30日アクセス)。

World Health Organization. (2016). *Fiscal policies for Diet and Prevention of Noncommunicable Diseases.* (http://apps.who.int/iris/bitstream/10665/250131/1/9789241511247-eng.pdf?ua=1 2016年10月15日アクセス)。

邦文文献

天野恵美子（2006a）「米国における子ども向けフード・マーケティングの新展開——self-Regulatory System と子ども向け食品広告をめぐって——」『フードシステム研究』第13巻第1号（通巻29号），23-34頁。

天野恵美子（2006b）「マーケティングから子どもを守る消費者運動——米国の消費者団体の活動を中心に——」『第3回生協総研賞・研究論文集』1-16頁。

天野恵美子（2007a）「グローバル・マーケティングと子ども消費者——問われる米国食品企業の社会的責任——」『日本消費経済学会年報』第28集，1-11頁。

天野恵美子（2007b）「米国における「子ども消費者」の発見と市場の生成——子どもはいかにして「顧客」になったか——」『生活経営学研究』第42号，39-47頁。

天野恵美子（2010）「未成年者と消費者問題——子どもを取り囲むマーケティング・情報社会——」西村多嘉子・藤井千賀・森宮勝子編『入門消費経済学（第4巻：法と消費者）』（全6巻）慶應義塾大学出版会，第12章所収，213-229頁。

天野恵美子（2011）「『子ども』と『消費・マーケティング』をめぐる研究の動向——学術誌 *Young Consumers* とスウェーデン会議からの研究展望——」『経済経営研究所年報』第33集，15-28頁。

天野恵美子（2012）「米国における食品・飲料企業の学校内マーケティング——「市場」としての学校と「消費者」としての子ども——」『経済系』第251集，35-49頁。

アリエス，フィリップ著／杉山光信・杉山恵美子訳（1980）『〈子供〉の誕生』みすず

書房。
岩間暁子（2008）『女性の就業と家族のゆくえ——格差社会のなかの変容——』東京大学出版会。
エーカフ，ダン・S.，ロバート・H.ライハー著／五島芳樹訳（1999）『キッズ・マーケティング——子供の買うモノ・買わぬモノ——』五月書房。
奥谷めぐみ・鈴木真由子（2011）「子どもをとりまく消費文化の変遷にみる生活課題」『大阪教育大学紀要』第Ⅱ部門社会科学・生活科学，第60巻第1号，23-34頁。
柏木惠子（2001）『子どもという価値』中公新書。
ショア，ジュリエット・B著，中谷和男訳（2005）『子どもを狙え！——キッズ・マーケティングの危険な罠——』アスペクト。
国民生活センター（http://www.kokusen.go.jp/pdf/n-20050309_1.pdf 2016年9月30日アクセス）。
白波瀬佐和子編（2006）『変化する社会の不平等——少子高齢化に潜む格差——』東京大学出版会。
神野由紀（1995）「市場における『子供の発見』——子供のためのデザインの成立とその背景に関する一考察(1)」『デザイン学研究』第42巻第1号，93-102頁。
隅田孝（2006）『若者市場論——若者消費者の購買意思決定と若者市場マーケティング——』創成社。
高橋勝（2006）『情報・消費社会と子ども』明治図書。
田村正紀（1988）「子供消費者の台頭」『国民経済雑誌』第157巻第3号，39-56頁。
辻中俊樹編（1988）『団塊ジュニア　15世代白書——消費心ドキドキ，リアルな生活シーンから——』誠文堂新光社。
辻中俊樹（1989）『最後のビッグ・マーケット「団塊ジュニア」をつかまえる方法：消費者をリードする〈情報世代〉に何をどう売る』こう書房。
永井聖二・加藤理編（2010）『消費社会と子どもの文化』学文社。
日経流通新聞（1991）『子ども減産時代の新ビジネス』日本経済新聞社。
日本コンサルティンググループ羅針盤（2005）『お子様業界』こう書房。
博報堂BaBuプロジェクト編著（2007）『ポケッツ！』弘文堂。
阪急コミュニケーションズ・ODSティーンズ研究会（1990）『ティーンズ解体新書：「超適応世代」は消費社会をどう変えるのか』TBSブリタニカ。
藤村厚夫・玉木明・米沢慧（1989）『子ども』新曜社。
ベネッセ教育研究所（1995）『季刊　子ども学 Vol.9 特集　消費社会と子ども』ベネッセ教育研究所。
本田和子（2002）『子ども100年のエポック』フレーベル館。
本田和子（2004）『変貌する子ども世界——子どもパワーの光と影——』中公新書。
マリオン・ネスル著／三宅真季子・鈴木眞理子訳（2005）『フード・ポリティクス』新曜社。

増淵宗一（1987）『リカちゃんの少女フシギ学』新潮社。
無藤隆・駒谷真美（2005）「児童期におけるコマーシャル理解の発達」『マス・コミュニケーション研究』第67号, 156-173頁。
無藤隆・麻生武・内田伸子・落合良行・楠見博・南博文・やまだようこ編（1995）『講座 生涯発達心理学3 子ども時代を生きる 幼児から児童へ』。
無藤隆・駒谷真美（2004）「小学生のコマーシャル理解におけるメディア・リテラシー教育の単元開発」『AD Studies』Vol. 7, 30-37頁。
モーゼス，エリッサ著，田中洋訳（2002）『ティーンズ・マーケティング——1000億ドル市場の攻略法——』ダイヤモンド社。
山岡拓（2007）『父子消費』日本経済新聞出版社。
山田昌弘（2005）『迷走する家族』有斐閣。
山田昌弘（2008）『少子社会日本——もうひとつの格差のゆくえ——』岩波書店。
吉田豊（1987）『子ども市場——消費社会の"アンテナパーソンズ"たち』日本コンサルタント・グループ。

第1章 子ども消費者の誕生と市場の生成

外国語文献

American Psychological Association. (2004). *Report of the APA Task Force on Advertising and Children: Psychological Issues in the Increasing Commercialization of Childhood,* February 20. (http://www.apa.org/releases/childrenads.pdf)

Blatt, J., Spencer, L. & Ward, S. (1972). "A Cognitive Developmental Study of Children's Reactions to Television Advertising," in Rubinstein, E. A., Comstock, G. A. & Murray, J. P. (Eds.) *Television and Social Behavior. Vol. 4. Television in Day-to Day Life: Patterns of Use,* Washington, D.C.: U.S. Department of Health, Education, and Welfare, pp. 452-467.

Center for Science in the Public Interest. (2003). *Pestering Parents: How Food Companies Market Obesity to Children,* Washington, D.C.: CSPI, November 2003. (www.cspinet.org/pesteringparents)

Cook, D. T. (2000). "The Other 'Child Study': Figuring Children as Consumer in Market Research, 1910s-1990s," *The Sociological Quarterly,* 41(3), pp. 487-507.

Cross, G. (1997). *Kids' Stuff: Toys and the Changing World of American Childhood,* MA: Harvard University Press.

Levin, D. E. & Linn, S. (2003). "The Commercialization of Childhood: Understanding the Problem and Finding Solutions," in Kasser, T. & Kanner, A. D.,

  Psychology and Consumer Culture: The Struggle for a Good Life in a Materialistic World, Washington, D.C.: American Psychological Association, pp. 213-232.

Macklin, M. C. & Carlson, L. (Eds.) (1999). *Advertising to Children: Concept and Controversies,* California: SAGE Publications, Inc.

McNeal, J. U. (1969). "The Child Consumer: A New Market," *Journal of Retailing,* summer, pp. 15-22, 84.

McNeal, J. U. (1992). *Kids as Customers: A Handbook of Marketing to Children,* New York: Lexington Books.

McNeal, J. U. (1999). *The Kids Market: Myths and Realities,* Ithaca, New York: Paramount Market Publishing.

Molner, A. (2005). *School Commercialism: from Democratic Ideal to Market Commodity,* New York: Routledge.

Moore, E. S. (2004). "Children and the Changing World of Advertising," *Journal of Business Ethics,* Jun. Vol. 52, Iss. 2.

Quart, A. (2003). *Branded: The Buying and Selling of Teenagers,* New York: Basic Books.

Schor, J. (2004). *Born to Buy: The Commercialized Child and the New Consumer Culture,* New York: Scribner.
  (邦訳書) ジュリエット・B・ショア著／中谷和男訳 (2005)『子どもを狙え！： キッズ・マーケティングの危険な罠』アスペクト。

Schor, J. B. (2006). "When Childhood Gets Commercialized, Can Children be Protected ?," in Carlsson, U. (Ed.) *Regulation, Awareness, Empowerment Young People and Harmful Media Content in the Digital Age,* The International Clearinghouse on Children, Youth and Media, Nordicom, Goteborg University, pp. 101-122.

Schor, J. B. & Ford, M. (2007). "From Tastes Great to Cool: Children's Food Marketing and the Rise of the Symbolic," *Journal of Law, Medicine & Ethics,* 35(1), pp. 10-12.

Smith, N. C. & Cooper-Martin, E. (1997). "Ethics and Target Marketing: The Role of Product Harm and Consumer Vulnerability," *Journal of Marketing,* Jul, Vol. 61, pp. 1-20.

The Kaiser Family Foundation. (2006). *It's Child Play: Advergaming and the Online Marketing of Food to Children.*

World Health Organization. (2004). *Marketing Food to Children: the Global Regulatory Environment.*

参 考 文 献

邦文文献

アーカー，D. A.・デー，G. S. 編／谷原修身・今尾雅博・中村勝久訳（1984）『コンシューマリズム第4版』千倉書房，111頁。

第2章 子どもに対するマーケティングの新たな方向性

外国語文献

Acuff, D. S. & Reiher, R. H. (1997). *What Kids Buy and Why: The Psychology of Marketing to Kids*, New York: Free Press.

American Psychological Association. (2004). *Report of the APA Task Force on Advertising and Children*, February 20. (http://www.apa.org/releases/childrenads.pdf)

American Psychological Association. (2009). *Resolution on promotion of healthy active lifestyles and prevention of obesity and unhealthy weight control behaviors in children and youth*, Washington, D. C.. (http://www.apa.org/about/governance/council/policy/chapter-12b.aspx#active-lifestyle)

Blatt, J., Spencer, L. & Ward, S. (1972). "A Cognitive Developmental Study of Children's Reactions to Television Advertising," in Rubinstein, E. A., Comstock, G. A. & Murray, J. P. (Eds.) *Television and Social Behavior. Vol. 4. Television in Day-to Day Life: Patterns of Use*, Washington, D. C.: U. S. Department of Health, Education, and Welfare, pp. 452-467.

Blecher, E. (2008). "The impact of tobacco advertising bans on consumption in developing countries," *Journal Of Health Economics*, 27(4), pp. 930-942.

Brown, M. H., Skeen, P. & Osborn, D. K. (1979). "Young children's perception of the reality of television," *Contemporary Education*, 50, pp. 129-133.

Butter, E. J., Popovich, P. M., Stackhouse, R. H. & Garner, R. K. (1981). "Discrimination of television programs and commercials by preschool children," *Journal of Advertising Research*, 21(2), pp. 53-56.

Carlson, L. & Grossbart, S. L. (1988). "Parental Style and Consumer Socialization of Children," *Journal of Consumer Research*, 15(1), pp. 77-94.

Carlson, L., Grossbart, S. L. & Stuenkel, J. (1992). "The Role of Parental Socialization Types on Differential Family Communication Patterns Regarding Consumption," *Journal Of Consumer Psychology* (*Lawrence Erlbaum Associates*), 1(1), p. 31.

Centers for Disease Control and Prevention. (2006). *NHANES data on the prevalence of overweight among children and adolescents: United States, 2003-2006*, Atlanta, GA: CDC National Center for Health Statistics, Health E-Stat.

Chandler, T. M. & Heinzerling, B. M. (1999). *Children and Adolescents in the Market Place Twenty-Five Years of Academic Research*, Michigan: Pierian Press.

Comstock, G. & Scharrer, E. (2001). "The Use of Television and Other Film-Related Media," in Singer, D. G. & Singer, J. L. (Eds.) *Handbook of Children and the Media*, Thousand Oak, CA: Sage Publications.

Cram, F. & Ng, S. (1999). "Consumer Socialisation," *Applied Psychology: An International Review*, 48(3), pp. 297-312.

Harris, J. L., Pomeranz, J. L., Lobstein, T. & Brownell, K. D. (2009). "A Crisis in the Marketplace: How Food Marketing Contributes to Childhood Obesity and What Can Be Done," *Annual Review Of Public Health*, 30(1), pp. 211-225.

Jaglom, L. M. & Gardner, H. (1981). "The preschool television viewer as anthropologist," in H. Kelly & H. Gardner. (Eds.) *New directions for child development: Viewing children through television*, San Francisco: Jossey-Bass, pp. 9-30.

Jansson-Boyd, C. V. (2010). *Consumer Psychology*, England. Open University Press.

John, D. R. (1999). "Consumer socialization of children: A retrospective look at twenty-five years of research," *Journal of Consumer Research*, 26(3), pp. 183-213.

Jones, S. & Kervin, L. (2011). "An experimental study on the effects of exposure to magazine advertising on children's food choices," *Public Health Nutrition*, 14(8), pp. 1337-1344.

Jones, S., Mannino, N. & Green, J. (2010). "'Like me, want me, buy me, eat me': relationship-building marketing communications in children's magazines," *Public Health Nutrition*, 13(12), pp. 2111-2118.

Kaiser Family Foundation. (2004). *The role of media in childhood obesity*, Washington, D.C.: Author. (http://www.kff.org/entmedia/upload/The-Role-Of-Media-in-Childhood-Obesity.pdf)

Kaiser Family Foundation. (2005). *Generation M: Media in the lives of eight to eighteen year olds*, Washington, D.C.: Author. Retrieved from http://www.kff.org/entmedia/entmedia030905pkg.cfm

Koplan, J. P., Liverman, C. T. & Kraak, V. A. (Eds.) (2005). *Preventing childhood obesity: Health in the balance*, Washington, D.C.: Committee on Prevention of Obesity in Children and Youth, Food and Nutrition Board, Institute of Medicine of the National Academies. (http://www.nap.edu/catalog.php?record_id=11015)

Larson, R. W. & Verma, S. (1999). "How Children and Adolescents Spend Time

Across the World.: Work, Play, and Developmental Opportunities," *Psychological Bulletin*, 125, pp. 701-736.

Lauterbach, A. T. (1954). *Man, Motives and Money: Psychological Frontiers of Economics*, Ithica, New York: Cornell University Press.

Levin, S. R., Petros, T. V. & Petrella, F. W. (1982). Preschoolers' awareness of television advertising, *Child Development*, 53, pp. 933-937.

Linn, S. (2004). *Consuming Kids: The Hostile Takeover of Childhood*, New York: The New Press.

Marshall, D. W. (Ed.) (2010). *Understanding Children as Consumers* (SAGE Advanced Marketing Series), U.K.: Sage Publications Ltd.

McNeal, J. U. (1987). *Children as Consumers: Insights and Implications*, Lexington, MA: D.C. Heath and Company.

McNeal, J. U. (1992). *Kids as Consumers: A Handbook of Marketing to Children*, New York: Lexington Books.

McNeal, J. U. (1999). *The Kids Market: Myth and Realities*, Ithaca, New York: Paramount Market Publishers.

McNeal, J. U. (2007). *On Becoming a Consumer: Development of Consumer Behavior Patterns in Childhood*, Burlington, MA: Butterworth-Heinemann (an imprint of Elsevier).

McNeal, J. U. & McDaniel, S. W. (1982). *Consumer Behavior: Classical and Contemporary Dimensions*, Little, Brown and Company Inc.

McNeal, J. U. & Yeh, C. H. (1997). "Development of Consumer Behavior Patterns among Chinese Children," *Journal of Consumer Marketing*, 14(1), pp. 45-59.

McNeal, J. U. & Yeh, C. H. (2003). "Consumer Behavior of Chinese Children: 1995-2002," *Journal of Consumer Marketing*, 20(6), pp. 542-554.

Mello, M. M., Rimm, E. B. & Studdert, D. M. (2003). "The McLawsuit: The Fast-Food Industry And Legal Accountability For Obesity," *Health Affairs*, 22(6), pp. 207-216.

Moore, R. S. (2005). "The Sociological Impact of Attitudes Toward Smoking: Secondary Effects of the Demarketing of Smoking," *Journal Of Social Psychology*, 145(6), pp. 703-718.

Moschis, G. P. & Churchill, G. A. Jr. (1978). "Consumer Socialization: A Theoretical and Empirical Analysis," *Journal of Consumer Research*, 15(4), pp. 599-609.

Moschis, G. P. & Moore, R. L. (1982). "A longitudinal study of television advertising effects," *Journal of Consumer Research*, 9, pp. 279-286.

Nestle, M. (2002). *Food Politics: How the Food Industry Influences Nutrition and Health*, Berkeley, California: The University of California Press.

(邦訳書) マリオン・ネスル著／三宅真季子・鈴木眞理子訳 (2005)『フード・ポリティクス』新曜社。
North, E. J. & Kotze, T. (2001). "Parents and television advertisements as consumer socialisation agents for adolescents: An exploratory study," *Journal of Family Ecology and Consumer Sciences,* 29, pp. 91-99.
Ogden, C. L., Carroll, M. D. & Flegal, K. M. (2008). "High body mass index for age among U.S. children and adolescents, 2003-2006," *Journal of the American Medical Association,* p. 299, pp. 2401-2405.
Özmete, E. (2009). "Parent and Adolescent Interaction in Television Advertisements as Consumer Socialization Agents," *Education,* 129(3), pp. 372-381.
Palmer, E. L. & Young, B. M. (Ed.) (2003). *The Faces of Televisual Media: Teaching, Violence, Selling to Children* (2nd ed.), Routledge.
Piaget, J. (1936). *The Origin of Intelligence in the Child,* London: Routledge & Kegan Paul.
Piaget, J. (1951). *Play, Dreams, and Imitation in Childhood,* London: Routledge & Kegan Paul.
Pomeranz, J. L. (2010). "Television Food Marketing to Children Revisited: The Federal Trade Commission Has the Constitutional and Statutory Authority to Regulate," *Journal Of Law, Medicine & Ethics,* 38(1), pp. 98-116.
Pratt, C. A., Stevens, J. & Daniels, S. (2008). "Childhood obesity prevention and treatment recommendations for future research," *American Journal of Preventive Medicine,* 35, pp. 249-252.
Roberts, D. F., Foehr, U. G., Rideout, U. T. & Brodie, M. (1999). *Kids and the Media at the New Millennium,* Menlo Park, CA: Kaisar Family Foundation.
Scott, M. M., Cohen, D. A., Schonlau, M., Farley, T. A. & Bluthenthal, R. N. (2008). "Alcohol and Tobacco Marketing: Evaluating Compliance with Outdoor Advertising Guidelines," *American Journal of Preventive Medicine,* 35(3), pp. 203-209.
Schor, J. (2004) *Born to Buy: The Commercialized Child and the New Consumer Culture,* New York: Scribner.
(邦訳書) ジュリエット・B・ショア著／中谷和男訳 (2005)『子どもを狙え！: キッズ・マーケティングの危険な罠』アスペクト。
Schor, J. B. (2006). "When Childhood Gets Commercialized, Can Children be Protected?," in Carlsson, U. (Ed.) *Regulation, Awareness, Empowerment Young People and Harmful Media Content in the Digital Age. The International Clearinghouse on Children, Youth and Media,* Nordicom, Goteborg University, pp. 101-122.

Schor, J. B. & Ford, M. (2007). "From Tastes Great to Cool: Children's Food Marketing and the Rise of the Symbolic," *Journal of Law, Medicine & Ethics*, 35(1), pp. 10-21.

Schor, J. B. (2008). "Understanding the Child Consumer," *Journal of the American Academy of Child & Adolescent Psychiatry*, 47(5), pp. 486-490.

Serdula, M. K. D., Ivery, R. J., Coates, D. S., Freedman, D. F., Williamson, D. F. & Byers, T. (1993). "Do obese children become obese adults?: A review of the literature," *Preventive Medicine*, 22, pp. 167-177.

Shim, S., Serido, J. & Barber, B. L. (2011). "A Consumer Way of Thinking: Linking Consumer Socialization and Consumption Motivation Perspectives to Adolescent Development," *Journal of Research On Adolescence* (Blackwell Publishing Limited), 21(1), pp. 290-299.

Siegel, D. L., Coffey, T. J. & Livingston, G. (2004). *The Great Tween Buying Machine: Capturing Your Share of the Multibillion Dollar Tween Market*, Chicago, IL: Dearborn Trade Publishing.

Smith, N. C. & Cooper-Martin, E. (1997). "Ethics and Target Marketing: The Role of Product Harm and Consumer Vulnerability," *Journal of Marketing*, Jul. Vol. 61, pp. 1-20.

Ward, S. & Wackman, D. (1971). "Family and Media Influences On Adolescent Consumer Learning," *American Behavioral Scientist*, 14(3), p. 415.

Ward, S., Levinson, D. & Wackman, D. (1972). "Children's Attention to Advertising," in Rubinstein, E. A., Comstock, G. A. & Murray, J. P. (Eds.) *Television and Social Behavior*, Vol. 4, Washington, D.C.: Government Printing Office, pp. 491-515.

Ward, S., Reale, G. & Levinson, D. (1972). "Children's Perceptions, Explanations, and Judgments of Television Advertising: A Further Exploration," in Rubinstein, E. A., Comstock, G. A. & Murray, J. P. (Eds.) *Television and Social Behavior: Vol. 4. Television in Day-to-Day Life: Patterns of Use*, Washington, D.C.: U.S., Department of Health, Education, and Welfare, pp. 468-490.

Ward, S. & Wackman, D. (1972). "Children's Purchase Influence Attempts and Parental Yielding," *Journal of Marketing Research*, 9, pp. 316-319.

Ward, S. & Wackman, D. (1973). "Children's Information Processing of Television Advertising," in Clarke, P. (Ed.) *New models for mass communication research*, Beverly Hills, CA: Sage Publications.

Ward, S. (1974). "Consumer Socialization," *Journal of Consumer Research*, 1(2), pp. 1-14.

Ward, S. & Wackman, D. (1974). "Consumer Socialization: Initial Study Results,"

Advances in Consumer Research, 1, pp. 120-125.
Ward, S., Wackman, D. & Wartella, E. (1977). *How Children Learn to Buy: The Development of Consumer Information-Processing Skills*, Beverly Hills. Sage Publications.
Watne, T. & Brennan, L. (2011). "Behavioral Change Starts in the Family: The Role of Family Communication and Implications for Social Marketing," *Journal Of Nonprofit & Public Sector Marketing*, 23(4), pp. 367-386.
Whitaker, R. C., Wright, J. A., Pepe, M. S., Seidel, K. D. & Deitz, W. H. (1997). "Predicting obesity in young adulthood from childhood and parental obesity," *New England Journal of Medicine*, 37, pp. 869-873.
Wood, W. & Hayes, T. (2012). "Social Influence on consumer decisions: Motives, modes, and consequences," *Journal of Consumer Psychology* (*Elsevier Science*), 22(3), pp. 324-328.

邦文文献

内田伸子編(2006)『発達心理学キーワード』有斐閣。
エーカフ，ダン・S・ライハー，ロバート・H.著／五島芳樹訳(1999)『キッズマーケティング——子供の買うモノ・買わぬモノ——』五月書房。
高橋恵子・波多野誼余夫(1990)『生涯発達の心理学』岩波新書。
無藤隆・駒谷真美(2004)「小学生のコマーシャル理解におけるメディア・リテラシー教育の単元開発」『AD Studies』Vol. 7, 30-37頁。
ワード，スコット(1984)「『子供の視聴者』の規則に関する研究者の考察」D. A. アーカー・G. S. デー編／谷原修身・今尾雅博・中村勝久訳『コンシューマリズム第4版』千倉書房, 116-122頁。

第3章　食品・飲料企業の子ども向けマーケティングの展開

外国語文献

American Psychological Association. (2004). *Report of the APA Task Force on Advertising and Children Section: Psychological Issues in the Increasing Commercialization of Childhood*. (http://www.sfu.ca/cmns/faculty/kline_s/320/06-spring/resources/sup_readings/childrenads.pdf)
Andreasen, A. (1993). "A Social Marketing Research Agenda for Consumer Behavior Researchers," in *Advances in Consumer Research*, Vol. 20, McAlister, Leigh Rothschild, Michael. (Eds.). Provo. UT: Association for Consumer Research. pp. 1-5.
Blatt, J., Spencer, L. & Ward, S. (1972). "A Cognitive Developmental Study of

Children's Reaction to Television Advertising," in Rubinstein, E. A., Comstock, G. A. & Murray, J. P. (Eds.) *Television and Social Behavior. Vol. 4, Television in Day-to-Day life: Patterns of Use*, Washington, D.C.: U.S. Department of Health, Education, and Welfare. pp. 452–467.

Center for Science in the Public Interest. (2003). *Pestering Parents: How Food Companies Market Obesity to Children*, Washington, D.C.: CSPI, November 2003. (www.cspinet.org/pesteringparents)

Center for Science in the Public Interest. (2005). *Guidelines for Responsible Food Marketing to Children*, Washington, D.C.: CSPI, January. (https://www.cspinet.org/marketingguidelines.pdf)

Enis, B. M., Spencer, D. R. & Webb, D. R. (1980). "Television advertising and children: Regulatory vs. competitive perspectives," *Journal of Advertising*, Winter; 9. pp. 19–26.

Federal Trade Commission. (2008). *Marketing to Children and Adolescents: A Review of Industry Expenditures, Activities, and Self-Regulation*, Washington, D.C., July. (http://www.ftc.gov/os/2008/07/P064504foodmktingreport.pdf)

Gunter, B. & Furnham, A. (2004). *Children as Consumers: A psychological analysis of the young people's market*, London, Routledge.

Hawkes, C. & Harris, J. (2011). "An analysis of the content of food industry pledges on marketing to children," *Public Health Nutrition*, 14(8), pp. 1403–1414.

Institute of Medicine. (2004). Advertising, Marketing and the Media: Improving Messages, *Fact Sheet*, September.

Institute of Medicine. (2006). *Food Marketing to Children and Youth: Threat or Opportunity?*, Washington, D.C.: The National Academies Press.

Linn, S. (2004). *Consuming Kids: The Hostile Takeover of Childhood*, New York: The New Press.

Macklin, C. M. & Carlson, L. (Eds) (1999). *Advertising to Children: Concepts and Controversies*, California: Sage Publications, Inc.

McNeal, J. U. (1992). *Kids As Customers: A Handbook of Marketing to Children*, Lexington Books: New York.

McNeal, J. U. (1999). *The Kids Market: Myths and Realities*, Ithaca, New York: Paramount Market Publishing.

National Advertising Review Council. (2004). *White Paper: GUIDANCE FOR FOOD ADVERTISING SELF-REGULATION*.

Nestle, M. (2002). *Food Politics: How the Food Industry Influences Nutrition and Health*, The University of California Press, Berkeley, California, USA.

(邦訳書)マリオン・ネスル著／三宅真季子・鈴木眞理子訳(2005)『フード・ポリティクス』新曜社。

Otten, J. J., Hekler, E. B., Krukowski, R. A., Buman, M. P., Saelens, B. E., Gardner, C. D. & King, A. C. (2012). "Food Marketing to Children Through Toys: Response of Restaurants to the First U.S. Toy Ordinance," *American Journal Of Preventive Medicine,* 42(1), pp. 56-60.

Pechmann, C. and Ratneshwar, S. (1994). "The Effects of Antismoking and Cigarette Advertising Aon Young Adolescents' Perceptions of Peers Who Smoke," *Journal of Consumer Research,* 21. Sep, pp. 236-351.

Story, M. & French, S. (2004). "Food Advertising and Marketing Directed at Children and Adolescents in the US," *International Journal of Behavioral Nutrition and Physical Activity,* pp. 1-17.

Ward, S., Reale, G. & Levinson, D. (1972). "Children's Perceptions, Explanations, and Judgements of Television Advertising: A Further Explanation," in Rubinstein, E. A., Comstock, G. A. & Murray, J. P. (Eds.) *Television and Social Behavior. Vol. 4, Television in Day-to-Day life: Patterns of Use,* Washington, D.C.: U.S. Department of Health, Education, and Welfare, pp. 468-490.

Wilde, P. (2009). "Self-regulation and the response to concerns about food and beverage marketing to children in the United States," *Nutrition Reviews,* 67(3), pp. 155-166.

World Health Organization. (2004). *Marketing Food to Children: the Global Regulatory Environment.* (http://whqlibdoc.who.int/publications/2004/9241591579.pdf)

World Health Organization. (2006). *Marketing of Food and Non-alcoholic Beverages to Children: Report of a WHO Forum and Technical Meeting,* Oslo. (http://www.who.int/dietphysicalactivity/publications/Oslo%20meeting%20layout%2027%20NOVEMBER.pdf)

World Health Organization. (2007). *Marketing Food to Children: Changes in the Global Regulatory Environment 2004-2006.* (http://www.who.int/dietphysicalactivity/regulatory_environment_CHawkes07.pdf)

World Health Organization. (2009). *The Extent, Nature and Effects of Food Promotion to Children: a Review of the Evidence to December 2008.* (http://www.who.int/dietphysicalactivity/publications/marketing_evidence_2009/en/index.html)

World Health Organization. (2010). *Set of Recommendations on the Marketing of Foods and Non-alcoholic Beverages to Children.* (http://whqlibdoc.who.int/publications/2010/9789241500210_eng.pdf)

邦文文献

伊藤眞（1983）「テレビ広告に対する法規制：子供向け CM を材料として（上）・（下）」『ジュリスト』第784号・第785号。

内田耕作（1990）『広告規制の課題』成文堂。

Hunter, K.（2004）「アメリカの広告自主規制」JARO『JARO　30年史』Ⅰ　広告倫理と自主規制所収（http://www.jaro.or.jp/a30/pdf/1-7.pdf）。

第4章　子ども向けマーケティングをめぐる消費者運動

外国語文献

Advertising Age (2003). "Group Calls for Ban on High-Fat Food Advertising," *Advertising Age* (electronic edition), November 10.

American Beverage Association. (2005). *Beverage Industry Announces New School Vending Policy: Plan for Lower-Calories and/or Nutritious Beverages in Schools and Limits on Soft Drinks.* Retrieved from http://www.ameribev.org/pressroom/2005_vending.asp

American Psychological Association. (2004). *Report of the APA Task Force on Advertising and Children: Psychological Issues in the Increasing Commercialization of Childhood,* February 20, 2004. Retrieved from http://www.apa.org/releases/childrenads.pdf

Campaign for a Commercial-Free Childhood. (2005). *New Marketing Techniques, The Facts About Marketing to Kids,* CCFC, pp. 3-4. Retrieved from http://www.commercialexploitation.org/factsheets/entirebooklet.pdf

Center for Science in the Public Interest. (2003). *Pestering Parents: How Food Companies Market Obesity to Children,* Washington, D.C.: CSPI, November 2003.（www.cspinet.org/pesteringparents）

Center for Science in the Public Interest. (2005). *Guidelines for Responsible Food Marketing to Children,* Washington, D.C.: CSPI, January.（https://www.cspinet.org/marketingguidelines.pdf）

Institute of Medicine. (2004). *IOM Fact Sheet on Advertising, Marketing and the Media: Improving Messages,* Institute of Medicine of the National Academies.

Institute of Medicine. (2005). *IOM Fact Sheet,* Institute of Medicine of the National Academies.（http://www.nap.edu/catalog/11461.html）

Institute of Medicine. (2012). "Obesity: Complex but Conquerable."（http://iom.edu/~/media/Files/Report%20Files/2012/APOP/APOP_infographic.png　2011年11月1日アクセス）。

Levin, D. E. & Linn, S. (2003). "The Commercialization of Childhood: Understanding the Problem and Finding Solutions," in Kasser, T. & Kanner, A. D., *Psychology and Consumer Culture: The Struggle for a Good Life in a Materialistic World*, Washington, D.C.: American Psychological Association, pp. 213-232.

McNeal, J. U. (1999). *The Kids Market: Myths and Realities*, Ithaca, New York: Paramount Market Publishing.

Moore, E. S. (2004). "Children and the Changing World of Advertising," *Journal of Business Ethics*, Jun. Vol. 52, Iss. 2.

Molner, A. (2005). *School Commercialism: from Democratic Ideal to Market Commodity*, New York: Routledge.

National Advertising Review Council. (2004). *White Paper: GUIDANCE FOR FOOD ADVERTISING SELF-REGULATION*. (http://www.narcpartners.org/reports/NARC_White_Paper_6-1-04.pdf)

Nestle, M. (2002). *Food Politics: How the Food Industry Influences Nutrition and Health*, Berkeley, California: The University of California Press.

The New York Times (2002) June 2.

The Kaiser Family Foundation. (2006). *It's Child Play: Advergaming and the Online Marketing of Food to Children.*

TIME. (2006). "How Bill Put the Fizz in the Fight against Fat," *TIME*, May 15, pp. 24-27.

World Health Organization. (2002). *Globalization, Diets and Noncommunicable Diseases*. (http://whqlibdoc.who.int/publications/9241590416.pdf)

World Health Organization (2004) *Marketing Food to Children: the Global Regulatory Environment*. (http://whqlibdoc.who.int/publications/2004/9241591579.pdf)

邦文文献

伊藤眞（1983）「テレビ広告に対する法規制：子供向けCMを材料として（上）・（下）」『ジュリスト』第784・785号。

内田耕作（1990）『広告規制の課題』成文堂。

増井国光（2006）「フランスの栄養・肥満対策の最新動向——政府・団体・企業の取組み」JETROパリセンター（http://www.maff.go.jp/kaigai/2006/20060221france56a.htm）。

第5章 学校内にまで及ぶマーケティング

外国語文献

Boyles, D. R. (Ed.) (2005). *Schools or Markets?: Commercialism, Privatization, and School-Business Partnerships*, New Jersey: Lawrence Erlbaum Associates.

Boyles, D. R. (1998). *American Education and Corporations: The Free Market Goes to School*, New York: Garland Publishing, Inc.

Boyles, D. R. (Ed.) (2008). *The Corporate Assault on Youth: Commercialism, Exploitation, and the End of Innocence*, New York: Peter Lang Publishing, Inc.

Brand J. E. & Greenberg, B. S. (1994). "Commercials in the classroom: the impact of Channel One advertising," *Journal of Advertising Research*, 34, pp. 18-27.

Center for Science for Public Interests. (2007). *Sweet Deals: School fundraising can be healthy and profitable.* (Retrieved from http://cspinet.org/new/pdf/schoolfundraising.pdf)

Commercialism in Education Research Unit. (2011). *The Educational Cost of Schoolhouse Commercialism: The fourteenth annual report on schoolhouse commercializing trends: 2010-2011.* (http://nepc.colorado.edu/publication/schoolhouse-commercialism-2011)

Consumers Union. (1998). *Captive Kids: A report on commercial pressure on kids in school.* (http://www.consumersunion.org/other/captivekids/index.htm)

Federal Trade Commission. (2008). *Marketing to Children and Adolescents: A Review of Industry Expenditures, Activities, and Self-Regulation*, Washington, D.C., July. (http://www.ftc.gov/os/2008/07/P064504foodmktingreport.pdf)

Federal Communications Commission. (2009). *Commercial Proposals for Distributing Radio or Television Programs for Reception On Board School Buses.* (http://hraunfoss.fcc.gov/edocs_public/attachmatch/DA-09-1999A1.pdf)

Foley, M., Freymuth, G., Rodeffer, K. & Clark, K. (2002). *An Addendum to An Educator's Guide to Commercialism.* (http://www.ed.uiuc.edu/wp/commercialism-2002/commercialism.htm)

Forbes. (2000). ZapMe Kills Computers in the Classroom. (http://www.forbes.com/2000/11/28/1127zapme.html 2011年11月1日アクセス)

Government Accounting Office. (2000). *Commercial Activities in Schools.* GAO/HEHS-00-156, Washington, D.C.: Sept. 8. (http://www.gao.gov/archive/2000/he00156.pdf)

Institute of Medicine. (2012). "Obesity: Complex but Conquerable." (http://iom.edu/~/media/Files/Report%20Files/2012/APOP/APOP_infographic.png 2011年11

月1日アクセス)。

Kelley, B. (1991). "Marketers Go Back to School," *Sales and Marketing Management*; Nov. 143, 14, pp. 58-66.

Lewin, T. (2011). "Children's Publisher Backing Off Its Corporate Ties," *The New York Times*, July 31.

Loblaw, C. (2001). "The Whole World is Watching: Canada is quickly becoming a global role model as other countries work to design their own guidelines for responsible marketing to kids," *Marketing*, 106, p. 31.

Molner, A. (1996). *Giving Kids the Business: The Commercialization of America's School*, Colorado: Westview Press.

Molner, A. (2005). *School Commercialism: from Democratic Ideal to Market Commodity*, New York: Routledge.

Molner, A. (2009). *Marketing in Schools: Little educational or Nutritional Content.* (http://nepc.colorado.edu/publication/Molnar-Determinants)

Nestle, M. (2002). *Food Politics: How the Food Industry Influences Nutrition and Health*, Berkeley, California: The University of California Press.
(邦訳書)マリオン・ネスル著／三宅真季子・鈴木眞理子訳(2005)『フード・ポリティクス』新曜社。

Norris, T. (2011). *Consuming Schools: Commercialism and the End of Politics*, Tronto: University of Toronto Press.

Rampell, C. (2011). "On School Buses, Ad Space for Rent," *The New York Times*, B1, April 16.

Schiffman, B. (2000). Zap Me Kills Computers in the Classroom, *Forbes*, November 28th. (http://www.forbes.com/2000/11/28/1127zapme.html)

Schor, J. B. (2004). *Born to Buy: The Commercialized Child and the New Consumer Culture.* New York. Scribner. pp. 85-86.
(邦訳書)ジュリエット・B・ショア著／中谷和男訳(2005)『子どもを狙え！：キッズ・マーケティングの危険な罠』アスペクト。

Stark, A. (2001). "Pizza Hut, Domino's, and the Public Schools," *Policy Review*, (108), pp. 59-70.

Story, M. & French, S. (2004). "Food Advertising and Marketing Directed a Children and Adolescents in the US," *International Journal of Behavioral Nutrition and Physical Activity*, pp. 1-17.

TIME. (2006). How Bill Put the Fizz in the Fight against Fat, May 15, pp. 24-27.

World Health Organization. (2004). *Marketing Food to Children: the Global Regulatory Environment.* (http://whqlibdoc.who.int/publications/2004/9241591579.pdf)

World Health Organization. (2006). *Marketing of food and non-alcoholic beverages to children: report of a WHO forum and technical meeting,* Oslo. (http://www. who. int/dietphysicalactivity/publications/Oslo%20meeting%20layout%2027%20NOVEMBER.pdf)
World Health Organization. (2007a). *The extent, nature and effects of food promotion to children: a review of the evidence.* (http://www.who.int/dietphysicalactivity/publications/Hastings_paper_marketing.pdf)
World Health Organization. (2007b). *Marketing Food to children: Changes in the Global Regulatory Environment, 2004-2006.* (http://www.who.int/dietphysicalactivity/regulatory_environment_CHawkes07.pdf)
World Health Organization. (2009). *The extent, nature and effects of food promotion to children: a review of the evidence to December 2008.* (http://www.who.int/dietphysicalactivity/publications/marketing_evidence_2009/en/index.html)
World Health Organization. (2010). *Set of recommendations on the marketing of foods and non-alcoholic beverages to children.* (http://whqlibdoc.who.int/publications/2010/9789241500210_eng.pdf)

邦文文献
上杉嘉見（2007）「アメリカの食育に見るコマーシャリズム」『アメリカ教育学会紀要』第18号，10月，77-88頁．
上杉嘉見（2008）『カナダのメディア・リテラシー教育』明石書店，162-170頁．

第6章　子ども向けマーケティングのグローバル展開

外国語文献
Advertising Age. (2006). Disney to Limit Character Licensing to 'Healthful' Foods: Will Also Reformulate Theme-Park Meals, October 16.
American Psychological Association. (2004). *Report of the APA Task Force on Advertising and Children: Psychological Issues in the Increasing Commercialization of Childhood,* February 20. Retrieved from http://www.apa.org/releases/childrenads.pdf
Center for Science in the Public Interest. (2003). *Pestering Parents: How Food Companies Market Obesity to Children.* Washington, D.C.: CSPI, November 2003. (www.cspinet.org/pesteringparents).
Institute of Medicine. (2004). Advertising, Marketing and the Media: Improving Messages, *IOM Fact Sheet,* September. Retrieved from http://www.iom.edu/

Object.File/Master/22/609/fact%20sheet%20-%20marketing%20finaBitticks.pdf

Levin, D. E. & Linn, S. (2003). "The Commercialization of Childhood: Understanding the Problem and Finding Solutions," in Kasser, T. & Kanner, A. D., *Psychology and Consumer Culture: The Struggle for a Good Life in a Materialistic World,* Washington, D.C.: American Psychological Association, pp. 213-232.

Levitt, T. (1983). "The Globalization of Market," *Harvard Business Review,* 61(3), May-June, pp. 92-102.

McNeal, J. U. (1992). *Kids as Customers: A Handbook of Marketing to Children,* New York: Lexington Books.

McNeal, J. U. (1999). *The Kids Market: Myths and Realities,* Ithaca, New York: Paramount Market Publishing.

Moore, E. S. (2004). "Children and the Changing World of Advertising," *Journal of Business Ethics,* Jun. Vol. 52, Iss. 2. pp. 161-167.

The New York Times (2002). June 2.

TIME (2006) "How Bill Put the Fizz in the Fight against Fat," May 15, pp. 24-27.

World Health Organization. (2002). *Globalization, Diets and Noncommunicable Diseases.* (http://whqlibdoc.who.int/publications/9241590416.pdf)

World Health Organization. (2004). *Marketing Food to Children: the Global Regulatory Environment.* (http://whqlibdoc.who.int/publications/2004/9241591579.pdf)

第7章 子どもに対する広告・マーケティングをめぐる新潮流

外国語文献

American Psychological Association. (2004). *Report of the APA Task Force on Advertising and Children,* pp. 1-65. (http://www.apa.org/pi/families/resources/advertising-children.pdf)

An, S., Jin, H. S. & Park, E. H. (2014). "Children's advertising literacy for advergames: Perception of the game as advertising," *Journal of Advertising,* 43(1), pp. 63-72.

Cain Reid, R. (2014). "Embedded Advertising to Children: A Tactic that Requires a New Regulatory Approach," *American Business Law Journal,* 51(4), pp. 721-777.

Calvert, S. L. (2008). "Children as consumers: Advertising and marketing," *Future of Children,* 18(1), pp. 205-234.

Children's Advertising Review Unit. (2014). *Self-Regulatory Program for Chil-*

dren's Advertising. (http://www.asrcreviews.org/wp-content/uploads/2012/04 /Self-Regulatory-Program-for-Childrens-Advertising-Revised-2014-.pdf)

Children's Food & Beverage Advertising Initiative. (http://www.bbb.org/council/ the-national-partner-program / national-advertising-review-services / childrens-food-and-beverage-advertising-initiative/)

Consumers International. (2011). *Manual for monitoring food marketing to children.* pp. 1-44. (http://www.consumersinternational.org/media/795222/food-manual-english-web.pdf)

Federal Communications Commission. (2015). *Consumer Guide.* (http://transition. fcc.gov/cgb/consumerfacts/childtv.pdf)

Gunter, B., Oates, C. & Blades, M. (2005). *Advertising to Children on TV: Content, Impact, and Regulation,* New Jersey, Lawrence Erlbaum Associates, Inc., Publishers.

International Chamber of Commerce. (2011). *Consolidated ICC Code of Advertising and Marketing Communication Practice: "Building Consumer Trust through Best Practice Marketing."* (http://www.codescentre.com/media/ 2083/660%20consolidated%20icc%20code_2011_final%20with%20covers.pdf)

International Chamber of Commerce. (2012). *ICC Frame work for Responsible Food and Beverage Marketing Communications 2012.* (http://www.iccwbo.org /Advocacy-Codes-and-Rules/Document-centre/2012/Framework-for-Responsible-Food-and-Beverage-Marketing-Communications-2012/)

Kraak, V. I., Vandevijvere, S., Sacks, G., Brinsden, H., Hawkes, C., Barquera, S. & Swinburn, B. A. (2016). "Progress achieved in restricting the marketing of high-fat, sugary and salty food and beverage products to children," *Bulletin of the World Health Organization,* 94(7), pp. 540-548.

Kunkel, D. (2001). "Children and television advertising," in Singer, D. G. & Singer, J. L. (Eds.) *Handbook of children and the media,* Thousand Oaks, California: Sage, pp. 375-394.

Nelson, M. R. (2016). "Developing persuasion knowledge by teaching advertising literacy in primary school," *Journal of Advertising,* 45(2), pp. 169-182.

Public Citizen, *Press Room.* (2016). Groups to FTC: End Hidden Ads on Instagram, Sep. 7, (http://www.citizen.org/pressroom/pressroomredirect.cfm? ID=8996)

Story, M. & French, S. (2004). "Food Advertising and Marketing Directed at Children and Adolescents in the US," *International Journal of Behavioral Nutrition and Physical Activity.* pp. 1-17.

Strasburger, V. C., Wilson, B. & Jordan, A. B. (2009) *Children, Adolescents, and* the MEDIA: Second Edition, California: SAGE Publications, Inc.

United Nations. (2015). *Guidelines for Consumer Protection.* (http://unctad.org/en/PublicationsLibrary/ditccplpmisc2016d1_en.pdf)

University of Connecticut Rudd Center for Food Policy & Obesity. (http://www.uconnruddcenter.org/food-marketing)

Ward, S. (1974). "Consumer Socialization," *Journal of Consumer Research,* 1(2), pp. 1-14.

WHO Regional Office for Europe. (2013). *Marketing of foods high in fat, salt and sugar to children: update 2012-2013.* (http://www.euro.who.int/__data/assets/pdf_file/0019/191125/e96859.pdf)

World Health Organization. (2004). *Marketing Food to Children: the Global Regulatory Environment.* (http://whqlibdoc.who.int/publications/2004/9241591579.pdf)

World Health Organization. (2012). *A Framework for Implementing the Set of Recommendations on the Marketing of Foods and Non-alcoholic Beverages to Children.* (http://www.who.int/dietphysicalactivity/MarketingFramework2012.pdf)

World Health Organization. (2014). *Global Status Report on Noncommunicable Diseases 2014.* (http://apps.who.int/iris/bitstream/10665/148114/1/9789241564854_eng.pdf?ua=1)

World Health Organization. (2016). *Fiscal Policies for Diet and Prevention of Noncommunicable Diseases.* (http://apps.who.int/iris/bitstream/10665/250131/1/9789241511247-eng.pdf?ua=1)

邦文文献

天野恵美子（2006）「米国における子ども向けフード・マーケティングの新展開」『フードシステム研究』第13巻1号（通巻29号）23-34頁。

岩本諭（2014）「子どもに対する広告規制の理念と展開」日本消費者教育学会九州支部会（6月7日）報告資料。

岩本諭（2015）「子どもに対する広告規制の理念と展開」日本消費者教育学会『消費者教育［第35冊］』9月, 中部日本教育文化会。

岩本諭（2016）「表示広告をめぐる消費者被害の現状について――広告と法に関する問題の外延整理の覚書」（講演資料2：消費者問題シンポジウム in 福岡, 2016年8月27日）（http://www.cao.go.jp/consumer/iinkai/other/meeting1/doc/20160827fukuoka_shiryou2.pdf 2016年9月30日アクセス）。

上杉嘉見（2008）『カナダのメディア・リテラシー教育』明石書店。

国際標準化機構 ISO26000（社会的責任に関する手引：Guidance on social responsi-

参考文献

bility）(http://kikakurui.com/z26/Z26000-2012-01.html　2016年9月30日アクセス)．
国民生活センターウェブサイト（2016）「オンラインゲームで高額請求利用する前に理解することが大切です」(2016年9月29日メールマガジン)（http://www.kokusen.go.jp/mimamori/kmj_mailmag/kmj-support106.html)．
「子どもの権利とビジネス原則」（日本語訳版冊子，全40頁）（http://www.unicef.or.jp/csr/pdf/csr.pdf)．
鹿野菜穂子（2010）「EUにおける広告規制——広告規制の変遷とEC不公正取引方法指令の概要」『現代消費者法』No. 6, 20-27頁．
無藤隆・駒谷真美（2004）「小学生のコマーシャル理解におけるメディア・リテラシー教育の単元開発」『AD Studies』Vol. 7, 30-37頁．
山下玲子・藤井達也（2015）『ホストセリングを知っていますか？　日本の子ども向けテレビCMの実態』春風社．

終　章　子ども消費者に対するマーケティングの特殊性

外国語文献

World Health Organization. (2012). *A Framework for Implementing the Set of Recommendations on the Marketing of Foods and Non-alcoholic Beverages to Children.* (http://www.who.int/dietphysicalactivity/MarketingFramework2012.pdf)
World Health Organization. (2016). *Fiscal Policies for Diet and Prevention of Noncommunicable Diseases.* (http://apps.who.int/iris/bitstream/10665/250131/1/9789241511247-eng.pdf?ua=1)

索　引

(＊は人名)

あ行

ISO26000　164
Action for Children's Television（ACT）　84, 85, 105
アドバゲーム　42, 82, 171, 172
Alliance for American Advertising　156
アルジェリア　153
EU　13, 161
International Chamber of Commerce　162
インターネット　6, 7, 13, 14, 41, 47, 59, 62, 78, 81, 86, 88, 96, 135, 136, 157, 160, 161, 167, 187, 188
英国　155, 161
オーストラリア　13, 118, 161
オンライン・ゲーム　7, 160

か行

ガイドライン　1, 5, 12, 13, 19, 73, 74, 77, 86-93, 95-98, 104, 113, 116, 117, 119, 120, 134, 140, 141, 157, 160, 163, 164, 167, 168, 170, 185, 186
学校コマーシャリズム（school commercialism）　109, 126, 129, 141
学校内マーケティング（in-school marketing）　13, 18, 42, 78, 81, 82, 114, 124-126, 128-130, 139, 140, 181
カナダ　75, 155, 161
玩具　6, 29, 33, 35-38, 40, 41, 81, 82, 87, 117, 136, 150, 152, 161
企業の社会的責任（CSR）　1, 5, 27, 97, 115, 117, 141, 156, 166, 167
キッズクラブ　41, 81, 150
Campaign for a Commercial-Free Childhood（CCFC）　106, 107, 114-117, 134
共同ブランド　42
ギリシャ　161
口コミ・マーケティング　42
グローバル・マーケティング　4, 19, 145, 146, 149, 151, 154, 181, 182
クロス・セリング　81
高額課金　7, 160, 188
広告リテラシー　171-173
国際商業会議所（ICC）　4, 63, 157, 165, 170, 186
国際消費者機構（CI）　165, 167
国際標準化機構　162, 164
国連（UN）　3, 163, 164, 183
国連グローバル・コンパクト　162, 166
国連児童基金（ユニセフ）　162, 166
個人情報　6, 188
小遣い　31, 33, 34
子どもの権利　166, 167, 171
子どもに影響のある広告およびマーケティングに関するガイドライン　19, 162, 173, 182
子どもの権利とビジネス原則（CRBP）　162, 166, 186
Commercial Alert（CA）　110, 135
Commercialism in Education Research Unit（CERU）　110, 111, 128, 129
Consumers International　141, 162
Consumers Union（CU）　109, 113, 133, 141, 143

さ行

3世代消費　6
事業者の消費者に対する不公平な取引方法に関するEC指令　161

245

自主規制　13, 14, 17, 19, 68, 73-78, 83, 86-89, 91, 95, 97, 98, 104, 118-120, 156, 157, 162, 163, 167-170, 181, 182, 186
自制的マーケティング　16, 17, 19, 65, 68, 180, 182-184
6ポケッツ　6, 160
社会化（socialization）　47, 50, 54, 55
社会化エージェント（socialization agent）　53-55
社会的責任　14, 116, 117, 145, 157, 164, 171
消費者基本法　120, 172
消費者教育　120, 141, 171-173, 189
消費者団体　1, 2, 9, 10, 12, 14, 16, 17, 27, 63, 65, 76, 77, 84-86, 89, 95, 96, 98, 104, 105, 110, 112, 113, 115-121, 133, 134, 136, 146, 156, 161, 167, 171, 181, 187-189
消費者の社会化（consumer socialization）　17, 49-55, 173, 180, 189
消費者保護基本法　120
食品・飲料企業　1-5, 9, 10, 12, 14, 16, 17, 19, 63, 64, 66, 68, 77-79, 83, 105, 106, 115, 116, 124, 125, 130, 138, 139, 142, 145, 146, 154, 155, 163, 167-170, 180-185
シリアル　40, 41, 78, 79, 81, 84, 92, 94, 112, 154
スウェーデン　75, 155, 161, 170
スポンサー　13, 62, 78, 82, 83, 124, 126, 141, 151
スマートフォン　7, 160, 187
セーブ・ザ・チルドレン　162, 166
世界保健機関（WHO）　3, 4, 9, 12, 19, 63, 68, 75, 77, 104, 117, 119, 124, 125, 140, 141, 145, 146, 149, 151, 154, 155, 157, 161, 163, 168, 169, 174, 181, 183
責任あるマーケティング　65, 162, 171
Center for Science in the Public Interest（CSPI）　84, 85, 95, 96, 98, 105, 113, 115, 116
ソーシャル・ネットワーキング・サービス（SNS）　188
ソーシャル・ゲーム　7, 188

祖父母　6, 31, 33, 34, 160

た・な 行

タイ・イン　81, 82
Channel One（チャンネル・ワン）　109, 110, 131, 133, 136
Children Advertising Review Unit（CARU）　65, 73, 85-89, 90-95, 98, 116, 167, 168
Children's Food and Beverage Advertising Initiative（CFBAI）　66, 78, 177
中国　43, 152
デジタル・ネイティブ　187
Department of Health and Human Services（保健福祉省）　78, 97, 115
テレビ広告　4, 13, 14, 28, 38, 51, 52, 55, 60, 76-78, 81, 82, 84, 85, 91-93, 95, 96, 98, 110, 112, 119, 125, 150, 152-154, 157, 161, 163, 167
独占販売契約　62, 129, 130, 139
囚われの聴衆（captive audience）　127, 132-134
ノルウェー　154, 155, 161, 170

は 行

バイラル・マーケティング　42
BusRadio　110, 134, 135
発達　17, 45, 47-54, 57, 58, 63, 64
Public Citizen　110
ファストフード　40, 41, 74, 78, 79, 83, 84, 110, 112, 113, 118, 133, 146, 147, 149, 150, 155, 156, 168
フィンランド　152
ブラジル　155
ブランド・ロイヤルティ　37, 44, 126, 140
プロダクト・プレイスメント　13, 42, 62, 78, 81-83, 114, 171, 172
米国医学研究所（IOM）　9, 75, 95, 97, 112, 113, 115, 168
米国会計検査院（GAO）　124, 126, 128-130, 133, 140, 141

米国小児科学会（AAP） 4, 60-62, 96, 112
米国心理学会（APA） 4, 60, 62, 96, 112, 161
ベトナム 153
報奨ブログ 129

ま・ら 行

マーケティング・コミュニケーション 40, 165
＊McNeal 2, 16, 17, 27, 29-32, 35, 37-41, 43-45, 52-54, 58, 59, 63, 179, 180
　3つの市場 35, 37, 44, 64

Media Center of the Judge Baker Children's Center 106, 110
メディア・リテラシー 62, 133, 172
連邦通信委員会（FCC） 9, 76, 84, 105, 114, 135, 172
連邦取引委員会（FTC） 4, 9, 12, 61, 64, 74, 76, 78, 81, 84-89, 97, 105, 106, 115, 125, 140, 141, 168, 172
連邦取引委員会法 76, 87
ロイヤルティ 47

《著者紹介》

天野恵美子（あまの・えみこ）

1974年　神奈川県生まれ。
　　　　中央大学大学院商学研究科博士後期課程修了。
2004年　秋田大学教育文化学部講師。
現　在　関東学院大学経済学部准教授。
専　門　マーケティング論，消費者問題論。
主　著　『新しい消費者教育──これからの消費生活を考える』（共著）慶應義塾大学出版会，2016年。
　　　　『入門　消費経済学4　法と消費者』（共著）慶應義塾大学出版会，2010年。
　　　　「マーケティングから子どもを守る消費者運動──米国の消費者団体の活動を中心に」『第3回生協総研賞・研究論文集』（公益財団法人　生協総合研究所）2006年。
　　　　「子どもに対する広告・マーケティングをめぐる新潮流──日本におけるガイドラインの成立」『国民生活研究』（独立行政法人　国民生活センター）第56巻第2号，2016年。
　　ほか

子ども消費者へのマーケティング戦略
──熾烈化する子どもビジネスにおける自制と規制──

2017年3月30日　初版第1刷発行　　　　　　〈検印省略〉

定価はカバーに
表示しています

著　　者　　天　野　恵美子
発 行 者　　杉　田　啓　三
印 刷 者　　江　戸　孝　典

発行所　株式会社　ミネルヴァ書房
607-8494　京都市山科区日ノ岡堤谷町1
電話代表　(075)581-5191
振替口座　01020-0-8076

ⓒ 天野恵美子，2017　　　　　共同印刷工業・新生製本
ISBN978-4-623-07918-6
Printed in Japan

ケースで学ぶマーケティング〔第2版〕
　　　　　　　　　　　　　　　　井原久光 著　Ａ５判　320頁　本体3200円

基本的用語や概念・理論を簡潔に解説しながら「マーケティングのエッセンス」について平易に紹介する。

ブランド戦略から学ぶマーケティング
　　　　　　　　　　　　　　　　江上　哲 著　Ａ５判　264頁　本体2800円

●消費者の視点から企業戦略を知る　企業の巧みな「他画他賛」戦略など多様な広告戦略を解説する。

マーケティングと生活世界
　　　　　　　　　　　　　　　　吉村純一 著　Ａ５判　260頁　本体3500円

生活世界とマーケティングの最新動向を都市社会の実態分析から明らかにすることをめざす。

マーケティング・フォンダマンタル
　　　エリク・ヴェルネット 著　三浦　信／田中道雄／三浦俊彦 訳　Ａ５判　272頁　本体3200円

●戦略と技法の構図　現代マーケティングの全体像をわかりやすくかつ正確に提示する。

マーケティング学説の発展
　　　　　　　　　　ロバート・バーテルズ 著　山中豊国 訳　Ａ５判　560頁　本体6500円

マーケティング関係の文献を丹念に検証して紹介・評価した，包括的マーケティング学説史の研究書。

――――ミネルヴァ書房――――
http://www.minervashobo.co.jp/